William Bayer · Unternehmen Felsendom

William Bayer

UNTERNEHMEN FELSENDOM

Roman

Blanvalet

Die Originalausgabe erschien unter dem Titel
»Pattern Crimes« bei Villard Books, New York

Aus dem Amerikanischen von Wulf Bergner

Der Blanvalet Verlag
ist ein Unternehmen der Verlagsgruppe Bertelsmann

1. Auflage

Printed in Germany · Mohndruck, Gütersloh
ISBN 3-7645-6753-8

EINE POSTKARTE AUS WIEN

Big Sur, Kalifornien

Er schrak auf und erinnerte sich dann: Heute war sein Geburtstag. Heute wurde er sechzig Jahre alt.

Er war schweißnaß. Die Bettwäsche war feucht. Sein Alptraum war gräßlich gewesen.

»Anna!«

Keine Antwort. Er schlug die Augen auf. Durch die Jalousien fiel Licht ins Zimmer. Er blinzelte. Ein weiterer gleißend heller kalifornischer Tag. Hier waren alle gleißend hell.

Die Hunde! Wo sind die Hunde?

»Irina!«

Als er ihre Schritte hörte, lehnte er sich in die Kissen zurück und versuchte, möglichst gelassen auszusehen.

»Glückwunsch zum Geburtstag.« Während sie das sagte, warf sie ihm jenen Blick zu, mit dem sie ihn seit Jahren bedachte. Er erinnerte ihn an ihren amüsierten und verächtlichen Gesichtsausdruck in der weit zurückliegenden Zeit, in der sie noch miteinander ins Bett gegangen waren.

Die Hunde tapsten hinter ihr her: Boris und Peter, schwarze zottige Wesen mit Triefaugen und sabbernden Lefzen. Er streichelte sie, kraulte ihre Ohren. Das Dienstmädchen kam mit seinem Frühstückstablett herein.

»Felicidad, Señor Targow.« Sie war eine junge, hübsche, dunkelhaarige Mexikanerin. Und sie hatte eine gute Figur – er beobachtete sie oft heimlich, wenn sie im Swimmingpool ihre Bahnen schwamm. Während sie ihm das Tablett hinstellte, sah er zu, wie Irina die Jalousien hochzog.

»Nimm die Hunde mit hinaus, Bianca«, wies sie das Dienstmädchen an. Targow tätschelte noch einmal ihre Ohren.

»Warum verbannst du die Hunde?«

»Damit wir ungestört reden können.«

»Und du hast Angst, daß sie uns belauschen? Wirklich, Irina, du solltest vielleicht doch wieder zu diesem Psychiater gehen!«

Sie ignorierte ihn. »Du hast viel Post bekommen. Briefe, Telegramme. Das Telefon klingelt bereits.«

»Ich sehe sie später durch. Rokowski kann die Anrufe entgegennehmen.«

»Dieser Journalist Boyce – er kommt zum Mittagessen.«

»Von mir aus. Aber es muß was Gutes geben. Nicht dieses salzlose Zeug. Heute soll es ein anständiges russisches Essen geben.«

Sie erwiderte nichts darauf, und als er von seinem Frühstückstablett aufblickte, sah er, daß sie ihn musterte.

»Du willst etwas Schlimmes sagen. Das spüre ich. Los, Irina, sag's schon und verschwinde!«

»Anna will fort!« verkündete sie triumphierend.

»Ich rede mit ihr.«

»Ihr Entschluß steht fest.«

»Nach allem, was wir für sie getan haben!«

»Sie erkennt alles an. Ist äußerst dankbar dafür. Aber jetzt will sie weiter. Ihr gefällt's hier nicht. Eine ›Treibhausatmosphäre‹, sagt sie.«

»Treibhaus!« Er lachte. »Na, vielleicht hat sie recht...«

»Natürlich hat sie recht. Und sie ist viel zu jung, um mit uns eingesperrt zu sein. Sie erstickt hier. Sie muß raus, muß mit Gleichaltrigen zusammenkommen.«

»Einen netten jungen Mann finden. Das meinst du doch?«

»Ach, sei still! Hier!« Sie warf ihm eine Postkarte zu. »Sie verbrennt mir die Hand!«

Die Karte segelte schnell auf ihn zu, schien in der Luft stehenzubleiben und flatterte langsam auf seine Steppdecke herab. Bevor er danach griff, studierte er nochmals Irinas Gesichtsausdruck. Diesmal war er nicht nur triumphierend, sondern hämisch, frohlockend. *Mein Gott, wie sie mich hassen muß*, dachte er.

Er sah sich die Karte an. Einige Worte Russisch, eine rasch hingekritzelte Unterschrift. Als er ihre Bedeutung erfaßte, holte er keuchend Luft und ließ die Karte sinken.

»Er ist also draußen.«

»Endlich!«

»Wien?«

»Ein Durchgangslager.« Sie trug noch immer ihr Siegeslächeln zur Schau. Er fotografierte sie mit den Augen, wollte sich dieses Bild für immer einprägen, weil er wußte, daß er diesen Augenblick später als einen der kritischsten seines Lebens betrachten würde.

»Die ist nicht heute gekommen. Das wäre ein zu großer Zufall. Du hast sie zurückgehalten.«

»Nur für den richtigen Augenblick aufgehoben.«

»Für meinen Geburtstag! Irina, du bist eine Schlange.«

»Und was bist du, Sascha?« fauchte sie. »Sag es *was bist du?*«

»Ich bin ein alter Mann.«

Sie lachte. »Sechzig. Das hat nichts zu bedeuten! Du bist bärenstark.«

»Die Alpträume…«

»Die hast du schon immer gehabt, seitdem…«

»Mein Bett ist naßgeschwitzt.«

Irina trat ans Bett, berührte das Laken. »Ein nächtlicher Schweißausbruch. Kein Grund zur Sorge.«

Sie setzte sich auf die Bettkante und zog seine Serviette zurecht, damit er keinen Kaffee auf die Steppdecke verschüttete. Diese Decke hatte er selbst entworfen: eine bunte Patchworkdecke, deren Kurven und Arabesken an ein russisches futuristisches Gemälde aus den zwanziger Jahren erinnerten. Sie wurde allgemein bewundert. Ein Sammler hatte sie kaufen wollen. Sogar ein Bettwäschehersteller hatte sich um die Lizenzrechte bemüht.

»Erzähl mir von deinem Traum.«

»Was?«

»Von deinem Alptraum, Sascha. Ich will ihn hören.«

»Oh.« Er versuchte sich zu erinnern. »Ich sollte ermordet werden. Aber ich hab' alles mit den Augen des Mörders gesehen.«

»Erzähl's mir.« Ihre Stimme klang jetzt beruhigend. Sie nahm einen Serviettenzipfel und tupfte ihm damit behutsam die Stirn ab.

»Er hat ein Gewehr mit Zielfernrohr gehabt. Er ist oben auf dem Hügel, im Wäldchen über der Straße gewesen – und ich auch, weil ich er gewesen bin. Er hat im Laub ausgestreckt gelegen und mir aufgelauert. Dann habe ich mich durch sein Zielfernrohr gesehen. Verstehst du? Ich bin auf der Terrasse gewesen und habe mit den Hunden gespielt. Er hat mich ins Fadenkreuz genommen. Ich hab' seine Erregung gespürt. Und als er abgedrückt hat, hab' ich den Rückstoß gefühlt. Als nächstes habe ich mich über Boris gebeugt und an seiner Brust gehorcht. Peter hat gejault. Mein schöner Boris war tot! Ich bin wütend geworden. Ich hab' mich durch sein Zielfernrohr gesehen, wie ich ihm mit der Faust gedroht habe...«

»Und?«

»Ich bin aufgewacht. Vor zehn, fünfzehn Minuten.«

»Nicht so schlimm, Sascha.« Sie tupfte ihm wieder die Stirn ab. »Nur ein kleiner Traum am Geburtstagsmorgen. Aber interessant«, fügte sie hinzu.

»Was?«

»Wie du dich selbst siehst, mein Lieber. Als ein Ziel. Wütend und machtlos.« Sie lachte. »Ist das nicht ein Witz?«

»Du spielst die Mitfühlende, bis du alles rausgekriegt hast. Dann wirst du wieder gehässig.«

Sie zuckte mit den Schultern, stand auf, trat ans Fenster und blickte auf den Pazifik hinab, der sich schäumend an den Felsen brach. »Du hältst dich wirklich für einen Regierungschef im Exil? *Du!* Du hast einen Trotzki-Komplex, Sascha. Du träumst von deiner Ermordung, als seist du wichtig genug, um von eigens entsandten Attentätern niedergeschossen zu werden. Diese Dramatisierung! Soviel Einbildung! In Wirklichkeit langweilst du dich, weil du hier festsitzt. Du hast dich mit uns in diesem superluxuriösen Konzentrationslager verbarrikadiert und sehnst dich jetzt nach Abwechslung, nach irgendwas, selbst nach einem KGB-Mörder, der kommen und auf dich schießen soll. Okay, warum gehst du nicht irgendwohin, wo das passieren kann?« Ihr Mund war verzerrt, als sie sich nach ihm umdrehte. »Und jetzt weißt du genau, wohin du zu gehen hättest? *Stimmt's, Mister Arschkriecher?*« Sie warf ihm die Postkarte erneut hin. »Wir sehen uns beim Mittagessen.« Sie kehrte ihm den Rücken zu und rauschte hinaus.

Der Journalist Boyce war Ende Zwanzig. Er hatte kluge Augen in einem jugendlichen, gutgeschnittenen Gesicht. Die letzte Interviewerin, eine gräßliche Engländerin, hatte Targow als altes Ekel dargestellt. Aber er war clever und nahm sich in acht. Boyce hatte drei kluge Briefe geschrieben, und Rokowski hatte ihn überprüft. Viele Reporter hatten angefragt; nur einer würde zugelassen werden. Letzten Endes hatte er sich dazu entschlossen, es mit Boyce zu riskieren.

Was muß er von uns, von unserer seltsamen Ménage denken? fragte Targow sich. Der stämmige, heute sechzig gewordene Löwe mit der weißen Mähne. Seine verbitterte Ehefrau mit dem Spinnwebengesicht. Die schöne junge Cellistin in Jeans. Und der Sekretär Rokowski: hager, beginnende Glatze, ernsthaft, mißtrauisch. Eine originelle kleine Gruppe, die wie Bauern in der Küche ihrer eingezäunten Luxusranch an der See ißt.

»Es stört Sie doch hoffentlich nicht, in der Küche zu essen, Mr. Boyce? Wir Russen sprechen in unseren Küchen immer etwas freimütiger.«

»Ich habe das Vergnügen gehabt, in vielen russischen Küchen empfangen zu werden, Mr. Targow. Meistens in kleinen Moskauer Küchen. Niemals in einer wie dieser.«

»Küche ist Küche«, behauptete Irina. Dann fügte sie auf russisch hinzu: »Ob sie ihm besser gefiele, wenn sie nach Kohl röche?« Anna und Rokowski lachten.

»Ich spreche Russisch.«

»Sie müssen meine Frau entschuldigen. Sie ist oft unhöflich. Doch nun zu Ihren Fragen!«

»Als Auswanderer...«

»Ausgebürgerte. Sehen Sie, Mr. Boyce, wir sind hinausgeworfen worden. Oder genauer gesagt: Man hat uns ausreisen lassen und uns die Staatsbürgerschaft aberkannt, als wir wieder heimkehren wollten.«

»Angeblich sollen Sie eine Vereinbarung geschlossen haben, um ausreisen zu dürfen.«

Targow lachte. »Unsinn, den der KGB verbreitet. Seine Lügen sind durchsichtig, unbeholfen, aber gefährlich. *Sehr gefährlich* – finden Sie nicht auch?«

»Von Ihnen wird...«

»Ja, ich weiß. Das Ding wird seit Jahren rumgereicht. Sie versuchen alles, um mich in Mißkredit zu bringen – mich und alle anderen Kritiker. Kennen Sie ihre Attacke gegen Solschenizyn? Er soll Witkewitsch verraten haben! Als Beweis dafür soll ein Protokoll dienen! Lächerlich! Aus dem Jahre 1944!«

»Stehen Sie in Verbindung mit Solschenizyn?«

»Jetzt nicht mehr, aber anfangs... Sein Manko ist, daß er keinen Charme besitzt. Er wird nach Harvard eingeladen; er beschließt, es ihnen richtig zu geben – wofür ich durchaus auch bin! Aber dann verpatzt er alles, setzt sein steinernes Gesicht auf, fuchtelt mit den Armen wie ein Kosak herum und setzt ihnen auf russisch zu, bis sie schnarchen. Ich hoffe, daß sie eines Tages mich einladen. Ich habe ihnen ein paar Dinge über ihren großartigen Westen zu sagen!«

»Was mißfällt Ihnen am Westen am meisten?« Boyce hielt seinen Bleistift schreibbereit.

»Moralische Feigheit. Ein Besessensein von Geld und Erfolg. Ein völlig falsches Kunstverständnis. Die hier Erfolgreichsten, auch die Künstler, erinnern mich an die Nieten, die bei uns daheim in den Künstlerverbänden den Ton angeben.«

»Sie sind hierzulande sehr erfolgreich gewesen, Mr. Targow. Und keiner bezeichnet Sie als Niete.«

»Vielleicht bin ich eine. Das müssen andere beurteilen. Oder vielleicht bin ich nur verbittert. Sehen Sie, Mr. Boyce, wenn man in Moskau in einem eiskalten Loch sitzt, nicht arbeiten kann und keine Aufträge bekommt, weil man eine Kunstrichtung vertritt, die den Apparatschiks und ihrer blöden Parteilinie nicht paßt, glaubt man: Im Westen denken sie an uns! Sie wissen, daß wir leiden! Sie sind unsere Freunde! Sie verwenden sich für uns! Ihretwegen müssen wir überleben! Hat man dann das Glück, in den Westen zu entkommen, entdeckt man, daß man ihnen völlig schnuppe gewesen ist. Man ist hierzulande nicht nur völlig unbekannt, sondern die Leute halten einen für anstrengend, wenn sie einen endlich kennenlernen. Man sei so schrecklich ernst. Man beklage sich ständig. Man beiße die Hand, die einen füttere. Und noch schlimmer: Man sei so ideologisch. Was könnte es Langweiligeres geben?«

Boyce ging erst nach Stunden und ließ Targow erschöpft zurück. Diese Show, die er abgezogen hatte, diese witzigen

Antworten! Abwechselnd gerissen, brillant, oberflächlich und profund zu sein, hatte seine ganze Kraft beansprucht. Er ging auf sein Zimmer, wickelte sich in seine Steppdecke und bemühte sich vergeblich, Schlaf zu finden. Später suchte er Anna, die jedoch mit Rokowski einen Spaziergang machte. Er streifte durchs Haus und ging dann in sein Atelier hinüber, das er seit einer Woche nicht mehr betreten hatte.

Er sperrte das Stahltor auf und betrat den großen Raum. Als erstes sah er Annas Cello. Sie hatte vormittags geübt und ihr Instrument samt Hocker und Notenständer auf dem Podest zurückgelassen.

An einer Wand standen Fässer mit Ton aufgereiht. Gerüstteile warteten darauf, zusammengebaut zu werden. Werkzeuge lagen wie Instrumente eines Chirurgen bereit. Modelle früherer Arbeiten standen auf Edelstahlregalen.

Er trat an die aufs Meer hinausführende große Fensterwand. Bäume waren gefällt worden, um diesen Blick freizugeben. Das Wetter verschlechterte sich. Nebel trieb die Küste entlang und würde bald die gischtumtosten Felsen verhüllen.

Sergeij im Westen. Er schreibt einfach eine Postkarte aus Wien. Auf dem Weg nach Israel... Großer Gott!

Er betrachtete das große Foto seines in Chicago hängenden Kruzifixes mit dem sich windenden, trotzigen Christus. »Ich liebe Kreuzigungsszenen«, hatte er Boyce erklärt, »die großen sind so *beherrscht*.« Und er hatte zum hundertsten Mal seine Maxime wiederholt: »Ich frage den Ton, was er sein will, und wenn er's mir sagt, beginne ich, ihn zu formen.« Ein Augenblick der Schwäche: Er haßte diese abgedroschene Aussage, die aufgesetzt und falsch war.

Er griff nach dem Telefonhörer, rief drüben an und stellte befriedigt fest, daß Rokowski zurück war. »Sie soll zu mir ins Atelier kommen«, wies er ihn an. Dann blieb er am Fenster stehen und beobachtete, wie der Nebel aufzog.

Sie klopfte an, bevor sie eintrat: eine höfliche junge Frau, obwohl er ihr Sweatshirt furchtbar fand – schwarz, mit dem Namen irgendeiner lächerlichen Rockgruppe in silberner Schrift quer über der Brust.

»Sascha ...« Sie ging auf ihn zu. Er schloß sie in die Arme.

»Irina sagt, daß du abreisen willst.«

Sie nickte. »Ja, morgen. Ich gehe nach New York.«

»Meiner überdrüssig?«

»O Sascha!«

»Der Löwe ist jetzt sechzig. Zu alt. Ich verstehe.«

»Bitte.«

»Ich habe versucht, dir zu helfen.«

»Das hast du, das hast du.«

»Die Empfehlungen. Das Washingtoner Konzert mit Rostropowitsch. Die Elite der Emigranten – ich hab' dich dort eingeführt.«

»Ja ...«

»Aber jetzt willst du fort.«

»Ich kann nicht ewig bleiben. Außerdem haßt mich Irina.«

»Sie haßt jeden.«

Anna löste sich von ihm, schüttelte den Kopf. »Du weißt, daß ich gehen muß. Man hat einen Begleiter für mich gefunden. Ich muß öffentlich auftreten. Die Musik ist mein Leben.«

Er nickte und wandte sich ab. *Ja, wie die Bildhauerei einst meines gewesen ist ...*

Nachdem sie sich geliebt hatten, ging er an den Kühlschrank, holte eine Flasche Stolitschnaja heraus und schenkte zwei Gläser voll. »Ich habe mich gefragt, Anna, ob du in Wirklichkeit eine Komsomolzin bist.«

»Was?« Sie war empört. »Wie kannst du so was sagen?«

»Könnte doch sein«, neckte er sie. »Du hast alle meine Geheimnisse ausgespäht – von mir im Bett und auch von Rokowski. Ja, ich glaube, daß du eine Spionin bist. Deine ›Flucht‹ ist arrangiert worden, um mich zu täuschen. Du bist als *Femme fatale* ausgebildet worden und hierher entsandt worden, um dich an mich zu klammern, mich festzuhalten, meine Vitalität auszulaugen, mich impotent zu machen. Ja?«

»O Sascha.« Sie lachte. »Durchaus nicht impotent.« Sie stand von der Couch auf und begann sich anzuziehen.

Er leerte sein Glas, wurde ernst. »Es gibt ein Geheimnis, das ich dir noch nicht erzählt habe.«

»Welches denn?«

»Ich hab' einmal etwas getan.«

»Was hast du getan?«

»Ich hab' einen Freund verraten. Diese alte Lüge ist nämlich wahr. Ich hab' Boyce angeschwindelt.«

»Wovon redest du überhaupt?« Sie hakte ihren Büstenhalter zu.

»Von meinem angeblich besten Freund. Ein schöner Freund! Er hat hinter meinem Rücken meine Frau gevögelt. Ich hab' ihn verraten; er ist ins Arbeitslager gekommen und jetzt nach fünfzehn Jahren entlassen und abgeschoben worden. Er ist Jude – er darf nach Israel. Ich kann nicht mehr schlafen. Habe Alpträume. Kann nicht mehr arbeiten. Hab' seit Monaten keinen Ton mehr in den Händen gehabt. Ich versuche zu vergessen, aber Irina erinnert mich jeden Morgen daran. Das ist natürlich ihre Rache. Die erhält sie am Leben.«

Sie kam zu ihm, umarmte ihn.

»Ich bin ein Denunziant gewesen, Anna.«

»Aber er hat dich zuerst verraten.«

»Keine Entschuldigung.« Er vergrub sein Gesicht in ihrem Haar und weinte.

Später bat er sie, für ihn zu spielen. »Das Arpeggio. Ein letzter Wunsch.«

»Ohne Klavierbegleitung? Unmöglich!«

»Das spielt keine Rolle. Dein Geburtstagsgeschenk für mich. Nur das Adagio. Bitte!«

Sie überlegte, trat dann aufs Podest, nahm ihr Cello und begann es zu stimmen.

»Dieses lächerliche Sweatshirt – das muß runter!«

Sie zog es sich über den Kopf.

»Und der Büstenhalter auch. Damit siehst du albern aus. Die Jeans sind in Ordnung, aber ich möchte, daß du oberhalb der Taille nackt bist.«

Sie zuckte mit den Schultern, hakte ihren Büstenhalter auf und warf ihn Targow zu. Er fing ihn grinsend auf, starrte sie bewundernd an. Er liebte ihren schlanken Körper, ihre Rippen unter der straffen blassen Haut, die kleinen, festen Brüste mit den harten, aufgerichteten Spitzen.

Er schenkte sich Wodka nach und schaltete dann die Scheinwerfer ein, so daß eine Art Bühne entstand. Als alles perfekt war, lehnte er sich auf der Couch zurück. »Jetzt kannst du anfangen.«

Sie spielte den Schubert wundervoll, und er verlor sich in seinen Phantasien. Er sah sich als löwenartigen alten Mann, der diese stolze, schöne Cellistin liebte. Und als sie dann die melancholische Schlußpassage spielte, schloß er die Augen und erinnerte sich an seinen Zorn vor fünfzehn Jahren, als er das Wohnzimmer seines Moskauer Apartments betreten und Sergeij Sokolow mit Irina auf der Couch ertappt hatte.

ENTSTELLTES FLEISCH

Jerusalem. Ein Jahr später...

In diesem Winter schneite es in Jerusalem. An Mauern häuften sich hohe Schneewehen auf. Die Dächer waren weiß, ihre Rinnen mit Eiszapfen behangen. Menschen stapften gesenkten Hauptes durch den lautlosen Flockenwirbel.

Als der Schneefall aufhörte, glitzerte die Stadt: ein in der Sonne funkelndes Labyrinth aus weißen Würfeln. In einer Januarnacht saß David Bar-Lev im Wohnviertel Abu Tor vor dem großen Fenster seines Apartments und betrachtete staunend, wie die verschneite Hauptstadt im Mondschein fremdartig blausilbern leuchtete.

Er starrte lange durch verschneite Olivenbäume und Zypressen übers Hinnomtal hinweg zum Zionsberg, dem Ölberg und dem Felsendom auf dem Tempelberg hinüber. Jenseits der kalten Fensterscheibe lag Stille über Jerusalem; das einzig hörbare Geräusch waren die leichten Atemzüge der schlafenden Anna.

Er sah zu ihr hinüber. Ihr Cello stand wie ein Wachposten in der Ecke. Kamm, Gesichtscreme und Perlenkette lagen durcheinander auf dem kleinen Nachttisch. Ihr Gesicht leuchtete wie die mondbeschienenen Dächer. Ihr volles schwarzes Haar glänzte wie das einer Katze.

Er griff nach dem grauen Seidenkleid, in dem sie an diesem Abend aufgetreten war und das sie vor einer Viertelstunde so behutsam abgestreift hatte. Es lag noch so auf der Rückenlehne der Couch, wie Anna es hingelegt hatte. Es fühlte sich leicht feucht an, und er erinnerte sich an die Schweißperlen, die er ihr in der Garderobe und dann wieder im Wagen vor der Heimfahrt von der Stirn getupft hatte.

Er drückte die Seide an seine Lippen, während er versuchte, seine Atemzüge Annas langsamem Rhythmus anzupassen. Er liebte sie und fragte sich zugleich, ob er nur Rätsel lieben könne: Frauen, die Geheimnisse hatten, Verbrechen, die schwierig aufzuklären waren, und diese Stadt, deren innerstes Wesen er nie begriffen hatte, obwohl er hier geboren worden und aufgewachsen war.

Der Frühling brachte die ersten Morde.

Der Schnee schmolz rasch und ließ die Wasserläufe anschwellen. Ende März waren die Hügel Judäas mit Wüstengras, Mandelblüten und Mohnblumen bedeckt. Vor Tagesanbruch trieb Rauch von den Lagerfeuern der Beduinen in die Stadt. Der Himmel über Jerusalem war dunkelblau, und die von den Winden herantransportierte Luft war so kalt und rein, daß sie in den Lungen zu brennen schien.

David schlürfte Kaffee, als das Telefon klingelte. Anna trug einen weißen Frotteebademantel und hatte noch feuchte Haare vom Duschen. Ihr Blick folgte ihm, als er mit dem Apparat ans Fenster trat und in die Morgendämmerung hinausstarrte. Er suchte etwas in einem Kilometer Entfernung jenseits des Tals und nickte, als er's entdeckt hatte.

»Ich sehe dein Blinklicht, Rafi.«

»Dann hättest du ein Augenzeuge sein können. Willst du herkommen? Verdammt kalt, hier draußen.«

»Hast du mich angerufen, weil ich so günstig wohne?«

»Unsinn, David!« Die Tonqualität aus dem Streifenwagen war schlecht. »...muß weiter, habe eine Besprechung. Ich wollte nur, daß du dir die Sache ansiehst, bevor alles verändert wird. Du brauchst den Fall nicht zu übernehmen; dazu ist schon ein Sergeant hier. Ob wir's mit einer Verbrechensserie zu tun haben? Vielleicht. Darüber können wir später reden...« Rafis Stimme wurde leiser, dann brach die Verbindung ab.

Die vor Sonnenaufgang von einem Araberjungen, der die Altstadtmauer entlangritt, entdeckte Tote lag auf steinigem Grund zwischen Dungtor und Zionstor. Die Gliedmaßen bildeten schreckliche Winkel, die kein lebendes Wesen hätte nachahmen können. Zusammengeknüllt, dachte David. Sie ist irgendwo anders ermordet und dann hier hergebracht und wie Abfall aus einem Wagen geworfen worden.

Liederman war der Einsatzleiter. David kannte ihn flüchtig: ein kleiner, grauhaariger, älterer Mann mit dicken Brillengläsern und einem runzligen polnischen Gesicht. Ein Aschkenasim-Polizist alten Stils, der in den fünfziger Jahren in den Dienst eingetreten war, bevor dieser von Einwanderern überflutet und Polizeibeamte Müllmännern gleichgestellt worden waren.

»Rafi hat gesagt, daß wir auf Sie warten sollen.« Liedermans Stimme war heiser, seine Finger wiesen Nikotinflecken auf. Er trug eine abgewetzte Militärlederjacke. »Ich soll Ihnen alles erzählen.«

»Gut, schießen Sie los!«

Liederman zuckte mit den Schultern. »Sie ist jung, vielleicht achtzehn, zwanzig. Kehle durchschnitten. Geschlagen und mißhandelt. Nackt unter der alten Militärdecke dort drüben aufgefunden. Keine Papiere. Eine Unbekannte.«

Ein leerer Touristenbus bog um die Ecke, hielt und blokkierte die Straße. Der Fahrer starrte sie und die Leiche an.

»He, schickt ihn fort!« rief Liederman einem seiner Leute zu. »Seht zu, daß der Verkehr weiterläuft!«

»Jüdin?« fragte David.

»Woher, zum Teufel, soll ich das wissen?«

»Gebrauchen Sie Ihren Instinkt.«

»Ich hab' keinen. Ich bin bloß ein alter Polizist. Dieses Jahr werd' ich Gott sei Dank pensioniert.«

»Fragen Sie ihn.« David deutete auf den auf der Erde hokkenden Araberjungen, dessen Pferd den spärlichen Bewuchs am Fuß der Mauer abgraste. Liederman grinste und stellte seine Polaroid-Kamera ein. David trat näher an die Leiche heran und starrte fröstelnd auf sie herab.

Das Gesicht der jungen Frau war aufgedunsen. Ihre Haut verfärbte sich bereits blau. Ihre Wangen waren jeweils durch zwei parallel verlaufende senkrechte Messerschnitte entstellt. Diese Markierungen wiederholten sich auf Lippen und Brüsten – und dazu kam ein glatter Schnitt durch ihre Kehle. Sehr wenig Blut. Das Gesicht ausdruckslos, nicht von Entsetzen oder Todesangst gezeichnet. Sie war sehr jung. Die geschlossenen Augen schienen geschminkt gewesen zu sein. Attraktiv, vielleicht sogar hübsch. Er konnte es kaum ertragen, sie anzusehen. Er wandte sich ab.

Liederman, der neben dem Araberjungen stand, rief ihn an. »Er hält sie für eine Jüdin!«

David ging hinüber. »Kennst du sie?« fragte er den Jungen auf arabisch.

Der Junge nickte. »Sie steht am Damaskustor.«

»Ein Strichmädchen?«

Der Junge nickte erneut.

»Eine jüdische Stricherin?«

»Ja, ich glaube.«

»Bist du jemals mit ihr gegangen?«

Der Junge schüttelte den Kopf.

»Reitest du jeden Morgen hier vorbei?«

Der Araberjunge erklärte ihm, daß er das Pferd bewege, das seinem Onkel gehöre, der jenseits von Ramat Rahel an der Straße nach Bethlehem wohne. Er hatte das sanfte christlich-arabische Gesicht, das in David stets Schuldgefühle weckte. Kein aggressiver PLO-Student der Hebron-Universität, sondern ein schmächtiger Jerusalemer Junge mit großen traurigen Augen.

Der Verkehr war dichter geworden. Uniformierte pfiffen auf Trillerpfeifen, um ihn in Gang zu halten. Neugierige verrenkten sich die Hälse. Ein Krankenwagen kam. Fußgänger blieben stehen, um vom Straßenrand aus zuzusehen. David blickte nach Abu Tor hinüber, fand sein Haus und fragte sich, ob Anna jetzt am Fenster stand oder schon auf ihrem Hocker in der Mitte des Raums saß, um zu üben.

Liederman folgte David zu seinem Wagen. »Woher haben Sie gewußt, daß er wissen würde, ob sie Jüdin war?«

»Ich bin Kriminalbeamter.«

»Ja, ich weiß. Aber wie haben Sie das gewußt?«

»Das war bloß 'ne Vermutung.«

»Ein Volltreffer. Ich hab' schon von Ihnen gehört. Ich hab' gehört, daß Sie sehr gut sein sollen.« Liederman warf seine Zigarette weg und beugte sich durchs Fenster, um vertraulich sprechen zu können. »Rafi hätte Sie nicht hergerufen, wenn er den Fall nicht Ihrer Abteilung übertragen wollte. Falls sie wirklich Jüdin ist, kann die Sache ziemlich interessant werden.«

David wartete. Die Sonne stand bereits auf der Mauerkrone. In wenigen Minuten würde sie ganz Jerusalem entflammen.

»... ich hab' nie einen guten Fall erwischt, immer lauter beschissene. Kann's kaum erwarten, pensioniert zu werden. Ich hab' Wichtigeres zu tun. Hab' ein Archiv mit Büchern, alten Zeitungen, Dokumenten. Es ist im Haus einer alten Dame in der Deutschen Kolonie untergebracht. Ich arbeite ab und zu ein bißchen für sie, bleibe im Haus, wenn sie verreist, und behalte alles im Auge. Dafür darf ich das Zimmer bewohnen.«

»Was für ein Archiv?«

»Frühe vierziger Jahre. Polen. Die Sammlung meines Vaters, die ich ergänzt habe. Ich hab' mir gedacht, ob Sie mal vorbeikommen und sie sich ansehen würden. Sie haben einen scharfen Blick. Sie sehen mehr als andere.«

»Was könnte ich in Ihren Papieren sehen?«

»Na ja, vielleicht irgendwas...« Liederman machte eine Pause. »Sie halten nicht viel vom Studium der Vergangenheit?« Er trat einen Schritt zurück. »Tut mir leid. Sie sind jung. Sie sind hier geboren. Solche Leute haben nichts für alten Krempel übrig. Das verstehe ich.«

»Ich bin sechsunddreißig«, sagte David. »Das Studium der Vergangenheit ist meine große Leidenschaft. Ich sehe mir Ihre Sachen gern an. Sarah in Rafis Büro hat meinen Dienstplan. Suchen Sie sich einen Tag aus, an dem wir beide dienstfrei haben.«

An diesem Morgen um zehn Uhr saß er im Dienstzimmer Rafi Shahars, des Chefs der Kriminalpolizei, und starrte die durch die Jalousien auf den Terrakottaboden fallenden Lichtstreifen an. Durchs offene Fenster waren Busse auf der Jaffa Road und die Motoren von Streifenwagen im Innenhof zu hören. David hörte auch Telefone klingeln, deren Hörer niemand abnahm, und Echos aus dem Korridor: Schritte, Stimmen, Flüche vor dem Kaffeeautomaten und das Klappern der hohen Absätze der Marokkanerin, die in Superintendent Latskys Büro arbeitete, enge Pullover trug und sich das Haar hennarot färbte.

Rafi lehnte sich mit wäßrigen, traurigen Augen zurück. Er hielt den Hörer zwischen Schulter und Wange eingeklemmt und trommelte mit den Fingern einen Marsch auf der Schreibtischplatte. Zwischendurch nickte er immer wieder zu Sarah Dorfman hinüber, die an ihrem kleinen Tisch in der Nähe der Tür saß, das Gespräch mithörte und sich Notizen machte.

Als Rafi schließlich den Hörer auflegte, rückten die Lichtstreifen auf dem Fußboden zusammen. David hob den Kopf; die Rückenlehne von Rafis Stuhl drückte die Jalousie gegen das Fensterbrett.

»Na?«

»Häßliche Schnittwunden. Ungewöhnlich.«

»Ist das alles, was du dazu zu sagen hast?«

»Na ja...«

»*Was?*«

David sah zu Sarah Dorfman hinüber und senkte den Kopf. »Vielleicht hat der Mörder sie gekennzeichnet, um zu sagen: ›Sie ist mein, sie gehört mir.‹«

Er beobachtete wieder Rafi, dessen Augen sich hinter der Brille vergrößerten. Seit David ihn kannte, war ihm die Traurigkeit in seinem Blick bewußt. Rafi war nur fünf Jahre älter, aber sein schütteres Haar wurde bereits grau, und er hatte sich den blassen Teint und wachsenden Schmerbauch eines Vorgesetzten zugelegt, der jetzt zu seinem großen Bedauern zur Schreibtischarbeit gezwungen war.

»Besitzzeichen. Interessant, David. Deine Gedankengänge sind schon immer interessant gewesen.«

Rafi starrte ihn kurz an, beugte sich dann nach vorn und griff in dem Durcheinander auf seinem Schreibtisch nach einer Pfeife. Pfeifen und Orchideen: Rafi rauchte türkischen Tabak und züchtete in seiner Freizeit Orchideen. Obwohl David ihn als Freund betrachtete, war er sich der Methoden bewußt, mit denen Rafi andere auf Distanz hielt – indem er sich im Dienst in aromatische Rauchwolken hüllte und zu Hause einem einsamen Hobby hinter Glaswänden nachging.

Rafi zündete sich die Pfeife an und suchte dann einen Ordner heraus. Er schob ihn über den Schreibtisch. Die Mappe enthielt Fotos. David spürte, wie sein Magen sich verkrampfte, während er sie betrachtete.

»Dieselben Kennzeichen«, stellte Rafi heiser flüsternd fest. »Wangen, Lippen, Brüste. Vor zehn Tagen in einem Wadi an der nach Mevasseret führenden kleinen Straße aufgefunden. Eine amerikanische Nonne aus St. Louis. Sie hat im Holyland Hotel gewohnt. Der Türsteher hat sie in ein

Auto steigen sehen – wahrscheinlich mit Tel Aviver Nummer. Danach hat sie niemand mehr gesehen.«

Rafi schob David eine weitere Mappe mit Aufnahmen über den Schreibtisch. Dieselben Schnittwunden – diesmal jedoch im Gesicht und am Körper eines Jungen.

»Halil Ghemaiem. Arabischer Straßenjunge. Drogenabhängig. Strichjunge. Sein Revier ist der Strand in Tel Aviv gewesen. Letzten Dienstag gegen ein Uhr von einem gutgekleideten Herrn angesprochen worden. Mit einem ausländischen Wagen weggefahren. Vor fünf Tagen auf einer Baustelle hinter dem Augusta Victoria Hospital aufgefunden worden.«

David hörte ein Knirschen. Rafis Stuhl drückte wieder die Jalousie zusammen. »Merkst du, was wir hier haben, David? Immer wieder verunstaltete Opfer. Verbrechen, die nach dem gleichen Muster ablaufen – vielleicht die erste Mordserie der israelischen Kriminalgeschichte.«

Rafi begleitete ihn auf den Korridor und blieb neben ihm stehen, während er den Kaffeeautomaten mit Münzen fütterte, die Hälfte zurückbekam und es mit neuen versuchte. Die Maschine spuckte endlich kochendheißen Kaffee aus, der Davids Plastikbecher bis zum Überlaufen füllte.

»... sonst nur aus Amerika bekannt. Wenn wir also Glück haben, erweist der Killer sich als Amerikaner.« Rafi schlug mit der Faust an den Automaten, der seine Münzen geschluckt, aber keinen zweiten Kaffee ausgegeben hatte. »Aber was ist, wenn er ein Israeli ist? Würde mich angesichts der Entwicklung in letzter Zeit nicht sonderlich überraschen. Eine Hausfrau in einem Vorort von Haifa vergiftet ihren Mann mit Rattengift. Ein netter in Südafrika geborener Gentleman, Techniker am Weizman-Institut, spritzt seine Mutter mit Benzin ab. Jugendliche Kibbuzniks verweigern den Wehrdienst. Mein jüngerer Bruder, ein Panzerkommandant, will nach New York, um dort als Taxifahrer zu arbeiten.«

Rafi trat zurück und versetzte dem Automaten einen gewaltigen Fußtritt. Kaffee begann hervorzusprudeln. David kannte seine zynischen Exkurse über »die neuen Sitten«, wie er sie nannte, und wußte, daß Rafi die Schuld daran der gegenwärtigen Regierung gab.

»Aber was können wir schon von einer von Krämern gewählten Regierung erwarten? Auch wenn ich nichts von diesem Scheiß mit dem auserwählten Volk gehalten habe, war er weit besser als der Krämergeist, den wir jetzt an den Tag legen.« Er trank einen kleinen Schluck Kaffee. »Da wir jetzt in einer verrückten Gesellschaft amerikanischen Stils leben, ist's wohl allmählich Zeit für eine Mordserie amerikanischen Stils, nicht wahr? Längst überfällig, aber...« Er schüttelte den Kopf. »...sehr, sehr schwierig aufzuklären, David. Willkürlich gewählte Opfer, anscheinend keine früheren Verbindungen – du weißt selbst, wie schwer das werden wird.« Er nickte David zu. »Ich will die Ermittlungen dir übertragen, aber ich hätte Verständnis dafür, wenn du ablehnst.«

»Es handelt sich um eine Verbrechensserie. Wie könnte ich da ablehnen?«

»Richtig, das kannst du nicht!« Rafi schlug ihm leicht auf die Schulter. »Laß dir von Sarah die Unterlagen geben. Und bestell Anna einen schönen Gruß von mir.« Er schüttelte betrübt den Kopf. »Ich mag sie, David – sogar sehr. Was wird sie von uns denken, wenn sie das alles erfährt?«

Auf dem Rückweg zur Abteilung für Verbrechensserien dachte David Bar-Lev immer wieder an Rafis Ausdruck »verunstaltete Opfer«. Von allen Verbrechensmustern war dieses vermutlich das schlimmste.

Die von ihm geleitete Abteilung VS lag im ersten Stock des Jerusalemer Polizeipräsidiums, das in einer als »Russenkomplex« bezeichneten Ansammlung von Gebäuden hundert Meter vom Bar Kokba Square entfernt untergebracht war.

Die Räume des alten Dienstgebäudes hatten fast sechs Meter hohe Decken, und auf seinen breiten gefliesten Korridoren, die von Neonleuchten an Eisenketten erhellt wurden, liefen Uniformierte, Sekretärinnen, Kriminalbeamte, Häftlinge, Polizeispitzel, Zeugen und verschüchterte Bürger, die nach einer Stelle suchten, wo sie Anzeige erstatten konnten, kreuz und quer durcheinander. Nur wenige Außenstehende fanden sich in diesem Kaninchenbau zurecht, der aus den einschüchternd riesigen Diensträumen für die Polizeibeamten der Britischen Mandatsverwaltung entstanden war.

David Bar-Lev konnte sich nicht vorstellen, daß sein Büro, das kaum breit genug für seinen Schreibtisch war, irgend jemanden einschüchtern würde. Bücherregale quollen von Ermittlungsakten über. Eine Pinnwand war dicht an dicht mit Notizzetteln behängt. Die restliche Einrichtung bestand aus zwei abgestoßenen schwarzen Metallstühlen, zwei Telefonen und einem sorgfältig beschnittenen Foto seiner Tochter Hagith, neben deren Arm nur die linke Hand seiner geschiedenen Frau Judith sichtbar war.

Obwohl die Wände schallschluckend verkleidet worden waren, damit man ungestört war, ließ David die Tür zu dem Raum, in dem seine Leute arbeiteten, stets offen. Die dort aufgestellten Trennwände waren nur mannshoch, so daß die lauten Stimmen und das Klingeln der Telefone aus den Diensträumen benachbarter Abteilungen sich vermengten. Kein Wort dieses rastlosen Geräuschwirrwarrs war jemals verständlich, aber David hatte das Gefühl, eine unterschwellige Harmonie herauszuhören.

»Shoshana!«

Sie stand fast augenblicklich auf seiner Schwelle: eine kleine junge Frau mit lebhaften dunklen Augen, krausen schwarzen Locken und dunklem Teint.

»Wo ist Dov?«

»Er bearbeitet die Einbruchssache Rehavia. Eine Frau ist

dagewesen und hat behauptet, sie habe Teile ihres Silbers in Ostjerusalem gesehen. Er ist losgefahren, um nachzusehen.«

»Micha...?«

»Mit Uri beim Kaffee. Nach den beiden bin ich dran, falls nicht doch mal irgendwas passiert.«

»Du langweilst dich wohl, Shoshana?«

»Nicht wirklich. Ich habe hier nur niemals Gelegenheit, auch zu kämpfen.«

Als David sie kennengelernt hatte, war sie ein unzufriedenes Büromaskottchen bei der Drogenfahndung gewesen. Sie vertrug sich schlecht mit ihrem Chef und ärgerte sich darüber, daß sie zum Telefondienst verdonnert wurde, während die Jungs auf den Straßen unterwegs waren. Sie hatte Pausbacken und das unschuldige Lächeln einer Oberschülerin, aber hinter dieser Fassade verbarg sich ein kluger Kopf. Sie gefiel David, und als er sie beim Karate-Turnier der Jerusalemer Polizei erlebte, beeindruckte ihn ihre Selbstsicherheit so sehr, daß er dafür sorgte, daß sie in seine Abteilung versetzt wurde.

»Wir kämpfen nicht. Wir ermitteln. Wenn du unbedingt kämpfen willst, mußt du wieder zur Armee gehen.« Sie grinste. »Und während du darüber nachdenkst, kannst du versuchen, unten einen halbwegs brauchbaren Wagen für uns aufzutreiben.«

»Wohin fahren wir?«

»Wir sehen uns die Stelle an, wo eine amerikanische Nonne ermordet aufgefunden worden ist.«

David hörte ihre Schritte, als sie durch den Dienstraum hinausging; ihr plötzliches Kommen und Gehen faszinierte ihn. Eben war sie noch hier, im nächsten Augenblick war sie verschwunden – und trotzdem konnte er sich niemals daran erinnern, sie wirklich kommen oder gehen gesehen zu haben.

Er ließ sie fahren, weil das vielleicht einen Teil ihrer ruhelosen Energie aufzehren würde. Der Wagen, ein klappriger weißer Subaru, hatte durchgesessene Sitze und eingebeulte Kotflügel. Auf der Jaffa Road setzte er Shoshana auseinander, welchen Auftrag er für sie hatte.

»Du läßt dir gute Fotos geben und fährst mit Uri zum Damaskustor. Er hält sich im Hintergrund, während du so freundlich und mitfühlend wie möglich mit den Frauen dort redest. Stell fest, wer sie gewesen ist. Name, Adresse, alles. Ist sie letzte Nacht mit jemand weggefahren? Hat sie einen Zuhälter gehabt? Vielleicht hat der Junge sich geirrt; vielleicht ist sie keine Prostituierte gewesen. Aber du mußt trotzdem mit ihnen reden. Frag sie, ob sie Kerle kennen, die schnell mit dem Messer bei der Hand sind. Erzähl ihnen von den Schnittwunden, aber nicht von den Brüsten – das wollen wir für uns behalten...«

Vor dem Mahane Yehuda Market staute sich der Verkehr, was zu einem Hupkonzert von LKW und Personenwagen führte. Eine Frau mit einem Einkaufskorb schlängelte sich durch die Autoreihen über die Straße. Eine Gruppe von fünf- und sechsjährigen Schulkindern wartete vorbildlich diszipliniert am Randstein.

»Was ist hier los?« Shoshana fuhr sich mit dem Handrükken über die Stirn; es war 11 Uhr und schon ziemlich heiß. »Soll ich die Sirene benützen?«

David schüttelte den Kopf. Auf dem Markt ging irgend etwas vor: Menschen strömten hinein, aber nur wenige kamen wieder heraus. »Du holst mich dort drüben an der Ecke ab«, wies er sie an, bevor er ausstieg.

Während er den schattigen Arkaden folgte, die die Längsachse des Marktes bildeten, hörte er die Trillerpfeifen von Polizeibeamten schrillen. Er drängte sich an Verkaufsständen vorbei, auf denen sich Auberginen, Zwiebeln und Jaffa-Orangen türmten, und bahnte sich seinen Weg durch Käufer und Verkäufer, leere Obstkisten und Gemüseabfälle, bis er am Ende einer der kleinen Quergassen auf eine unbewegliche Menschenmauer stieß.

»Was gibt's denn?« fragte er eine gebeugt dastehende alte Frau in Schwarz, die ihre Einkäufe an ihre Brust drückte.

Sie sah mit verkniffenen Lippen zu ihm auf. »Katzer.« Dann hörte David diesen Namen von allen Seiten. Manche flüsterten ihn, andere zischten ihn, einige wenige riefen ihn laut jubelnd: »Katzer! Katzer!«

Plötzlich erhaschte David einen Blick auf ihn: von Polizeibeamten eskortiert, hinter einer schützenden Phalanx aus seinen Anhängern, mürrischen jungen Männern mit gestrickten Käppchen, die sich mit roher Gewalt ihren Weg durch die Menge bahnten. Seine Leibwächter wirkten gangsterhaft, dumpf und nicht sonderlich intelligent, aber die kleinen scharfen Augen des Rabbis glitzerten berechnend.

David beobachtete fasziniert, wie Katzer einen Olivenverkäufer, einen Fischhändler und einen am Stock gehenden alten Knöpfe- und Saumnäher umarmte. Er war überrascht, wie klein Katzer war; obwohl ihm sein Gesicht aus dem Fernsehen vertraut war, sah er ihn hier zum ersten Mal leibhaftig. Der Rabbi hatte nichts Entrücktes an sich, nichts Frommes oder Talmudsches. Er war ein Politiker, der es genoß, Gesichter zu berühren, auf Schultern zu klopfen, ausgestreckte Hände zu erfassen. Seine Anhänger brauchten ihn, wollten seine Kraft spüren, und Katzer kam ihnen bereitwillig entgegen.

Dann fiel David jedoch etws anderes auf. Der Rabbi kniff die Augen zusammen, als in seiner Nähe mit halblautem *Plop!* eine Bierdose aufgerissen wurde. In seinem Blick flakkerte unverkennbar Angst: Er fühlte sich verwundbar und wußte, daß die Leidenschaften, die er entfesselte, ihm auch eine Kugel in die Brust einbringen konnten.

Die Uniformierten bliesen ihre Trillerpfeifen, die Gorillas

marschierten vorbei, und Katzer verschwand im Gedränge. Als David auf dem Rückweg zu Shoshana und dem Wagen an den Fleischerständen vorbeikam, merkte er, daß ihm das Hemd am Rücken klebte.

Sie standen vor einem staubigen, mit Brombeerranken überwucherten Entwässerungsgraben jenseits der schmalen Nebenstraße, die nach Mevasseret hinaufführte. Mit orangeroter Leuchtfarbe gekennzeichnete Markierungspflöcke der Polizei umrissen den Fundort der Leiche. David umrundete ihn, wobei er sich hütete, den Boden zwischen den Pflöcken zu betreten, und lehnte sich dann an den Wagen. Von der Schnellstraße drang das stetige Brausen starken Autoverkehrs zu ihnen herüber.

»Sie ist gesehen worden, als sie in ein Auto mit Tel Aviver Kennzeichen gestiegen ist«, stellte Shoshana fest. »Ihr Mörder scheint dicht hinter der Ausfahrt gehalten und sie aus dem Wagen geworfen zu haben, bevor er weitergefahren ist.«

Die Sonne brannte mit voller Kraft vom Himmel. David sah zu den weißen Villen hinauf, die auf den kahlen Hügeln leuchteten. Dort oben wohnten Reiche, die meistens zwei Autos besaßen. Viele von ihnen würden mehrmals täglich an dieser Stelle vorbeifahren, so daß eine Leiche ziemlich schnell entdeckt werden mußte.

»Wenn er sie wirklich hätte loswerden wollen, hätte er sie nach Judäa gebracht. Ihm ist's gleichgültig gewesen, ob sie gefunden wurde.«

»Warum auch nicht? Er war fertig mit ihr.«

»Er ist also einfach, wie wir, von der Schnellstraße abgebogen, hat sie aus dem Wagen gezerrt und mit einer alten Decke verhüllt, ohne sich die Mühe zu machen, ihre Beine zu bedecken, und ist dann zur Sonnenküste abgezischt?«

»Was soll daran falsch sein?«

»Nichts, wenn er nicht versucht hat, seine Fingerfertigkeit zu verbergen. Vielleicht die beste Lösung, falls er sie vorführen wollte.«

»Glaubst du, daß er's darauf angelegt hat?«

David zuckte mit den Schultern. »Er hätte sich kaum eine bessere Stelle aussuchen können. Nur die Stelle von heute morgen ist noch besser gewesen.« Nach einem letzten Blick auf die orangeroten Pflöcke wandte er sich ab.

Im Russenkomplex mußte er unwillkürlich grinsen, als er das Quartett sah: Micha und Uri in abgewetzten Militärjacken, Dov Meltzer in gestreifter Trainingshose und mit einer übergroßen Taucheruhr am Handgelenk. Alle drei trugen die ausgetretenen Joggingschuhe, die das Markenzeichen der Jerusalemer Kriminalbeamten waren. Sie hockten mit weit von sich gestreckten Beinen in Drehsesseln, während Rebecca Marcus, ihre spröde, orthodoxe Sekretärin, die stets darauf achtete, daß ihre Arme, Beine und ihr Haar bedeckt waren, aufrecht an ihrer uralten Royal saß und Ermittlungsberichte tippte.

»Mordfall?«

»Dreifach«, sagte Shoshana.

»Laut Autopsie ist die Nonne gefoltert, aber nicht vergewaltigt worden.«

»Madonna, Nutte, Strichjunge«, meinte Dov. »Klingt sehr nach Psycho-*time*.«

»Du sagst es«, knurrte David.

Er beobachtete sie. Alle waren aufgeregt. Kollegen aus anderen Abteilungen bezeichneten sie gelegentlich als »Davids Meute«. Jetzt hatten sie einen neuen, beunruhigenden Fall – vielleicht den besten seit Jahren.

»Shoshana und Uri, ihr befaßt euch mit dem Mädchen. Micha, du übernimmst den Araberjungen, und Dov, du die Nonne. Der Junge soll drogensüchtig gewesen sein – vielleicht hat er selbst mit dem Zeug gehandelt. Und diese Schwester Susan Mills: Ist sie wirklich eine Madonna gewesen? Wieso endet eine Frau wie sie im Straßengraben?«

»Was ist mit den Schnitten, David?«

»Die interessieren mich sehr.«

»Bei der Nonne sind sie erst nach ihrem Tode angebracht worden.«

»Zehn gegen eins, daß das auch für die beiden anderen zutrifft.«

»Ein nachträglicher Einfall?«

»Irgendein Ritual?«

»Sarah hat gesagt, daß du an ein Besitzzeichen gedacht hast«, stellte Dov fest.

David nickte. »Als wollte er sagen: ›Sie gehört mir.‹ Aber dahinter kann mehr stecken. Zum Beispiel eine Unterschrift, die besagt: ›Dies ist meiner Hände Arbeit.‹ Beides wäre möglich.«

Er führte seine Abteilung wie eine Sondereinheit der Armee: Alle duzten sich, jeder durfte sagen, was er dachte, zwischen Vorgesetztem und Untergebenen bestanden kaum Unterschiede. Dov, den er für den Klügsten hielt, stand ihm am nächsten, aber Uri Schuster war als Spürhund unentbehrlich. Uri hätte selbst ein Verbrecher sein können – deshalb war er so wertvoll, deshalb war David entschlossen, ihn trotz häufiger Beschwerden wegen seiner an Brutalität grenzenden Grobheit unter allen Umständen zu halten. Micha Benyamani war ihr Schachspieler: ein hagerer, trübselig dreinblickender Kriminalbeamter, der seine besten Erfolge am Schreibtisch erzielte. Und Shoshana Nahon, die selbsternannte Kämpferin, machte durch Diensteifer wett, was ihr an Erfahrung fehlte.

Er wies Rebecca an, ein Fernschreiben an den Verbindungsmann der israelischen Polizei in New York zu schikken. »Im amerikanischen Justizministerium gibt's eine Art

Clearing-Stelle für Mordserien. Du fragst einfach an, ob irgend jemand diese Kennzeichnung kennt.«

Rebecca lächelte. »Sobald irgendwas Schlimmes passiert, denkt Rafi an einen Amerikaner als Täter.«

»An einen amerikanischen Juden.«

»Richtig!« Sie kicherte. »Aber niemals an einen Israeli. O nein, niemals!«

Er rief Dov zu sich. »Was war heute morgen los?«

»Hab' ein Paar Kerzenleuchter gefunden. Bei einem arabischen Trödler am Salah el Din.«

»Wertvoll?«

»Nichts Besonderes. Diese Zimtziege, der sie letzten Herbst geklaut worden sind, stuft sie selbst so ein.«

»Wo hat er sie hergekriegt?«

»Auf einem Flohmarkt in Hebron gekauft. Aber ich hab' dort noch anderes Zeug gesehen, David: Judaika. Und das paßt nicht zusammen.«

»Gute Judaika?«

»Nein, eigentlich nicht. Ein ziemlich mieser Laden. Aber ich hab' etliche Thora-Kronen gesehen. Das hat mich nachdenklich gemacht. Die sind sonst keine Spezialität von Hehlern in Ostjerusalem.«

»Du denkst an...?«

»Unseren Fall mit den Schriftrollen, der schon Monate zurückliegt. Er ist mir erst wieder eingefallen, als ich diese Kronen gesehen habe. Aber ich habe den Mund gehalten, weil ich erst mit dir darüber sprechen wollte. Die Einbrüche in Rehavia und die gestohlenen Schriftrollen... Vielleicht gibt's da einen Zusammenhang.«

David dachte einen Moment nach. Er sah keinen Zusammenhang. »Silber ist Silber«, meinte er. »Die Leute, die in Villen in Rehavia einbrechen, brauchen einen Hehler für Silber, das sich nicht ins Ausland zu bringen lohnt. Und die Leute, die Thoras zum Verkauf in Amerika stehlen, müssen die Kronen loswerden, die die Herkunft der Schriftrollen verraten würden. Wir reden von nicht allzu wertvollen Silbergegenständen. Dafür ist Ostjerusalem ein guter Umschlagplatz. Wie lange hat dieser Trödler offen?«

»Bis zwanzig Uhr.«

»Okay, dann kreuzen wir eine Viertelstunde vorher auf und nehmen ihn ins Gebet.«

Gegen sechzehn Uhr brachten Uri und Shoshana ihm den Namen des Mädchens: Ora Goshen, neunzehn Jahre, Tochter marokkanisch-jüdischer Eltern aus der Siedlerstadt Bet Shemesh. Der Junge mit dem Pferd hatte recht gehabt: Sie war am Taxistand am Damaskustor auf den Strich gegangen. Die Fahrer kannten sie, und einige Kolleginnen hatten ebenfalls Auskunft gegeben. Sie war als »attraktiv« und »freundlich mit verführerisch schüchternem Wesen« beschrieben worden – ein Mädchen, das manchmal pro Nacht vier bis sechs Freier hatte und oft schon am Spätnachmittag zu arbeiten begann. Ora hatte ein möbliertes Zimmer in Katamon, in das sie jedoch nie Freier mitnahm. Wenn sie eine Unterkunft brauchte, mietete sie manchmal stundenweise die Zimmer anderer Mädchen oder ließ den Freier ein Taxi nehmen, das an eine einsame Stelle fuhr, von der aus der Fahrer sich ins nächste Café verzog.

»Sie ist mit Juden wie mit Arabern mitgegangen«, berichtete Shoshana, »aber die meisten ihrer Freier sind Ausländer oder Araber gewesen. Ihre Vermieterin hat geglaubt, sie arbeite als Zimmermädchen in einem Hotel. Alle sind sich darüber einig, daß Ora erst seit drei, vier Monaten in Jerusalem gewesen ist. Sie scheint keinen festen Freund gehabt zu haben, und von einem Zuhälter ist auch nicht die Rede. Eines der Mädchen sagt, Ora und sie seien mehrmals von einem gutgekleideten Herrn aus dem Außenministerium angeheuert worden. Sie haben das Zehnfache ihres üblichen Honorars bekommen und mußten dafür Schwarze – afrikanische Diplomaten – im King David Hotel betreuen. Bei anderer Gelegenheit ist Ora von einem Freier abgewiesen worden, weil sie ihm zu dunkelhäutig war. Bei Arabern scheint's wichtig zu sein, daß eine Jüdin sich als solche zu erkennen gibt. Das Bewußtsein, von einer Angehörigen der Unterdrückerrasse bedient zu werden, ist offenbar ein besonderer Kitzel. Was Tel Aviv betrifft, weiß kein Mensch, ob sie jemals dort gewesen ist. Und was die Messerhelden angeht: Fehlanzeige.«

Shoshana strahlte, denn sie wußte, daß ihr Vortrag gut gewesen war – und daß das Beste noch bevorstand.

»Okay, jetzt zu gestern abend: Gegen zwanzig Uhr wird der Verkehr allmählich schwächer. Es fängt an, kühl zu werden. Ein beiger Wagen kommt vorbei, biegt ab und rollt langsam über den Parkplatz. Ziemlich neues Baujahr, vielleicht ein Renault. Möglicherweise mit Tel Aviver Nummer, aber das kann niemand beschwören. Am Steuer ein jüngerer Mann, gut angezogen, europäischer Typ – in der Dunkelheit schlecht zu sehen. Er winkt Ora zu sich heran; sie tritt ans Auto, redet eine halbe Minute mit dem Mann, winkt ihren Freundinnen zu und steigt ein. Er fährt los und scheint auf der Straße gewendet zu haben, denn kurze Zeit später sieht eines der anderen Mädchen die beiden in Richtung Neujerusalem fahren. Das war's dann. Sie kommt nicht zurück, und gegen einundzwanzig Uhr machen die anderen Schluß und fahren alle nach Hause.

Drei Punkte sind wesentlich: Ora und dieser Kerl scheinen sich vorher nicht gekannt zu haben; niemand kann sich daran erinnern, ihn schon einmal gesehen zu haben; ihre Begegnung ist keineswegs außergewöhnlich gewesen – eine typische Autoanmache, wie sie jeden Abend fünfzehn- bis zwanzigmal vorkommt.«

»Und...?«

»Was?«

»Wie viele Zeugen?«

»Nur zwei Mädchen, ihre Freundinnen.«

»Sind sie bereit, sich unter Hypnose vernehmen zu lassen.«

»Das hab' ich sie nicht gefragt.«

»Dann holst du's heute abend nach, Shoshana. In der Zwischenzeit rufst du die Kollegen in Bet Shemesh an und läßt dich mit einem Sozialarbeiter verbinden. Die Angehörigen müssen verständigt werden, und wir brauchen jemanden, der herkommt, sie identifiziert und die Einwilligung zur Autopsie gibt. Sieh zu, daß der Sozialarbeiter kapiert, daß wir die Autopsie auch ohne Einwilligung der Familie vornehmen lassen können. Das dauert nur länger – und dann erfahren dort unten alle, daß Ora eine Nutte gewesen ist.«

»Okay. Was tue ich, wenn die Mädchen sich weigern, sich hypnotisieren zu lassen?«

»Du zeigst auf Uri und erzählst ihnen, wie gern er sie wegen Straßenprostitution einlochen würde. Dann sagst du ihnen, wie sehr wir ihre Hilfe schätzten, weil dieser Unbekannte natürlich auch ihnen gefährlich werden könnte.«

Er rief Anna an, um ihr von dem neuen Fall zu erzählen und zu sagen, daß er mit Dov nach Ostjerusalem müsse. »Danach gehen wir wahrscheinlich ins ›Ummayyah‹ zum Essen. Willst du uns nicht Gesellschaft leisten?«

Anna hatte jedoch eingekauft und war dabei, Borschtsch zu kochen. »Davon träume ich schon den ganzen Tag! Stopf dich nicht voll, David. Ich lasse dir einen großen Teller übrig.«

Sie sprachen stets englisch miteinander; Anna lernte Hebräisch, aber sie war noch nicht so weit, daß sie es ernstlich anwenden konnte.

»Wie ist's dir heute ergangen?«

»Ich habe den ganzen Vormittag geübt und bin dann zu

Yosef gefahren. Wir haben vier Stunden miteinander gearbeitet.« Anna und ihr Begleiter Yosef Barak probten den Beethoven-Zyklus für ihre Europatournee im Mai. »Dann hab' ich im ›Supersol‹ eingekauft. An der Kasse hat's eine schreckliche Szene gegeben. Eine Frau hat hysterisch zu kreischen begonnen: ›Preise! Mörder!‹ Dann ist sie in Tränen ausgebrochen. Ich hätte ihr am liebsten erklärt, daß sie sich glücklich schätzen könne, weil dieser Laden praktisch alles führe und man nirgends anstehen müsse. Aber ich hab' gewußt, daß ich ihr nicht helfen konnte. Sie ist untröstlich gewesen.«

Ja, dachte er, das ist das richtige Wort für Leute, die plötzlich zusammenbrechen, weil sie die täglich fortschreitende Entwertung ihrer Ersparnisse nicht fassen können. Er fand es rührend, daß Anna den Wunsch gehabt hatte, die Frau zu trösten und ihr zu versichern, daß sie von Glück sagen könne, daß sie nicht in einer anderen Gesellschaftsform leben müsse, einer wie der, aus welcher Anna geflüchtet war. Eine Gesellschaftsform, auf die sie leichten Herzens verzichtet hatte, aber ein Land, nach dem sie sich noch immer verzehrte – daher ihr Verlangen, immer wieder einmal Moskauer Borschtsch zu essen.

Am späten Nachmittag kreuzten Micha und Dov wieder auf. Micha war nach Tel Aviv gefahren, um den einzigen Zeugen zu vernehmen, der gesehen hatte, wie Halil Ghemaiem am Strand angesprochen worden war. Während seines Berichts rutschte er immer tiefer in den Sessel, bis seine Schuhspitzen fast Davids Schreibtisch berührten und seine Finger dicht über dem Fußboden baumelten.

»Ali Saad, heroinsüchtig, der schlimmste Zeuge, den ich je erlebt habe. Die Schwachköpfe, die ihn aufgespürt hatten, haben nicht versucht, ihn ein Phantombild erstellen zu lassen, deshalb habe ich meinen Set rausgeholt und mich an die

Arbeit gemacht. Wahnsinn, sag' ich dir! Er hat dauernd irgendwelche Änderungen verlangt, bis ich ihn gefragt habe: ›Was soll der Scheiß? Wen versuchst du zu decken?‹ Ein verständnisloser Blick. Dann hab' ich begriffen, daß er sich an nichts erinnern konnte, weil er sich längst blödgespritzt hat. Beschwören können will er lediglich, daß der Kerl, der Halil angesprochen hat, schwarzhaarig, bartlos und gutgekleidet war und Hebräisch gesprochen hat. Die Sache mit dem Hebräisch hat mich natürlich interessiert, weil sie auf einen Israeli hinzuweisen schien. Aber dann ist mir klar geworden, daß dieser Junge selbst kaum Hebräisch kann...«

»Ist Halil ein Dealer gewesen?«

»Nur im Kleinhandel, um seinen eigenen Stoff zu finanzieren.«

»Gerüchte über irgendeinen Messerhelden?«

»Soll das ein Witz sein? Diese Jungs haben selbst Messer, David. Da sind eher ihre Freier gefährdet!«

Dov hatte mit seinen Ermittlungen im Fall Susan Mills mehr Glück gehabt. Während David ihm zuhörte, spürte er, wie sympathisch Dov die ermordete Nonne war.

»... eine amerikanische Lehrerin auf Pilgerfahrt ins Heilige Land, das sie mit dem Rucksack auf dem Rücken und der Bibel als Führer durchwandert. Sie ist überall gewesen – Nazareth, Galiläa, Jericho, Bethlehem und so fort –, macht keine Luxusreise und trägt auch keine Schwesterntracht, wie die Nonnen von Notre Dame de France. Statt dessen trägt sie T-Shirts und Jeans, bei heißem Wetter auch Shorts. Sie übernachtet in Hospizen, hat eine teure Nikon und macht eine Million Aufnahmen. Sie lernt Leute kennen, wohin sie auch kommt: Geistliche, Professoren, Archäologen. Morgens joggt sie. In Eilat mietet sie sich eine Taucherausrüstung. Eine sehr moderne Frau, David – und deshalb ist's keineswegs ungewöhnlich, daß Susan Mills in irgendein Auto gestiegen ist. Heute morgen hast du gefragt, wie eine Nonne in den Straßengraben gerät. Ich bezweifle, daß das im Fall dieser Nonne viel mit ihrer kirchlichen Bindung zu tun gehabt hat.«

Die drei Männer verließen gemeinsam das Dienstgebäude. In der Nähe der Ausfahrt stand der Einsatzwagen des Sprengkommandos. Als Micha Benyamani ihn sah, wandte er sich ab, schüttelte seinen Kollegen rasch die Hand und hastete zu seinem Bus. Der Sohn eines Uhrmachers war Sprengmeister gewesen, bis er diese Arbeit hatte aufgeben müssen, weil seine Hände zu zittern begannen. David hatte ihn auf der Polizeischießstätte kennengelernt, wo ihm aufgefallen war, daß Micha hervorragend schoß: Er kniff die Augen zusammen, wenn er abdrückte, und hatte zumindest in diesen Sekundenbruchteilen eine völlig ruhige Hand.

David und Dov gingen zum Polizeiparkplatz weiter. Mit Einbruch der Dunkelheit wurde es kalt. Sie stiegen in Davids Wagen. David fuhr auf die Heleni Ha-Malka hinaus und hupte drei äthiopische Mönche an – schwarze Gesichter, schwarze Gewänder, schwarze knappsitzende Kopfbedekkungen. Der Verkehr war dicht. Die angestrahlte Altstadtmauer wirkte kahl und wuchtig. David wartete, bis das Damaskustor mit den Mädchen auf dem Taxistandplatz hinter ihnen lag, bevor er zu Dov hinübersah.

»Hast du Katzer schon mal gesehen, Dov? Leibhaftig, meine ich.«

»Ja, einmal – bei einer Beerdigung unten in Netanya. Er und seine Gorillas haben die Menge aufgeputscht. Bei einem Sprengstoffanschlag von Terroristen war eine Frau umgekommen. Katzer hat eine Vorliebe für solche Situationen, die schon aufgeheizt sind.«

»Ich hab' ihn heute morgen gesehen. Ein kleiner Kerl, viel kleiner, als ich gedacht hatte. Du weißt doch, wie er sich über ›jüdische Huren‹ ereifert?«

»Der Kerl ist nicht ganz dicht, sage ich dir.«

»Als ich ihn gesehen habe, ist mir eingefallen, daß wir vielleicht einen Kerl wie ihn suchen. Ora Goshen, ein Strichmädchen – und Katzer sagt, daß eine Jüdin, die mit Arabern schläft, zu Tode gesteinigt werden müsse. Kehrt man sein Argument ins Gegenteil um, könnte jemand das gleiche von einem arabischen Jungen behaupten, der jüdischen Männern seinen Arsch verkauft.«

»Okay, die Sache mit Ora und dem Jungen klingt vernünftig. Aber weshalb Susan? Wozu der Mord an einer Christin, einer Nonne?«

»Wer weiß? Wir haben's mit einem Spinner zu tun. Mit einem frustrierten, tief in seinem Inneren zornigen Menschen.«

Er bog auf die Salah el Din ab und bahnte sich hupend seinen Weg durch die nächtliche Blockade aus in zweiter Reihe geparkten Wagen, deren Besitzer in arabischen Läden marode Schekel gegen Schwarzmarkt-Dollar umtauschten. Nachdem er einen Parkplatz in der Nähe des Hotels National Palace gefunden hatte, sperrte er sein Auto bei eingeschalteter Alarmanlage sorgfältig ab. Dann ging er mit Dov zur Hauptgeschäftsstraße Ostjerusalems zurück.

Hier roch und klang es anders als im Jaffa-Ben-Yehuda-King-George-Dreieck in der Innenstadt: mehr nach Nahem Osten mit Kardamongeruch, zartem Haschischduft und dem pulsierenden Rhythmus ägyptischer Liebeslieder, die aus Radiolautsprechern in den Geschäften dröhnten. Eine Busladung amerikanischer Touristen verschwand in einem Bauchtanzlokal. Ein Wasserpfeife rauchender Souvenirverkäufer fing Davids Blick auf und grinste.

»Wow, hier sind wir schnell enttarnt! Andererseits erkennen wir sie bei uns drüben auch ziemlich schnell.«

»Ich glaube, daß sie in Wirklichkeit dich erkennen, Dov. Nur ein israelischer Kriminalbeamter würde eine gestreifte Trainingshose und diese riesige Uhr tragen.«

Die beiden hatten sich gern. David betrachtete Dov wie einen jüngeren Bruder: liebenswert wegen seiner verrückten Kleidung, seines schwarzen Lockenschopfs und der Gedichte, die er in seiner Freizeit schrieb.

Der Trödelladen lag im zweiten Stock eines Hauses über einem Geschäft für Unterhaltungselektronik. *Magic Supplies* stand auf dem Firmenschild der einzigen Tür im ersten Stock, in dem es durchdringend nach Katzen stank.

Der Trödler, ein gewisser Aziz Mansour, war Mitte Fünfzig, übergewichtig und besorgt. Hinter dem Scherengitter, das seinen Laden vom Eingangsbereich an der Treppe abtrennte, waren staubige Stapel von Schätzen zu erkennen: Teller, Bestecke, Servierlöffel, Schüsseln, Platten und Leuchter aus Silber, Bronze und Messing.

Dov, der plötzlich ernst wirkte, stellte David förmlich als »Captain Bar-Lev« vor.

Mansours Verbeugung sollte andeuten, daß er die israelische Staatsgewalt anerkenne. »Wie ich dem Sergeant heute morgen bereits gesagt habe, habe ich die Leuchter vor einigen Wochen auf dem Flohmarkt in Hebron gekauft. Ich wußte natürlich nicht, daß sie gestohlen waren. Und jetzt muß ich einen doppelten Verlust tragen, weil ich den Gauner, der sie mir angedreht hat, nie wiedersehen werde.«

Wie viele Jerusalemer seines Alters sprach Mansour ein steifes Englisch mit britischem Akzent. Aber er hatte etwas Würdeloses, etwas Kriecherisches an sich, das David mißfiel.

»So einfach ist die Sache nicht, fürchte ich.«

»Warum nicht? Ich gebe Ihnen die Gegenstände. Ich will mich nicht an Diebesgut bereichern.«

»Wir müssen Ihren Laden versiegeln. Morgen schicken wir einen Lastwagen. Alles muß in unseren Diensträumen mit Listen gestohlener Gegenstände verglichen werden.«

»Das kann nicht sein! Von diesem Verfahren habe ich noch nie gehört!«

»Wir wenden es nur in speziellen Fällen an.«

»Weshalb? Was ist hier so speziell?«

David sah sich um. »Irgend etwas, davon bin ich überzeugt. Sollten Sie jedoch Einwände haben, Mr. Mansour, müssen Sie sich mit Ihrem Anwalt in Verbindung setzen. Israel ist ein freies Land. Wir achten jedermanns Rechte. Setzen Sie sich ruhig gegen die Beschlagnahme zur Wehr. Unterdessen wird Ihr Geschäft versiegelt.«

»Beschlagnahme! Von Beschlagnahme haben Sie nichts gesagt! Die Ware sollte nur überprüft werden.«

Dov stand im Hintergrund des Ladens und betrachtete die Thora-Kronen, die er an diesem Morgen zufällig entdeckt hatte.

»Vielleicht finden wir eine Möglichkeit, das Verfahren abzukürzen.«

»Ich kann etwas für Sie tun? Ja? Sagen Sie mir bitte, was Sie wünschen.« Mansour war aufgebracht, aber David merkte, daß er krampfhaft überlegte, was dieser strenge Kriminalbeamte von ihm wollte, ob der Captain andeuten wollte, er sei bereit, sich bestechen zu lassen – und wie hoch die Summe wohl sein müsse.

»Die Sache mit den Leuchtern ist in meinen Augen eine Bagatelle. Wenn Sie sie in Hebron gekauft haben, können Sie nichts dafür, daß sie aus einem Haus an der Ramban Street gestohlen worden sind. Wir glauben, daß es sich um jüdische Einbrecher gehandelt hat. Solche Leute können wir nicht brauchen. Mich persönlich stört ein jüdischer Dieb weit mehr als ein arabischer Hehler.«

Dov, der jetzt hinter Mansour stand, warf David einen fragenden Blick zu. Aber David glaubte nicht, zu weit gegangen zu sein.

»Entschuldigen Sie, Sir, ich bin *kein* Hehler! Ich schwöre Ihnen, daß ich die Leuchter in Hebron gekauft habe. Vielleicht hat einer der dortigen jüdischen Siedler...«

»Wenn Sie schon lügen wollen, sollten Sie sich eine plausible Lüge einfallen lassen. Israelische Siedler stehlen vielleicht arabisches Land, aber nicht solchen Schund.« Seine verächtliche Handbewegung umfaßte Mansours gesamten Warenvorrat. »Ich gehe jetzt einen Kaffee trinken. Meltzer, Sie bleiben bei dem Festgenommenen und belehren ihn über seine Rechte. Wenn ich zurückkomme, nehmen wir eine vorläufige Durchsuchung vor.«

Er ging hinaus, ohne Mansour noch eines Blickes zu würdigen. Dov würde etwa eine Minute lang warten, bis anzunehmen war, daß David das Haus verlassen hatte. Dann würde er sich Mansour gegenübersetzen, ihn mitleidig betrachten und ihm erläutern, was ihm Schlimmes bevorstehe.

Ja, Dov würde ihm alles auseinandersetzen – vor allem die Art und Weise der »vorläufigen Durchsuchung« des Captains: Wie er den Laden methodisch auf den Kopf stellen und dabei alle empfindlichen und zerbrechlichen Gegenstände demolieren würde; wie alle möglichen Dinge, von denen Mr. Mansour vielleicht gar nicht wußte, daß er sie besessen hatte, auf wundersame Weise auf der Inventarliste erscheinen und als Diebesgut aus Villeneinbrüchen identifiziert werden würden. Das habe Mansour sich dann selbst zuzuschreiben, weil er sich von Anfang an ungeschickt benommen habe, obwohl doch offensichtlich gewesen sei, daß es dem Captain nur darauf angekommen sei, einen neuen Informanten in Ostjerusalem zu gewinnen. Israelische Polizeibeamte seien unbestechlich, aber sie wüßten Informationen zu schätzen – über Einbrecher, vor allem jüdische Einbrecher, die den armen alten Aziz als Hehler für den Schund benützten, den sie nicht nach Tel Aviv oder ins Ausland verkaufen konnten...

Im Café des National Palace bestellte David sich einen Kaffee, blätterte in einer Ausgabe von *Al-Fajr*, der in Jerusalem erscheinenden Palästinenser-Zeitung, und entdeckte mehrere interessante Meldungen, die er in der israelischen Presse nicht gelesen hatte. Als er glaubte, Dov müsse Mansour ausreichend vorbereitet haben, bezahlte er seinen Kaffee, ließ die Zeitung auf dem Tisch liegen, marschierte die Salah el Din entlang und stieg die Treppe zu Mansours Laden hinauf.

Dovs Nicken war das Zeichen, daß Aziz jetzt aussagebereit sei. David ging geradewegs auf das Häufchen Thora-Kronen zu, raffte sie zusammen, kam mit ihnen zurück und knallte sie auf Mansours Schreibtisch.

»Von wem haben Sie diese silbernen Ritualobjekte, Mr. Mansour?« fragte er scharf, indem er ihn durchdringend anstarrte. »Ich verlange einen Namen, eine Personenbeschreibung und alles andere, was Sie darüber wissen – und das etwas plötzlich!«

Als sie wieder auf die Straße traten, äußerte Dov sich verwundert darüber, daß der Trick mit dem Freundlichen und dem Bösen niemals fehlschlage. Die beiden unterhielten sich auf der Fahrt zum »Ummayyah« darüber.

»Angst vor einem Feind, das Bedürfnis nach einem Freund – das ist so elementar, daß es klappen muß.«

»Aber abgedroschen, David. Jeder weiß doch, daß wir damit arbeiten.«

»Das spielt keine Rolle. Dieses Bedürfnis sitzt zu tief. Sogar ein erfahrener Polizist fällt darauf rein, wenn man's richtig anfängt.«

»Das ist also unser Handwerkszeug: Tricks und Täuschungsmanöver?«

»Ja, die gehören zumindest auch dazu.«

Im »Ummayyah« bestellte David sich einen Salat. Das Lokal war voller Journalisten, Archäologen und palästinensischer Politiker: ein großes, lautes arabisches Restaurant, in dem jedermann willkommen war – sogar zwei müde israelische Polizisten. Dov ließ es sich schmecken: Er aß als Vorspeise eine Tehina, genoß sein Schaschlik und bestellte sich als Nachtisch eine zusätzliche Portion Baklawa. Während David ihm zusah, dachte er an den Tag, an dem sie Freundschaft geschlossen hatten – an jenen Morgen vor drei Jahren, an dem sie gemeinsam eine Jugendherberge in der Nablus Street gestürmt hatten: mit gezogenen Pistolen und wild schlagenden Herzen, um zu verhaften oder vielleicht sogar zu schießen und zu töten.

Sie waren Rauschgifthändlern auf der Spur gewesen – vier Jugendlichen, die als bewaffnet und gefährlich galten. Davids Leute hatten die Jugendherberge eine Woche lang überwacht, was langweilig, aber anstrengend gewesen war. Schließlich hatte David genug gehabt. »Sie sind dort drinnen. Wir schnappen sie uns. Jetzt sofort!« Dov, der erst kurz zuvor in seine Abteilung versetzt worden war, hatte zustimmend gegrinst. Er trug ein Mickymaus-T-Shirt, Jeans und ausgelatschte Adidas-Tennisschuhe – genau die richtige Aufmachung für einen Sturmangriff.

Die Jugendherberge war ein einstöckiger, ziemlich heruntergekommener Bau mit eigenartigen Erkern und Balkonen im ersten Stock. Im Erdgeschoß der übliche Geldwechsler, vor dem Haupteingang ein geparkter Motorroller, im Gebäude nebenan eine Glaserei, vor der gerade ein großer Spiegel verladen werden sollte. Zehn Uhr, der ideale Zeitpunkt für eine überfallartige Durchsuchung. David und Dov wechselten einen Blick. Ein kurzes Nicken, dann stürmten sie durch die Tür.

Ein Sturmlauf durch die schmuddelige gelbe Eingangshalle an der schäbigen Empfangstheke vorbei. Ein Sturmlauf die ausgetretenen Treppenstufen hinauf. Arabische Stimmen. Flüche. Vor ihnen lief ein junger Mann in Unterhosen über den Flur. Ein dumpfer Aufprall. Er war von einem der Balkone gesprungen. Sie hörten, wie unten der Motor des Motorrollers aufheulte.

Nach einer chaotischen Verfolgungsjagd und kurzem

Schußwechsel hatten David und Dov zwei der Dealer auf dem Dach gestellt, während Uri einen dritten festnehmen konnte, der durch den Hinterausgang verschwinden wollte. Micha hatte auf den mit dem Motorroller Flüchtenden geschossen und ihn verfehlt, aber seine Schüsse hatten den Spiegel zersplittern lassen. Als David und Dov wieder auf die Straße gekommen waren, hatten sie über ihre Zerrbilder in den Spiegelscherben lachen müssen und sich impulsiv umarmt.

»Hast du keinen Hunger?« Dov warf ihm einen fragenden Blick zu.

»Anna hebt mir eine Portion Borschtsch auf.«

Dov nickte grinsend. »Eine gute Frau, David. Du hast dich verändert, seitdem du mit ihr zusammen bist. Das sagen alle.«

»Ja, ich hab' mich verändert. Ruhiger. Verträglicher. Nicht mehr der Scheißkerl wie früher. Stimmt's? Bist du jetzt fertig?«

Dov nickte erneut.

»Komm, wir gehen. Ich bringe dich nach Hause.«

Sie saßen schweigend nebeneinander, während David um die Altstadtmauer herum bis zu der Stelle fuhr, wo Ora Goshens Leiche aufgefunden worden war. David hielt dort an, sah zu seinem Apartmentgebäude jenseits des Hinnomtals hinüber und stellte fest, daß in seiner Wohnung Licht brannte. Dort erwartete Anna ihn. Wahrscheinlich hörte sie Musik oder las ein Buch oder eine amerikanische Zeitschrift.

»Woran denkst du?«

»Heute morgen ist hier ein alter Polizist gewesen. Moshe Liederman. Er hat gesagt, er habe das Gefühl, dies könne ein interessanter Fall werden.«

»Findest du das nicht? Du hast doch sonst eine Vorliebe für Serientäter.«

David nickte. »Ja, aber für diese Serie? Zu brutal, Dov. Ein Mann, der Frauen so sehr haßt, daß er sogar einen Jungen umbringt, der zu feminin wirkt. Sieh dir an, wie er die Leichen beseitigt: Er wirft sie wie Müll aus seinem Wagen und deckt sie dann mit einer alten Militärdecke zu, weil die Toten nackt sind und er sie vor der Kälte schützen möchte. Aber er deckt sie nicht ganz zu, damit sie gleich am nächsten Morgen gefunden werden. Die Leute sollen sehen, was er getan hat. Sie sollen seinen Zorn spüren, seine Arbeit sehen und ihn fürchten lernen. Sie sollen *wissen*, wie mächtig er ist!«

Die vierspurige Schnellstraße nach Gillo war um diese Zeit nur wenig befahren. David gab Gas, sobald er sie erreichte.

»Was unternehmen wir wegen der Thora-Kronen?«

»Wir überprüfen diesen Gutman. Ich glaube, daß Mansour zuviel Angst gehabt hat, um zu lügen.«

»In letzter Zeit sind aber keine Schriftrollen gestohlen worden.«

»Spielt keine Rolle. Die Akte mit den ungelösten Fällen ist dick genug. Ich mag sie schon gar nicht mehr sehen!«

Sie überlegten gemeinsam, wie sie vorgehen würden. Shoshana sollte Gutman, den Mann, von dem Mansour die Thora-Kronen hatte, in unregelmäßigen Abständen überwachen. Im geeigneten Augenblick würden sie dann einen Mann vom Nachrichtendienst mit einem versteckten Mini-Sender zu ihm schicken und die Rolle eines Amerikaners spielen lassen, der eine Thora für seine neue Synagoge kaufen wollte. Ein weiteres Täuschungsmanöver, das vielleicht glücken würde. Außerdem hatte dieser Fall ihnen zumindest einen neuen Informanten eingebracht. Aber während sie auf die moderne Schlafstadt Gillo zufuhren, dachte David darüber nach, wie belanglos die Thora-Diebstähle im Vergleich zu den entstellten Leichen Ora Goshens, Halil Ghemaiems und Susan Mills' waren.

Er setzte Dov vor seinem Gebäude ab: einem der fünfzig riesigen Apartmentklötze, die wie kalte Wohnbastionen des Neuen Israelischen Menschen aussahen. Auf der Rückfahrt in die Stadt war David verbittert. Ein Mann wie Dov, ein ausgebildeter Polizeisergeant, konnte im Neuen Israel nicht genug zusammensparen, um sich ein Auto leisten zu können.

In der Stadt verlor seine Verbitterung sich allmählich. Die Straßen waren menschenleer; obwohl es erst 22 Uhr war, schien Jerusalem bereits zu schlafen. Während er eine Runde um den Bloomfield-Park drehte, fühlte er beunruhigende Zuneigung zu dieser Stadt. Aber Jerusalem entzog sich ihm; trotz aller Mühe, die Stadt besser kennenzulernen, blieb sie auf Distanz.

In der En Rogel Street suchte er einen Parkplatz und fand einen in der Nähe des Eingangs zum »Jerusalem of Gold Folklore Club«. Als David die Autotür schloß, begann ein Hund zu bellen; weitere Hunde in Nachbargärten fielen ein, und das Kläffen breitete sich von Haus zu Haus durch Abu Tor, hinunter nach Shiloah und bis zum Ölberg hinauf aus. Ein simples Geräusch hatte eine Woge ausgelöst, die jetzt über die Hügel rollte.

Vor der Nummer 16 war die Schwelle durch ein gelbes Lichtband zweigeteilt. David gab den Code des elektronischen Türschlosses ein, betrat die Eingangshalle und schloß sorgfältig die Haustur hinter sich. Während er die Treppe hinaufstieg und an den einzelnen Wohnungen vorbeikam, schnappte er Fetzen der Spätnachrichten auf: Autobombe in Beirut detoniert. Katjuscha-Rakete schlägt in Quiryat Shemona ein. Demonstration Ultra-Orthodoxer in Petah Tikva. Bankaktien auf Talfahrt. König Hussein von Jordanien bittet in Washington um langfristige Kredite zum Ankauf weiterer Waffen.

Im zweiten Stock roch er Annas Borschtsch und hörte Janos Starker Bach spielen. Sie erwartete ihn nur wenige Meter entfernt, und er blieb stehen, um seine Vorfreude zu genießen. Sie würde ihn begrüßen, küssen, ihm Essen vorsetzen, mit ihm reden, ihn zum Lächeln bringen und dann zu ihrem Bett führen. Sie würden sich lieben, während das nächtliche Jerusalem glitzernd, still und kalt vor ihnen lag, und danach engumschlungen einschlafen.

Er steckte seinen Schlüssel ins Schloß und sperrte auf. Der Borschtschgeruch und die Bach-Klänge strömten ihm entgegen.

»Anna, ich bin wieder da...«

Und dann stand sie vor ihm! Ihr Lächeln war so strahlend, ihr Blick so klar und ihre Liebe zu ihm so offensichtlich, daß er sich abwenden mußte, um von soviel Glanz nicht geblendet zu werden.

DOPPELSCHNITTE

Er verließ den Russenkomplex durch den Hinterausgang, kam am Tichohaus in der Ha-Rav Kook vorbei, folgte der schmalen Ethiopia Street und bog auf die Me'a Shearim ab. Vom Polizeipräsidium aus nur ein Fünfminutenspaziergang, aber für David Bar-Lev ein Marsch ins feindliche Lager, in das einzige Jerusalemer Stadtviertel, das er wirklich verabscheute. Und trotzdem *mußte* er dorthin gehen.

Es war nun gerade ein Jahr her, daß sein Vater seine Wohnung in der Disraeli Street verkauft, seine Praxis aufgegeben, den größten Teil seiner Möbel verschenkt und sich ein schäbiges kleines Zimmer in einer Seitengasse der Hevrat Shas genommen hatte. Um sich dem Studium des jüdischen Mystizismus zu widmen, wie er behauptete, um Gott in sich zu entdecken. Allerdings hätte er den Namen des Schöpfers nie in den Mund genommen: Unter Kabbalisten wurde Gott als G--t geschrieben.

Die Abenddämmerung sank rasch herab, und die Straßenlaternen brannten bereits, als David an den zusammengedrängten Jeschiwas vorbei der Wohnung seines Vaters zustrebte. Schwarzgekleidete Hasidim eilten geschäftig an ihm vorüber – Juweliere, Gelehrte, Fälscher? Ein alter bärtiger Jude ging tief gebeugt an zwei Krückstöcken. Junge Männer in langen Roben und mit Schläfenlöckchen starrten ihn mißtrauisch an. Dazwischen Männer in dunkler Kleidung, die aus dem Polen des 18. Jahrhunderts stammte. Begriffen diese Leute eigentlich nicht, daß sie im Nahen Osten lebten?

Israel war natürlich auch ihr Land, aber David empfand einen unwillkürlichen Widerwillen gegen diese Ultra-Orthodoxen. Kam es daher, daß er wußte, wie heuchlerisch sie sein konnten, wie clever sie stehlen und betrügen konnten? Wie sie ihre Frauen unterdrückten? Daß sie vom Wehrdienst befreit waren? Daß sie vorgaben, den zionistischen Staat zu hassen, der sie beschützte, finanzierte und ihnen die Möglichkeit gab, eine ihre wahre Bedeutung übersteigende Obstruktionspolitik zu betreiben?

Ja, das alles ärgerte ihn, wie es jeden weltlichen Israeli ärgern mußte, aber Davids Abneigung hatte tiefere Gründe: seine Liebe für das hellenische, das humanistische, das heldenhaft zionistische Ideal; eine Abneigung gegen eine mittelalterliche, selbstgefällige, einengende Lebensweise, gegen Juden, die für sich ein Monopol auf Tugend und Wahrheit in Anspruch nahmen und dabei andere Juden steinigten und als »Hitlers« beschimpften.

Und trotzdem war er jetzt zu diesem Hort der Intoleranz unterwegs. Hätte jemand ihm vor einigen Jahren erzählt, Avraham Bar-Lev werde eines Tages hierher ziehen, hätte David sich vor Lachen ausgeschüttet.

Das Gebäude, in dem sein Vater hauste, gehörte zu einem Komplex aus durch Innenhöfe verbundenen Bauten, die später unterteilt und nochmals aufgeteilt worden waren. Hauchdünne Wände, durch die man seine Nachbarn hörte, ungestrichene alte Betonwände, die Wasser und vielleicht auch Kummer ausschwitzten. Hier zu leben bedeutete, dem Tag der Abrechnung näher zu sein. Sich vom früheren Leben abzukehren. Wirklich ein erbärmlicher Jude zu werden.

Avraham umarmte ihn. Auch diese Umarmungen waren neu: Früher war Dr. Bar-Lev weit förmlicher gewesen. Aber damals hatte David wenigstens gewußt, wo er stand. Jetzt war er sich seiner Sache nicht sicher. Die weiße Mähne, der kurzgeschnittene Bart, die goldgeränderte Brille mit den dikken Gläsern und der kräftige Händedruck waren unverändert. Aber David wußte nicht mehr, was im Kopf seines Vaters vorging.

Zwei alte Sessel und eine durchgelegene Couch – Überreste aus der Praxis eines Psychoanalytikers. Auf einem Tischchen gerahmte Fotos, die Davids Mutter und seinen jüngeren Bruder, die beide nicht mehr lebten, und ihn selbst vor vielen Jahren zeigten, als er mit Judith verheiratet und Hagith ein Baby gewesen war. Ein übervolles Bücherregal, das jedoch keine Werke Freuds, Reiks, Ferenczis und Ranks enthielt. Statt dessen standen dort das Sohar, Moses Cordovero, Isaac Luria und die Schriften des Kabbalisten Gershom Scholem.

»Na?«

»Was?«

»Ich möchte die Bedeutung dieses Besuchs erfahren.«

»Muß er eine Bedeutung haben, Vater?«

»Im allgemeinen kommst du unangemeldet vorbei. Heute abend hast du angerufen.«

»Um mich zu vergewissern, daß du zu Hause sein würdest.«

»Und wo sollte ich sonst sein?«

»Du gehst bestimmt manchmal aus, Vater. Das hoffe ich zumindest.«

Avraham gab keine Antwort. So war er in letzter Zeit: Er hörte zu, ohne sich zu äußern, und beobachtete David neugierig abwartend. Ein alter Trick vieler Psychoanalytiker: Der Patient sollte selbst aus sich herausgehen.

»Mir ist eben eingefallen, wie merkwürdig es ist, daß du überhaupt ein Telefon hast.« Noch immer keine Reaktion. »Das läßt auf etwas weniger Abkehr schließen, als du uns allen suggerieren möchtest.«

»Wer ist ›uns‹, David?«

»Alle, die dich kennen.«

»Ich kann mich nicht daran erinnern, jemals von *Abkehr* gesprochen zu haben.« Das stimmte. Er hatte lediglich bekanntgemacht, er wolle seinen Beruf aufgeben und sich für den Rest seines Lebens dem Studium widmen. Seine Freunde hegten sogar gewisse Zweifel daran, daß er wirklich gläubig geworden sei. Viele vermuteten, sein Studium der Kabbala sei lediglich auf sein Interesse als Gelehrter zurückzuführen und keineswegs religiös bedingt.

»Na?«

»Weshalb ich hier bin? Weil ich Hilfe brauche.«

Avraham lächelte. »Eine mutige Antwort.«

»Ich habe eine Mordserie aufzuklären. Der schwierigste Fall, den ich je gehabt habe.« Avraham nickte, um ihn zum Weiterreden zu ermutigen. Darauf verstand er sich ausgezeichnet.

Während David ihm die Morde schilderte, erstaunte ihn seine eigene Klarheit. Sie war überraschend, weil er jedesmal, wenn er an die Morde dachte, auf Gemeinsamkeiten stieß, mit denen er nichts anfangen konnte.

Die ersten drei Opfer ließen eine vage, aber noch greifbare Symmetrie erkennen: Sexualverbrechen eines klassischen Serienmörders. Eine offenbar recht moderne, lebenstüchtige amerikanische Nonne; ein arabischer Strichjunge, der gelegentlich als Transvestit aufgetreten war; ein Straßenmädchen, das in Wirklichkeit ein armes verlorenes Kind des orientalischen Israels gewesen war.

Aber an diesem Morgen war ein viertes Opfer aufgefunden worden, durch das die scheinbare Symmetrie zerstört worden war: Yaakov Schneiderman, Junggeselle, fünfzig Jahre alt, Reservist mit mehreren Auszeichnungen und selbständiger Fuhrunternehmer, der mit seinem eigenen LKW Transportaufträge in Jerusalem übernommen hatte. Seine Leiche war in einem Straßengraben in der Nähe des UN-Hauptquartiers aufgefunden worden. Dieselbe Tötungsart, dieselben Markierungen, die gleiche Wolldecke, aber plötzlich paßt nichts mehr zusammen.

Zwei Männer, zwei Frauen; ein Araber, eine Christin, eine Jüdin, ein Jude; drei jüngere Menschen, ein Mann mittleren Alters. Was ging im Kopf des Täters vor? Vermittelten die seltsamen Markierungen, die er hinterließ, eine bestimmte Botschaft? Mordete er willkürlich, aus dem unwiderstehlichen Drang heraus, zu töten und zu kennzeichnen?

O ja, Vater, falls du dich danach erkundigen willst: Wir haben nach neuesten Methoden ermittelt. Detaillierte Autopsien. Untersuchungen auf Zahnspuren. Fingerabdrücke. Spuren unter den Fingernägeln der Opfer. Reifenspuren. Mögliche Augenzeugen an den Orten, wo die Leichen zurückgelassen worden sind. Nachforschungen in bezug auf die Vergangenheit der Opfer. Überlegungen, was die Kennzeichnung bedeuten könnte...

Avrahams Blick blieb auf ihn gerichtet und zeigte, daß er alles verstand. Zuletzt nickte er langsam. »Du hast einen psychologischen Fall«, stellte er fest. »Du kommst damit zu mir, weil ich Psychologe bin.«

»Ich brauche Kriterien, Vater. Ein Persönlichkeitsprofil dieses Mannes. Was denkt er? Wie ist er? Deshalb wenden wir uns an Fachleute. Ich möchte, daß du zu diesen Beratern gehörst.«

»Wen habt ihr sonst noch?«

David nannte einige Namen: die Kriminalwissenschaftler Shimon Sanders und Professor Haftel von der Universität Haifa sowie Soziologen, einen Experten für politischen Extremismus und einen Streßforscher. »Ich glaube, daß du uns helfen könntest. Du hast mir schon mehrmals geholfen, kriminelles Verhalten zu verstehen. Die ›Visitenkarte‹ des Kriminellen. Der Drang, zu gestehen.«

Avraham hörte schweigend zu. Als er wieder sprach, ging er nicht auf Davids Bitte ein.

»Erklärst du mir bitte, weshalb du das alles tust?«

David zuckte zusammen, denn er kannte diese Frage. Wie konnte der Sohn eines Psychoanalytikers aus der Disreali Street sich für den Dienst in der Polizei entscheiden, die von allen staatlichen Einrichtungen den schlechtesten Ruf genoß?

»... hohes Risiko, schreckliche Arbeitszeiten, lächerlich miserable Bezahlung. Bist du etwa stolz darauf, David, ein Müllmann zu sein, der Ungeziefer von unseren Straßen wegräumt?«

»Nein, darauf bin ich nicht stolz.«

Avrahams Brillengläser funkelten, als er den Kopf schüttelte. »Verbrechen, Verbrechen. Du löst vielleicht ein paar Fälle, aber kurierst du jemals die ihnen zugrundeliegenden Krankheiten?«

»Das ist nicht der Grund, aus dem ich's tue.«

»Weshalb sonst? Ich möchte dein Motiv verstehen.«

»Aus dem gleichen Grund, aus dem du hier sitzt und studierst. Weil's mir gefällt. Es ist mein Beruf.«

Avraham wandte sich ab. Sein Blick ruhte jetzt auf den Familienfotos. Auf dem des schönen, ernsthaften Gideon, wie David recht gut wußte. Auf Gideon, dem sensiblen Kriegspoeten, Jagdflieger und Familienprinzen.

»Außerdem glaube ich, daß unsere Tätigkeiten gar nicht so unähnlich sind«, stellte David fest. »Kriminalbeamte wie Psychoanalytiker arbeiten, um die Wahrheit aufzudecken und die Dämonen zu entmachten.«

»Entmachten? Das ist deine Illusion. Außerdem bin ich kein Psychoanalytiker mehr.«

David war plötzlich gereizt und hatte keinen Spaß mehr an ihrem Duell. Es war abgeflacht, und er hielt seinen Vater dafür verantwortlich. »Hör zu«, sagte er, »willst du meiner Expertenkommission angehören oder nicht?«

Als Avraham sich nach ihm umdrehte, wirkte er überraschend alt und müde. Seine Stimme war zu einem eben noch hörbaren Flüstern geworden. »Ich brauche auch Hilfe.«

Hilfe! Dr. Bar-Lev bat seinen Sohn, den Polizeibeamten, um Hilfe! Das war noch nie dagewesen, und diese völlige Umkehrung ihrer Rollen faszinierte David.

»Es geht um meine alten Unterlagen. Ein Teil von ihnen fehlt plötzlich.« Avraham schüttelte verwirrt den Kopf. »Es handelt sich um die Krankengeschichten aus meiner ehemaligen Praxis. Ich hatte sie bei Blumenthal gelagert – in der Garage hinter seinem Haus. Er hat mich vor ein paar Tagen angerufen, um mir mitzuteilen, daß dort eingebrochen worden sei. Ich bin hingefahren und habe festgestellt, daß der oder die Einbrecher die Unterlagen offenbar in höchster Eile durchwühlt hatten. Ich habe den Eindruck, daß einige fehlen. Davon bin ich sogar überzeugt. Aber ich verstehe nicht, warum. Ich weiß nicht, wer sich dafür interessiert haben könnte. Ich hätte die Unterlagen verbrennen sollen. Das hatte ich eigentlich vor, aber ich bin dann doch nicht dazu gekommen.« Avraham zuckte mit den Schultern. »Jetzt wünsche ich mir, ich hätte es getan...«

Eine merkwürdige Geschichte, dachte David, der sie sich als Kriminalbeamter und nicht als Sohn angehört hatte. Und vielleicht war das Merkwürdigste daran die Art und Weise, wie sein Vater sie erzählt hatte: in der klassischen Art eines Opfers, das die Tat nicht anzeigen will.

»Hat Dr. Blumenthal den Einbruch angezeigt?«

»Natürlich.«

»Und die Polizei ist gekommen?«

Avraham nickte ungeduldig. »Der springende Punkt dabei ist, daß es nichts Wertvolles zu stehlen gegeben hat.«

»Du bestehst darauf, daß diese Unterlagen uninteressant gewesen sind?«

»Völlig!«

»Trotzdem sind einige gestohlen worden – folglich *müssen*

sie interessant gewesen sein.« Avraham ließ keine Reaktion erkennen. »Ich könnte mir vorstellen, daß nur sehr wenige Leute an solchen Dingen interessiert sein könnten, Vater. Im Grunde genommen gibt es nur zwei Möglichkeiten: Der Täter kann ein ehemaliger Patient gewesen sein, der seine Vergangenheit vertuschen wollte, oder ein potentieller Erpresser, der Material gesucht hat, um es zu verkaufen. Wenn ich dir helfen soll, brauche ich genaue Angaben. Du mußt Inventur machen und feststellen, was fehlt. Dann kann ich mich damit befassen. Einverstanden?«

Avrahams Blick wirkte abschätzend. »Ich habe das Gefühl, daß du deine Sache verstehst.«

»Danke. Ich gebe mir Mühe.«

»Sonst noch was?« Avraham stand auf, um die Audienz zu beenden. »Gut, ich komme und versuche, deinen Mörder zu analysieren. Du brauchst mir nur zu sagen, wann und wohin ich kommen soll. Vielleicht tut's mir sogar gut, wieder ein paar Stunden wie früher zu arbeiten...«

Rafi Shahar wandelte die Abteilung Serienverbrechen in eine Sonderkommission um. Alle sonstigen Ermittlungen sollten vorerst eingestellt werden. Der Schwerpunkt lag jetzt auf der Aufklärung der Mordserie. Die Kommission wurde durch fünf zusätzliche Beamte verstärkt, zu denen auch Moshe Liederman gehörte, der David privat angesprochen und ihn gebeten hatte, mitermitteln zu dürfen.

David fand es interessant, wie jeder von ihnen ein Lieblingsopfer hatte. Uri gefiel der Fall Yaakov Schneiderman, was daran liegen mochte, daß der Ermordete wie er ein großer, athletischer Mann gewesen war. Dov hatte eine Vorliebe für Susan Mills, und Micha identifizierte sich auf seltsame Weise mit Halil Ghemaiem. Aber für Ora Goshen interessierten sich nur Liederman und er selbst.

Auf Davids Wunsch hatte Uri mehrere Korkplatten zu einer großen Pinnwand zusammengesetzt und im Bereitschaftsraum angebracht. Fotos der vier Opfer umrahmten einen Stadtplan, auf dem die Fundorte der Leichen eingetragen waren. Kriminalbeamte kamen herein, starrten diese Ausstellung an und gingen wieder. Rebecca Marcus beantwortete die zahlreich eingehenden Anrufe, während David – mit Dov als Stellvertreter – die Ermittlungen von seinem Dienstzimmer aus koordinierte. Alle machten Überstunden: zwölf Stunden Dienst, zwölf Stunden frei. Und obwohl die Ermittlungen vorerst kein greifbares Ergebnis brachten, spürten alle, daß die Morde weitergehen würden.

Bestimmte Tatsachen wurden festgestellt.

Die wichtigste betraf das Kennzeichen des Wagens, an das Oras Kolleginnen sich unter Hypnose erinnert hatten. Ein hellbeiger Renault, der auf einem Parkplatz am Unabhängigkeitspark gestohlen worden war. Sein Besitzer hatte ein einwandfreies Alibi. Die Aufregung war groß, als der gestohlene Wagen schließlich in Gonen in einer Wohnstraße geparkt aufgefunden wurde. Spurensicherer stürzten sich auf ihn, mußten dann aber feststellen, daß ihre Bemühungen vergeblich waren. Sämtliche Fingerabdrücke waren abgewischt worden. Ein professioneller Job. Nach Davids Meinung ließ das auf etwas weniger Leidenschaft und erheblich kühlere Berechnung schließen, als die Tatumstände anfangs hatten vermuten lassen.

In bezug auf Halil gab es nichts Neues. Sein Freund Ali Saad war nach wie vor außerstande, zur Anfertigung eines brauchbaren Phantombilds des Täters beizutragen. Auf der anderen Seite stimmten Susan Mills' israelische Freunde darin überein, daß sie eine aufgeklärte, aber keineswegs leichtsinnige Nonne gewesen sei.

Dov entdeckte noch mehr: Sie hatte unter dem Haß gelitten, der das Heilige Land beherrschte; sie hatte sich nach Frieden gesehnt und an die Brüderlichkeit aller Menschen geglaubt. Folglich mußte sie – so lautete seine Theorie – für palästinensische Jammergeschichten empfänglich gewesen sein. Vielleicht hatte sie sich mit einem Palästinenser angefreundet und war von ihm ermordet worden. Dov wollte versuchen, seine Theorie zu beweisen. David schickte ihn los, um ihn alle ihre Bekannten befragen zu lassen, aber Dovs Suche nach einem »arabischen Freund« blieb erfolglos.

Von allen Opfern stellte Schneiderman die Ermittler vor die größten Probleme. Alle waren sich darüber einig, daß der Schlüssel zu der Mordserie in diesem Fall liege. Schneiderman konnte kein leichtes Opfer gewesen sein: stämmig, kräftig, schwere körperliche Arbeit gewöhnt, geschäftstüchtig, freundlich, aber nicht redselig, von seinem Bruder und mehreren Freunden als »ehrlicher, geradliniger Kerl« geschildert. Kein Hinweis auf homosexuelle Neigungen. Keine erkennbare Schwäche, die einen Täter hätte anlocken können. In seiner bescheidenen Wohnung in Talpiyot wies nichts auf gewaltsames Eindringen oder einen Kampf hin. Ein einfacher Mann, den man sogar als häßlich bezeichnen konnte. Das alles warf zwei Fragen auf: Falls Schneiderman ihn nicht gekannt hatte – wie war es dem Mörder gelungen, sein Opfer in eine Lage zu locken, die es ihm ermöglichte, die Tat zu begehen – und wodurch war der Killer angezogen worden?

Was die alten Militärdecken betraf, mit denen die Opfer jeweils zugedeckt worden waren, erwiesen sie sich als ausgemustertes Material, das in großen Stückzahlen auf Flohmärkten in ganz Israel verkauft wurde.

22 Uhr auf der Hananya Street, einer der angenehm duftenden Straßen der Deutschen Kolonie in der Nähe des großen Freibads an der Emeq Refaim. Ein kühler Donnerstagabend in der ersten Aprilwoche. Die Zeit der eisigen Nächte war vorüber. Das Passah-Fest stand bevor, und wenig später feierten die Christen Ostern. Jerusalem erlebte den gewohnten

Zustrom von Touristen und Pilgern; in der Stadt kursierten Gerüchte über einen »Schlitzer«, der nicht zu fassen war.

David, Dov und Shoshana Nahon saßen in einem zivilen Subaru vor Jacob Gutmans Haus.

»Stellt euch vor, was passiert, wenn wir dort gesehen werden!« Dov war gegen diesen Einsatz gewesen. Der Leiter einer wichtigen Sonderkommission durfte nicht dabei beobachtet werden, wie er einen Mann observierte, der verdächtigt wurde, mit gestohlenen Thora-Schriftrollen zu handeln.

Aber Shoshana hatte darauf bestanden. Sie hatte Gutman eine Woche lang beobachtet. Dies war ihr erster richtiger Fall, und sie war davon überzeugt, daß Gutman hinter den Diebstählen stecke. Sie wollte sich den Verhaftungserfolg nicht mit einem verdeckt arbeitenden Kollegen teilen, und wenn David ihr diese Chance nicht gönnte, wollte sie in die Armee zurück, wo man als junger Mensch wenigstens die Chance hatte, sich zu bewähren.

Jetzt saßen sie da und warteten: Shoshana rutschte nervös auf dem Rücksitz hin und her und rauchte eine Zigarette nach der anderen, während Dov vorn Kartoffelchips mampfte. David und er vertrieben sich die Zeit mit Spekulationen über Schneiderman, indem sie versuchten, eine Erklärung zu finden, die zu den bisher bekannten Umständen der Mordserie paßte.

»Nehmen wir mal an, Yaakov habe etwas gewußt«, schlug Dov vor. »Er hat irgendwas beobachtet und geahnt, wer der Mörder ist. Er hat versucht, ihn zu erpressen, und der Killer ist zum Schein auf seine Forderung eingegangen. Als sie sich dann getroffen haben, um das Geschäft perfekt zu machen, hat der Täter ihn mit einem Sandsack außer Gefecht gesetzt und dann wie seine übrigen Opfer zugerichtet.«

»Ihr seid verrückt!« Shoshana rauchte wie ein Schlot. »Gutman sitzt da drüben. Wir brauchen ihn uns nur zu schnappen! Worauf warten wir noch, verdammt noch mal?«

»Nicht so ungeduldig, Schatz! Es ist nicht ratsam, in Wohnungen einzudringen, bevor man weiß, wie viele Personen sich in ihnen aufhalten.« Dov drehte sich plötzlich nach Shoshana um und schnappte sich ihre Zigarette.

»David!«

»Okay, jetzt reicht's!« Er hatte ihre Auseinandersetzungen satt und war froh, aussteigen zu können.

Die Straße war still und menschenleer. Im Erdgeschoß des Hauses brannte nur in einer Wohnung Licht. Dort lebte Gutman – und dort bewahrte er nach Shoshanas Überzeugung das Diebesgut auf.

Sie hatte gründliche Arbeit geleistet, mit seinen Nachbarn gesprochen und ihn als auf seltene Judaika spezialisierten Antiquitätenhändler identifiziert. Der in Deutschland geborene Gutman war in den dreißiger Jahren nach Palästina ausgewandert, hatte sich der Jüdischen Brigade angeschlossen und war später in der Palmach aktiv gewesen. Er hatte sich 1948 im Unabhängigkeitskrieg ausgezeichnet, 1960 seine Frau verloren und 1972 den Tod seiner bei einem Verkehrsunfall umgekommenen einzigen Tochter beklagen müssen.

Shoshana hatte ihn heimlich fotografiert und die Aufnahmen Aziz Mansour vorgelegt, der bestätigt hatte, daß dieser Mann ihm die Thora-Kronen verkauft hatte. Sie hatte Gutman beschattet, aber keinen Hinweis darauf entdeckt, daß er irgendwo Diebesgut gelagert hätte. Das legte den Schluß nahe, daß er die gestohlenen Schriftrollen in seiner Wohnung aufbewahrte. Da sie nachweisen konnte, daß mehrere der Kronen von gestohlenen Schriftrollen stammten, hatte ein Richter ihr einen Haftbefehl ausgestellt.

Am Eingang des Apartmenthauses las David die Namen neben den Klingelknöpfen: Rosenfeld, M.; Rosenfeld, E.; Cohen, L.; Levi, L.; Gutman, J. Ein rein deutsches Gebäude. Er nickte Shoshana zu und deutete auf Gutmans Klingelknopf. »Dein Fall«, sagte er dabei. »Du klingelst.«

Sie drückte auf den Knopf, wartete und klingelte erneut. Eine halbe Minute später wurde die Wohnungstür geöffnet, und ein alter Mann in einem ausgefransten grauen Bademantel kam an die gläserne Eingangstür.

Shoshana hielt ihren Dienstausweis ans Glas. »Polizei.« Gutman hielt die rechte Hand hinters Ohr. Er war bis auf einen Kranz ungekämmter weißer Haare kahlköpfig. *»Polizei!«* rief sie beim zweiten Mal erheblich lauter. Der Alte starrte die draußen Stehenden ängstlich an, legte seinen Zeigefinger an die Lippen, öffnete die Tür und trat in die Eingangshalle zurück.

»Was? Was?«

Shoshana wies ihren Haftbefehl vor. David beobachtete Gutman aufmerksam. Er war blaß und schlecht rasiert und wirkte ängstlich. Aber aus seinem Verhalten sprach zugleich eine gewisse Erleichterung, die David kannte: Das war die Reaktion eines Mannes, der nach jahrelanger illegaler Tätigkeit endlich nicht mehr fürchten muß, eines Tages geschnappt zu werden.

»In Israel kommt die Polizei jetzt also mitten in der Nacht?« In Gutmans Blick glitzerte rechtschaffener Zorn. »Um einen alten Mann vor seinen Nachbarn zu demütigen?« Er streckte ihnen plötzlich die Handgelenke entgegen. »Sie legen mir natürlich Handschellen an? Und Sie wenden Gewalt an, um mir ein Geständnis zu entreißen? Sie foltern mich, stimmt's? Habe ich recht? Oh, der Schmerz! *Oh! Oh!*«

Er murmelte etwas von »Sturmabteilung«, während er sie in seine Wohnung zurückführte. Als sie ihn jedoch ignorierten und er Shoshana mit der Durchsuchung beginnen sah, schien er zu begreifen, daß er ausgespielt hatte. »Ich bin Jude wie Sie alle. Ich habe im Unabhängigkeitskrieg gekämpft. Warum fallen Sie über mich her? Warum gehen Sie nicht auf Verbrecherjagd? Warum versuchen Sie nicht lieber, kindermordende arabische Terroristen zu fassen?«

Er drehte sich nicht einmal um, als Shoshana verkündete, was sie gefunden hatte. »Schriftrollen – ein ganzer Schrank voll. Und daneben Menora, Zeigestäbe und Kerzenleuchter.«

»Sind Sie der Dieb oder der Hehler?« fragte Dov.

»Die Menora sind alle mein legales Eigentum. Das kann ich beweisen!«

»Klar. Sie wären zu identifizieren. Aber Schriftrollen sehen alle gleich aus. Haben Sie die Diebstähle in Auftrag gegeben oder sind Sie nur ein Hehler? Los, los, reden Sie schon!« Gutman starrte zu Boden. »Sie reden noch, Alter. Das ist nur eine Frage der Zeit.«

Shoshana strahlte. Gleich ihre erste Verhaftung war ein voller Erfolg gewesen. Dieser Fall würde Schlagzeilen machen: gestohlene Thora besaßen weit mehr Nachrichtenwert als Peize oder Diamanten.

Dann geschah jedoch etwas Seltsames. Jacob Gutman drehte sich erstmals nach David um und starrte ihm ins Gesicht. »Ich weiß, wer Sie sind«, behauptete er. »Sie sind David, nicht wahr?« Er begann lächelnd zu nicken. »Klar, Sie sind David. David Bar-Lev...«

»Er hat mich auf der ganzen Rückfahrt angestarrt. Ich hab' ihn mehrmals gefragt, woher er mich kenne, aber das hat er mir nicht verraten. Er hat immer nur lächelnd genickt, als sei ich jemand, dem er unerwartet begegnet sei – ein in seiner Vergangenheit wichtiger Mensch, den er jahrelang nicht mehr zu Gesicht bekommen habe.«

»Du hast keine Idee, wer er sein könnte?« David lag nackt auf dem Rücken. Anna, die nur ein T-Shirt trug, hockte so auf ihm, daß ihre Knie seine Seiten umklammerten, und massierte ihm Brust und Schultern.

»Ich weiß nur, daß er ein alter Gauner ist. Er behauptet, fromm zu sein – und handelt mit gestohlenen Thora.«

»Vielleicht hast du ihn schon mal verhaftet.«

»Daran würde ich mich erinnern.« Er stöhnte vor Vergnügen. Annas kräftige Hände besaßen die Gabe, Verspannungen aufzuspüren und wegzumassieren.

»Vielleicht hast du ihn in einem anderen Zusammenhang gekannt. Jetzt ist er älter, und du kannst dich nicht an ihn erinnern, weil er sich verändert hat.«

»Er ist ein Mann, an den ich mich erinnern würde. Vor allem an seine Augen.«

»Woher kennt er dich dann?«

Er zuckte mit den Schultern. »Keine Ahnung.«

Sie beugte sich nach vorn und küßte ihn auf die Nasenspitze. »Vielleicht hat er dich als Kind gekannt.«

Ja, das wäre eine Erklärung für sein Lächeln gewesen. Gutman hatte ihn angelächelt, wie man einen Menschen anlächelt, den man seit seiner Kindheit nicht mehr gesehen hat.

»Er könnte meine Eltern gekannt haben.« David schüttelte den Kopf. »Ein merkwürdiges Erlebnis. Ich bin froh, daß ich nicht vorher davon gewußt habe.«

Er griff nach oben, schob die Hände unter Annas T-Shirt und ließ seine Finger über ihren Körper gleiten. Ein schlanker Körper, dessen Rippen deutlich zu ertasten waren. Als seine Hände ihre Brüste umschlossen, zitterte Anna leicht; dann richtete sie sich etwas auf, rutschte nach hinten und setzte sich auf sein Glied.

Nachdem sie sich geliebt hatten, lagen sie engumschlungen unter der Decke. Vor dem Fenster stand Jerusalem wie eine Bühnenkulisse: angestrahlte Türme, Kuppeln und Mauern in dunklem Bernsteingelb vor samtschwarzem Himmel.

»... Gideon ist immer der strahlend schöne, jugendliche Held gewesen. Neben ihm habe ich grob, wie aus Holz geschnitzt ausgesehen.«

Anna, deren Finger leicht über sein Gesicht glitten, protestierte mit ihren Lippen.

»Wirklich, es war so. Von mir hat's immer geheißen, ich hätte ein gutes israelisches Gesicht – was immer das bedeuten mag. Aber Gideon hatte die Augen und die feingeschnittenen Lippen meiner Mutter geerbt. Künstler, die mit meinen Eltern befreundet waren, wollten ihn ständig zeichnen. Ausländische Besucher haben unsere Familie fotografiert und dann eine weitere Aufnahme von ihm allein gemacht. Als er dann älter wurde, ist mir aufgefallen, wie die Leute ihn angestarrt haben – Männer wie Frauen. Aber irgendwas hat nicht mit ihm gestimmt, das habe ich schon immer geahnt. Er ist irgendwie zu vollkommen gewesen – der perfekte Schüler, der perfekte Sohn. Und in unserer Familie ist auch irgendwas nicht in Ordnung gewesen. Ich weiß heute noch nicht, was. Irgendeine Komplizenschaft zwischen meinen Eltern: flüsternd geführte Beratungen hinter geschlossenen Türen, meine Mutter mit Tränen in den Augen, mein Vater sorgenvoll und unglücklich. Und die Augenblicksbündnisse zwischen den dreien...«

Er machte eine Pause, während er sich an das Gefühl zu erinnern versuchte, Teil seiner Familie zu sein und zugleich außerhalb zu stehen. Anna beobachtete ihn mit großen Augen und mitleidiger Miene.

»Ich glaube, daß du deshalb Kriminalbeamter geworden bist«, sagte sie. »Um das Geheimnis deiner Familie zu enträtseln.«

Sie hatte recht, und er liebte sie, weil sie ihn so gut verstand. Aber er liebte sie auch wegen ihrer raschen Auffassungsgabe, ihrer direkten Art und nicht zuletzt wegen ihrer Sinnlichkeit, ihrer hemmungslosen Freude am Lieben.

Er schilderte ihr erneut Gideons Tod, jenen seltsamen letzten Flug, bei dem er während eines Übungseinsatzes plötzlich aus seiner Staffel ausgeschert war, um aufs Meer hinauszufliegen und seine Phantom mit voller Triebwerksleistung steigen zu lassen.

»Höher, immer höher, bis er schließlich zu hoch war, bewußtlos geworden ist und die Gewalt über seine Maschine verloren hat. Die Phantom ist steuerlos ins Meer gestürzt. Seit diesem Tag ist mein Vater ein gebrochener Mann gewesen. Von diesem Schock hat er sich nie mehr erholt. Als ob das irgendwie *seine* Schuld gewesen, als ob *er* für Gideons selbstzerstörerische Anlage verantwortlich sei... Einen Monat später wurde bei meiner Mutter Krebs diagnostiziert, und ein Vierteljahr später war sie tot. Mein Vater hat keine neuen Patienten mehr angenommen und die alten allmählich an Kollegen überwiesen. Jetzt hat er sich in einem winzigen Raum verkrochen, in dem er Gideons Foto anstarrt. Und dann komme ich vorbei – ein bloßer Kriminalbeamter – und sehe die Enttäuschung auf seinen Zügen.«

Annas dunkelbraune Augen schienen sich in seine zu bohren. Sie legte ihre Handfläche auf seine Stirn. »Weshalb erzählst du so viel davon, David? Weshalb quälst du dich damit?«

Er zuckte mit den Schultern. »Manchmal tut's mir gut, darüber zu reden. Jetzt frage ich mich, welche Rolle Gutman in der Vergangenheit gespielt haben mag. Ich werde natürlich meinen Vater fragen, aber ich weiß nicht, ob ich eine Antwort bekommen werde. So ist er in letzter Zeit. Er hört die Frage, aber er macht sich oft nicht die Mühe, sie zu beantworten...«

Der Konferenzraum des Jerusalemer Polizeipräsidiums lag zwischen Superintendent Latskys Bürosuite und Rafi Shahars Dienstzimmer. Es war schon Spätnachmittag, und die Schatten waren lang; abnehmendes Sonnenlicht wurde vom Konferenztisch reflektiert und steigerte den Glanz des polierten alten Holzes.

Rafi saß an der Spitze des Tisches, hatte Pfeife und Tabakdose vor sich liegen und beobachtete die anderen mit seinen traurigen wäßrigen Augen, während sie sprachen. David hatte rechts neben ihm Platz genommen. Ihm gegenüber saß Sarah Dorfman, die das Protokoll führte.

Dr. Sanders und Professor Haftel hatten den größten Teil der Besprechung bestritten, aber auch die übrigen fünf Fachleute hatten dazu beigetragen. Darunter auch, wie David befriedigt festgestellt hatte, Dr. Avraham Bar-Lev, der nicht so lethargisch wie in letzter Zeit, sondern klar und vernünftig wie früher gesprochen hatte.

Aber was ist dabei rausgekommen, fragte David sich, während Rafi versuchte, ihre Ansichten auf einen gemeinsamen Nenner zu bringen, um sie zusammenfassen zu können. So viel Offenkundiges, so wenig Neues: daß der Mörder höchstwahrscheinlich ein Israeli zwischen zwanzig und fünfzig war; daß er höchstwahrscheinlich beim Militär gedient hatte, wo er wegen psychischer Störungen in fachärztlicher Behandlung gewesen sein konnte. Möglicherweise vorbestraft, worauf seine Geschicklichkeit als Autodieb schließen ließ, obwohl dieser Punkt keineswegs klar war. Der Mörder kannte sich in Jerusalem aus, folglich wohnte er hier oder hatte früher hier gelebt. Sehr wahrscheinlich war auch, daß er Tel Aviv kannte.

Das waren die objektiven Parameter, die den verschiedenen Datenbanken eingegeben werden konnten: dem israelischen Einwohnerregister sowie den Dateien von Polizei und Streitkräften. Rafi hatte jedoch schon zu Beginn der Konferenz ganz ruhig darauf aufmerksam gemacht, daß er damit rechne, daß diese Computersuche zwischen 100000 und 200000 Namen zutage fördern werde.

Somit blieben die psychologischen Kriterien übrig, die in keiner Datenbank gespeichert waren und deshalb nicht zur Rasterfahndung nach dem Täter eingesetzt werden konnten.

»Wir haben es hier mit einem ganzen Land voller Verdächtiger zu tun«, verkündete Dr. Sanders. »In Israel gibt es mindestens eineinhalb Millionen erwachsene Männer. Wir können Ihnen eine Idee davon verschaffen, was in diesem Mann vorgeht, aber nicht, wo er zu finden ist oder wo Sie mit der Suche nach ihm beginnen sollten.«

Ein Einzelgänger, darüber waren sich alle einig, vielleicht sogar ein Sonderling, der jedoch zugleich gesellschaftlich geschickt und vertrauenswürdig wirken mußte, weil es ihm gelang, andere an einsame Orte zu locken. Bei Ora Goshen und Halil Ghemaiem war er als Mann auf der Suche nach einem flüchtigen Abenteuer aufgetreten, aber bei Susan Mills und Yaakov Schneiderman hatte er eine subtilere Identität angenommen, die beiden glaubwürdig erschienen sein mußte.

Nach den Morden gehörten ihm die Toten, so daß er es für sein gutes Recht hielt, sie zu »signieren«. Die Autopsien hatten ergeben, daß Susan Mills vor ihrer Ermordung gefoltert worden war, während die anderen nach dem Tode verstümmelt worden waren. Dieser Wechsel der Methode erschien Dr. Bar-Lev als bedeutsamer, vielleicht sogar entscheidend wichtiger Hinweis:

»Sie ist sein erstes Opfer gewesen, und er kann dabei festgestellt haben, daß er keine menschlichen Schreie ertragen kann. Daraufhin hat er beschlossen, in Zukunft nur noch an Leichen zu arbeiten. In Wirklichkeit ist er ein Fleischer. Ein lebender Mensch interessiert ihn überhaupt nicht. Er könnte in einem Schlachthaus oder im Leichenschauhaus arbeiten; er könnte von Beruf Fleischer sein – oder Jäger, der das erlegte Wild gern selbst zerwirkt.«

Rafi nickte zu David hinüber: Der Alte war clever; er hatte auf bestimmte Berufe hingewiesen, die sie unter die Lupe nehmen konnten. Aber dann fielen die anderen ein. Sie interessierten sich vor allem für die doppelten Markierungen – für die parallelen Schnitte in Wangen, Lippen und Brüsten. Möglicherweise Stigmata, Zeichen der Verachtung oder Entehrung. Eine religiöse Dimension oder vielleicht eine rituelle Bestrafung? Hielt der Killer sich für einen rächenden Erzengel, der seine Opfer kennzeichnete, damit bei ihrer Auffindung klar wurde, daß sie gesündigt hatten?

Das war eine mögliche Interpretation; es gab weitere; man konnte endlos lange Vermutungen anstellen. Alle waren sich jedoch darüber einig, daß die Markierungen das Entscheidende seien.

»Er will, daß wir ihn *kennen*. Er will verhindern, daß seine Opfer mit denen irgendeines anderen Täters verwechselt werden.«

»Er will, daß die Leichen aufgefunden, sein Werk erkannt und seine Motive gefürchtet werden.«

»Ein Größenwahnsinniger! Eine Art Terrorist.«

»Vielleicht ist er sich dieses Selbstaspekts gar nicht bewußt. Er weiß vielleicht nicht einmal, wie verächtlich er seine Opfer behandelt, indem er sie zwischen Schutt und Unrat zurückläßt.«

»Aber auch zwanghaft. Darauf lassen die Wolldecken schließen. Vielleicht hat er eine bestimmte Anzahl gekauft. Wenn wir wüßten, wie viele er hat, wüßten wir vielleicht auch, wie oft er noch morden will.«

»Er kann plötzlich damit aufhören oder noch endlos lange weitermachen. Das können wir nicht beurteilen, solange sein Motiv unbekannt ist.«

»Er entkleidet sie, um sie herabzuwürdigen. Nackt sind sie wie Tierkadaver.«

David wußte später nicht mehr, in welchem Augenblick ihm der Einfall gekommen war. »Wir müssen die Farbe injizieren und abwarten, bis sie sich verteilt«, sagte er. »Wenn sie ihn erreicht, wird sie hoffentlich abfärben.«

Die anderen starrten ihn an. Er war aufgestanden und hatte die Handflächen auf den Tisch gestützt.

»Der beste Kriminalbeamte in ganz Israel«, stellte Rafi fest. »Bitte weiter, David, erzähl uns, was du meinst.«

Er sah zu seinem Vater hinüber, der ihn neugierig betrachtete. »Eine Analogie zur Färbungsmethode der Radiologen«, fuhr David fort. »Es ist verdammt schwierig, diesen Mann irgendwo aufzuspüren, aber wenn ich Ihnen so zuhöre, habe ich den Eindruck, daß wir's schaffen könnten, ihn dazu zu bringen, zu uns zu kommen.«

»Wodurch?« Das war Dr. Bar-Lev. David nickte seinem Vater zu und sprach weiter.

»Sie alle haben festgestellt, daß er Anerkennung sucht – daß er uns irgend etwas mitteilen will. Warum sollen wir ihn nicht anlocken, indem wir in aller Öffentlichkeit tun, was wir hier getan haben? Wir veranstalten ein Forum, bei dem er Gelegenheit hat, uns zuzuhören, während wir darüber spekulieren, was für ein Mensch er sein könnte.«

»Würde er kommen?«

»Wie könnte er dieser Versuchung widerstehen, wenn wir ihm den Zutritt möglichst erleichtern? Und selbst wenn er nicht kommt, kann er das Protokoll anfordern. Wir lassen es drucken und schicken es auf Anforderung zu. Während der Veranstaltung nehmen wir die Anwesenden heimlich auf Video auf. Vielleicht reagiert er, wenn wir ihn genug provozieren. Zumindest haben wir anschließend eine überschaubare Liste mit den Namen Verdächtiger, die weit besser als eine mit zweihunderttausend Namen ist!«

Für ihre Diskussionsveranstaltung wählten sie das Auditorium der Rubin-Musikakademie aus: zentral gelegen, keine Sicherheitskontrollen am Eingang und trotzdem ein plausibler Veranstaltungsort. Als Veranstalterin trat eine fiktive *Ad-hoc*-Gruppe auf, der sie den Namen »Vereinigung für ein besseres Israel« gegeben hatten – nach dem Vorbild ähnlicher Vereinigungen, die spontan aus Protest gegen das Verschwinden der Höflichkeit aus dem öffentlichen Leben Israels entstanden waren.

Das »Forum« wurde in der Presse und auf Plakaten in Jerusalem und Tel Aviv angekündigt. Die *Jerusalem Post* brachte einen gutgeschriebenen Artikel, in dem einige Ideen Professor Hatels zitiert wurden. Shimon Sanders, Israels berühmtester Kriminologe, wurde gemeinsam mit David Bar-Lev, der einen typischen Polizeibeamten spielte, der keinen Unsinn duldet, im Rundfunk interviewt.

Vor allem ein Teil ihres Dialogs war sorgfältig einstudiert:

SANDERS: *Um diesen Mann fassen zu können, müssen Sie seine Denkweise verstehen. Aus ihr spricht Brillanz, vielleicht auch Böses, aber trotzdem Brillanz.*

BAR-LEV: *Für mich steht fest, daß der Kerl ein Schweinehund ist. Eine Bestie. Ich hab's satt, immer wieder zu hören, wie gottverdammt clever er ist.*

In der Eingangshalle der Rubin-Musikakademie wurden Tische aufgestellt. Besucher des Forums konnten Petitionen unterzeichnen, und wer die kostenlose Zusendung des Protokolls wünschte, brauchte lediglich seinen Namen zu hinterlassen. Kriminalbeamte mischten sich unters Publikum und begannen Diskussionen mit Besuchern, die besonders engagiert wirkten. Die Videoaufnahmen der Diskussionsteilnehmer machte ein einzelner Kameramann, der das Podium über die Köpfe der Besucher hinweg aufnahm. Im Bühnenhintergrund waren jedoch drei weitere Kameras versteckt, die aus einem Kleinbus, der um die Ecke auf der Balfour Street parkte, gesteuert wurden. In dem engen Bus, den sie sich mit drei Technikern teilen mußten, beobachteten David und Rafi die Veranstaltung auf Bildschirmen.

»Dieser ganze technische Zauber hat mich verdammt viele Gefallen gekostet.« Rafi hatte sich die Überwachungskameras und die Techniker durch Vermittlung eines Freundes vom israelischen Geheimdienst Mossad ausgeliehen. »Ich finde solche inoffiziellen Zwischenlösungen immer demütigend, David. Man muß bitten und betteln, um anständiges

Material zu bekommen. Der Nachrichtendienst kriegt das gute Zeug, und wir werden mit ausgemusterten Funkgeräten und klapprigen Dienstwagen abgespeist. Die Politiker behaupten, sie wollten eine professionell arbeitende Polizei, aber dann bewilligen sie uns nicht die nötigen Mittel!«

David, der Rafis häufig wiederholte Klagen nur allzu gut kannte, hörte kaum zu. Statt dessen konzentrierte er sich auf Dr. Bar-Lev, der jetzt das Wort ergriffen hatte. Sein Auftritt verblüffte David. Sein Vater hatte Shimon Sanders ziemlich unhöflich unterbrochen, um einen erstaunlichen Diskussionsbeitrag zu leisten, der das gesamte Publikum schokkierte und provozierte.

»Dieser Killer hält sich vielleicht für den Messias, aber wir wissen, daß er der verächtlichste Jude ist, den man sich vorstellen kann. Ein Mensch, der sich selbst haßt; ein Jude, der in anderen zu töten versucht, was er in sich selbst haßt. Ein Perverser, ein Sadist. Ein heimlicher Homosexueller, der Frauen fürchtet und Männer haßt. Ein Feigling, der sich seine Feigheit nicht eingestehen kann. Auf symbolischer Ebene beweist er uns seine Impotenz, wenn er seine Opfer verstümmelt...«

Rafi stieß David an. »Eine tolle Vorstellung!«

Von den Videoaufnahmen wurden Fotos hergestellt, die jetzt in langen Reihen an der Pinnwand der Sonderkommission hingen. Insgesamt hatten 173 Israelis an der Veranstaltung teilgenommen. Sie alle waren verdächtig. Als erstes mußten sie namentlich identifiziert werden.

Einige der engagiertesten Diskussionsteilnehmer wurden auf dem Nachhauseweg beschattet. Unterdessen führte David die Videofilme Kollegen aus anderen Abteilungen vor. Wen erkannten sie darauf? Weitere Namen, die überprüft werden mußten. Männer, deren militärischer Werdegang, Beruf und Fahrerlaubnis unter die Lupe genommen wurden.

Nach der Identifizierung und Datensammlung folgte die Analyse, die zur Unterteilung in wahrscheinliche, mögliche, unwahrscheinliche und unmögliche Täterklassen führte. Dann wurden die Listen neu erstellt und von oben her bearbeitet, um den Kreis der Verdächtigen einzuengen.

Am dritten Tag dieser neuen Phase der Ermittlungen bekam David einen unerwarteten Anruf. Am Telefon war ein gewisser Ephraim Cohen, der sich als Jugendfreund Gideon Bar-Levs vorstellte.

»Natürlich erinnere ich mich an dich«, sagte David, obwohl er sich seiner Sache keineswegs sicher war.

»Ich hab' dich im Zusammenhang mit dieser unangenehmen Geschichte im Fernsehen gesehen. Ich hab' was Interessantes, das dich vielleicht interessieren würde.«

»Bitte. Ich bin ganz Ohr.«

»Hör zu, das ist nichts, was sich am Telefon besprechen ließe.«

Warum ist er so vorsichtig? »Sollen wir uns treffen? Ich komme zu dir.« Keine Antwort. »Was gibt's für Probleme?«

»David, ich bin bei einem anderen Dienst. Was ich dir erzählen will, kann ich nur völlig inoffiziell weitergeben.«

Sie vereinbarten ein Treffen um 19 Uhr in »The Garden«, einem Café in der Nähe der YMCA in der King David Street. David traf als erster ein, fand einen ruhigen Tisch auf der Terrasse, bestellte sich einen Tee und wartete. Dabei mußte er sich einen Vortrag anhören, den ein amerikanischer Tourist seiner Ehefrau und seinen staunenden Reisegefährten hielt. Der Mann sprach so laut, daß seine Stimme auf der ganzen Terrasse zu hören war, und er wirkte sehr selbstsicher. David hörte seine Ausführungen über die gegenwärtige politische Lage in Israel und staunte darüber, daß sämtliche »Tatsachen«, die dieser selbsternannte Experte anführte, völlig verdreht oder gänzlich falsch waren.

Zehn Minuten später erschien ein eleganter, gutaussehender Mann. David, der ihn auf Anfang Dreißig schätzte, witterte an ihm eine gewisse Arroganz, die er automatisch mit Mossad-Offizieren in Verbindung brachte.

Der Neuankömmling sah sich um, begegnete Davids Blick, kam lächelnd an seinen Tisch und streckte die Hand aus. »Hallo, David. Nett, dich wiederzusehen. Ich bin Ephraim Cohen.«

»Ja«, sagte David, »ich erinnere mich gut an dich.« Ephraim war einer der schönen Jünglinge gewesen, aus denen Gideons Freundeskreis bestanden hatte: nordisch, blond, mit feingeschnittenen, empfindsamen Zügen.

»Wir haben uns lange nicht mehr gesehen. Ich habe deinen Eltern geschrieben, als Gideon verunglückt war. Wie geht's deinem Vater?«

»Er hat sich zurückgezogen und ist Kabbalist geworden.«

»Oh!« Cohen zog eine Augenbraue hoch, als wolle er sagen: Das klingt verrückt, aber wie käme ich dazu, ihn deshalb zu verurteilen? David, der ihn aufmerksam beobachtete, kam zu dem Schluß, ihn nicht zu mögen: Cohen sah zu gut aus und war viel zu vorsichtig. David warf einen Blick auf seine Uhr. »So, da wären wir also. Du wolltest mir etwas erzählen.«

»Du weißt aber, daß dies ein völlig inoffizielles Gespräch ist?«

»Ja, ja.« *Warum müssen sie das immer hundertmal sagen?*

»Also...« Cohen zögerte erneut. »Einer unserer Techniker, der neulich abend für euch gearbeitet hat – sein Name tut nichts zur Sache –, scheint einen Mann im Publikum erkannt zu haben. Einen Mann, mit dem er zusammen beim Militär gewesen ist.« Cohen räusperte sich. »Einen Mann, der früher gern geschnitten hat, wie er sich ausgedrückt hat.«

»Gern geschnitten hat?«

»Ja, das hat er gesagt. Er hat dir nichts davon erzählt, denn schließlich arbeitet er bei uns. Aber meine Kollegen und ich haben uns heute morgen darüber unterhalten und wollten diese Information dann doch weitergeben. Vielleicht hat sie nichts zu besagen. Vielleicht habt ihr sie schon. Aber dieser Fall beunruhigt uns alle, und wir wollten wenigstens versuchen, zu helfen.«

Wie nett von euch, ihr Schleimer! »Wer ist also dieser Mann, ›der früher gern geschnitten hat‹?«

»Ein gewisser Peretz.«

»Das ist ein ziemlich häufiger Name.«

»Dieser Peretz ist Berufsoffizier gewesen. Major Chaim Peretz. Das müßte für den Anfang reichen.«

David nickte. »Wäre euer Mann bereit, zu uns zu kommen und ihn uns auf den Videofilmen zu zeigen?«

»Leider nicht. Unsere Politik untersagt jegliche Einmischung in polizeiliche Ermittlungen.«

»Wie steht's mit einem inoffiziellen Besuch – als Privatmann, der seine staatsbürgerliche Pflicht erfüllt?«

»Das hat er eigentlich schon getan, finden wir. Du nicht auch, David? Schließlich bin ich eigens hergekommen, um dir einen Namen zu nennen.«

David begann noch am selben Abend zu telefonieren. Am nächsten Morgen kurz vor zehn Uhr erreichte er den Mann, der ihm, so hoffte er, würde weiterhelfen können: Yehuda Merom, ein inzwischen zum Oberst beförderter Kamerad aus dem Sinaikrieg.

»Klar kenne ich Chaim Peretz, David. Ich habe sogar schon mit einem Anruf dieser Art gerechnet.«

»Wie kommt das?«

»Ich schlage vor, daß wir uns treffen. Natürlich ganz inoffiziell.«

»Selbstverständlich.«

»Zu einem Drink nach Dienst?«

»Diese Sache ist ziemlich dringend.«

»Okay, wir gehen einen Kaffee trinken. Kennst du ›The Pie House‹? Ich bin in einer Viertelstunde dort.«

Bevor David ging, wies er Dov an, alles stehen und liegen zu lassen und Peretz zu suchen. »Er ist früher Major gewesen. Ich will wissen, wie er aussieht und wo er wohnt. Versuch's erst mal mit dem Telefonbuch. Wenn das nicht klappt, muß uns der Computer weiterhelfen.«

Ein perfekter Jerusalemer Frühlingstag mit dunkelblauem Himmel und dem Duft blühender Büsche und Bäume. Selbst der Verkehr auf der Jaffa Road war erträglich. Die alten Busse stießen Qualmwolken aus, aber nicht genug, um die saubere, trockene Aprilluft zu verpesten.

Yehuda umarmte ihn; dann klopften sie sich auf die Schultern und boxten sich spielerisch in den fülliger gewordenen Leib.

»David, wir sind jetzt Männer mittleren Alters.«

»Hör zu, wir leben noch!«

»Du bist also jetzt ein berühmter Kriminalbeamter. Ich hab' deinen Auftritt im Fernsehen erlebt.«

David zuckte mit den Schultern. »Erzähl mir von Peretz.«

»Im Zusammenhang mit den Morden, stimmt's?«

David nickte. »Sein Name ist aufgetaucht.«

»Das wundert mich nicht.« Yehuda sah bekümmert aus. David wartete schweigend ab, was er sagen würde.

»... der ideale Kommandeur für Vergeltungsangriffe, was übrigens der Grund dafür gewesen sein dürfte, daß er den Job bekommen hat. Seine Geheimtruppe hat sich ausschließlich aus Freiwilligen rekrutiert. Aber die notwendige Brutalität war selbst für die Härtesten unter ihnen zuviel. Deshalb ist Peretz auf die Idee gekommen, seine Truppe mit Kriminellen, mit Schlägern und Gewaltverbrechern aufzufüllen. Solche Kerle saßen in Militärhaftanstalten, und kein Mensch konnte etwas mit ihnen anfangen. ›Gebt sie mir‹, hat Peretz gesagt. ›Für Drecksarbeit braucht man Dreckskerle.‹«

»Und woraus hat die Drecksarbeit bestanden?«

»Gegenterror. Die anderen tun uns Schlimmes an, folglich revanchieren wir uns mit noch Schlimmerem.«

»Auch über Grenzen hinweg?«

»Das ist nichts Neues. Das haben wir seit Jahren getan.« Yehuda sah weg. »Diese Unternehmen sind natürlich anders gewesen. Richtig scheußlich. Aber sie haben sich gegen den harten Kern der Terroristen gerichtet, die heimlich über die Grenze kommen, um Bomben zu legen und Schulen zu überfallen.«

»Was willst du damit sagen?«

»Ich sage gar nichts, David. Peretz' Einheit ist für Geheimoperationen eingesetzt worden, und als sie dann aufgelöst worden ist, sind sämtliche Unterlagen vernichtet worden. Heute findest du niemanden mehr, der zugeben würde, daß sie jemals existiert hat. Niemand will zugeben, sie ursprünglich genehmigt zu haben, weil das verdammte Ding später völlig aus dem Ruder gelaufen ist.«

»Ich habe gehört, daß Peretz ›gern geschnitten hat‹.«

Yehuda nickte.

»Etwa *Menschen*?«

»Das ist nicht ihr Auftrag gewesen. Ihr Auftrag war, Vergeltung zu üben.«

»Was weißt du über Peretz und seine Messerhelden?«

»Gerüchte. Lauter unbewiesene Geschichten. Das meiste kenne ich nur vom Hörensagen.«

»Und welche Geschichten erzählt man sich über ihn?«

Yehuda wich seinem Blick erneut aus. »Angefangen hat die Sache damit, daß seine Einheit irgendein Zeichen hinterlassen sollte. Der Gegner sollte wissen, daß wir eine Vergeltungstruppe hatten, die seine Männer unweigerlich zur Strecke brachte. Deshalb sind die Toten mit Schnitten gezeichnet worden. Aber als Peretz dann später Kriminelle rekrutiert hat, sind schlimme Dinge vorgefallen.« Er kniff die

Lippen zusammen, rutschte auf seinem Stuhl hin und her und sah David schließlich in die Augen. »Soviel ich weiß, sollen Verstümmelungen vorgekommen sein – sogar bei Frauen und Kindern. Um die Wahrheit zu sagen, David, möchte ich eigentlich nicht in Details gehen, sonst wird mir noch übel.«

»Was ist dann passiert?«

»Die Einheit ist aufgelöst worden.«

»Und was war mit Peretz?«

»Die Armee hat ihn unauffällig entlassen.«

»Einfach so?«

»Tatsächlich hat man ihm zunächst einen Schreibtischjob angeboten. Aber er hat Peretz nicht gefallen, und als er sich darüber beschwert hat, ist ihm nahegelegt worden, sich in den Ruhestand versetzen zu lassen.«

»Keine Ermittlungen? Kein Verfahren?«

»Die Gerüchte konnten nicht verifiziert werden. Die Augenzeugen waren Kriminelle. Und Peretz war ein hervorragender Offizier, der eine schmutzige Arbeit übernommen und anfangs zur Zufriedenheit aller ausgeführt hatte. Als sie ihn dann besser kannten, entstand der Verdacht, er sei vielleicht mit etwas zuviel Begeisterung bei der Sache. Das hat sie wirklich gestört, glaube ich. Nicht die Tatsache, daß Peretz diese Dinge getan hat. Wir führen einen stillen Krieg, und Gegenterror ist nichts für Pfadfinder. Aber wenn der Kommandeur wirklich Spaß an seiner Arbeit hat, anstatt sie als notwendige Drecksarbeit zu betrachten... Ich meine, du oder ich hätten an seiner Stelle Versetzungsgesuche eingereicht oder gemeckert, bis sie uns versetzt hätten, oder die Arbeit notfalls nur halbherzig getan. Aber Peretz war ganz anders. Er hat *Spaß* daran gehabt, und nach einiger Zeit ist das allen aufgefallen. Aus diesem Grund haben sie ihn schließlich aus dem Verkehr gezogen.«

Yehuda lehnte sich zurück. »Wenn rauskäme, daß ich dir das alles erzählt habe, wäre ich wahrscheinlich erledigt.«

»Du weißt, daß du dich auf mich verlassen kannst. Aber ich habe noch ein paar Fragen. Du hast gesagt, die Unterlagen über Peretz' Einheit seien vernichtet worden. Soll das heißen, daß ich keine Namensliste bekommen kann?«

»Garantiert nicht! Die Einheit hat nie existiert. Sie hat nicht einmal eine amtliche Bezeichnung gehabt. Alle haben immer nur von ›Peretz und seinen Jungs‹ gesprochen. Peretz hat seine Leute selbst rekrutiert, deshalb müßte er sich an ihre Namen erinnern können. Dabei fällt mir übrigens ein, daß er noch eine inoffizielle Namensliste haben könnte.«

»Die zweite Frage: Woraus hat die ›Signatur‹ seiner Einheit bestanden?«

»Das weiß ich nicht genau, aber ich kann mich vage an eine Diskussion über dieses Thema erinnern. Ich glaube, daß damit die Idee doppelter Vergeltung ausgedrückt werden sollte. Du weißt schon, wie's in der Bibel heißt: ›Wer Wind sät, wird Sturm ernten.‹ Ich erinnere mich, daß von Schnitten die Rede war – von doppelten Schnitten oder so ähnlich.«

Sie entdeckten Peretz sehr rasch auf den Videofilmen, und als sie ihn gefunden hatten, fragten sich alle, weshalb er ihnen nicht gleich aufgefallen war.

»Er ist so *still*, David«, meinte Shoshana erschaudernd.

»Der Kerl bewegt sich nicht, zeigt keinerlei Reaktion.«

Sie spulten die Kassette zurück und ließen den Film erneut ablaufen. Das Verblüffende an Peretz war seine kühle Gelassenheit. Inmitten eines Meeres aus erregten, beunruhigten, aufgebrachten Menschen bildete er eine auffällige Insel der Ruhe.

»Als ob das Geschwätz um ihn herum ihn völlig kalt ließe«, sagte Micha. »Wie haben wir ihn bloß übersehen können?«

»Weil wir nach der falschen Reaktion Ausschau gehalten haben«, stellte David fest.

»Trotzdem haben wir ihn! Wir *haben* ihn!« Alle waren aufgeregt, weil Davids Trick mit dem angeblichen Forum wider Erwarten gut geklappt hatte.

»Nicht so schnell«, warnte er sie. »Vorerst ist er nur verdächtig. Jetzt beobachten wir ihn Tag und Nacht – aber so heimlich, daß er nichts davon merkt. Das bedeutet, daß unsere Leute ständig wechseln müssen. Nicht drei Kerle mit Ray-ban-Sonnenbrillen in einer weißen Limousine auf der gegenüberliegenden Straßenseite.«

Er beauftragte Dov damit, die Überwachung zu organisieren, und setzte Micha darauf an, Informationen über Peretz' Vergangenheit zu sammeln. Aber Micha war irritiert, als David ihm Moshe Liederman zuteilte.

»Er ist ausgebrannt. Er taugt nichts. Er redet ständig nur von seiner Versetzung in den Ruhestand.«

»Gib dir Mühe, ihn trotzdem einzusetzen«, verlangte David. »Er hat mir erzählt, daß er in seinen dreißig Dienstjahren niemals einen Fall bearbeitet hat, der nicht Scheiße war. Ich möchte, daß er nach seiner Pensionierng den Leuten erzählen kann, daß er einmal an einem wirklich großen Fall mitgearbeitet hat.«

An diesem Abend, dem Seder-Abend des Passah-Fests, rief er Avraham an. »Kennst du einen gewissen Jacob Gutman?« Keine Antwort. »Ich weiß, daß du ihn kennst, Vater. Sag mir bitte, wer er ist.«

Nach langer Pause schließlich eine Antwort: »Jacob Gutman ist ein Mensch, dem Unrecht geschehen ist.«

Als David am zweiten Abend des Passah-Fests nach Hause fuhr und am Herodestor vorbeikam, blickte er zum Rockefeller-Museum auf und lächelte. Er erinnerte sich an den Tag, an dem er Anna begegnet war – an den Tag, der sein Leben verändert hatte.

Das war im November vergangenen Jahres knapp drei Wochen nach Beendigung seiner Affäre mit der Journalistin Stephanie Porter gewesen. Er hatte sich eine Eintrittskarte für ein Konzert in der lutherischen Erlöserkirche gekauft. Dort spielte eine aus der Sowjetunion emigrierte aufregende junge Cellistin mit ihrem israelischen Begleiter. Die *Jerusalem Post* hatte ein Bild-Interview mit Anna Benitskaja gebracht, das David neugierig gemacht hatte. Als er entdeckte, daß er einen freien Abend hatte, beschloß er, hinzugehen, um sie spielen zu hören.

Das Konzert bewegte ihn. Er liebte Kammermusik, und als sie die dritte Beethoven-Sonate spielte, war er verzaubert. Er konnte den Blick nicht von ihr wenden. Sie war eine schöne junge Frau, aber David fesselte nicht nur ihre Schönheit, sondern er sah zugleich auch eine gewisse Verwundbarkeit, eine Rätselhaftigkeit und einen Ernst, der weit über ihre Jahre hinausging. Sie trug ein graues Seidenkleid, eine Perlenkette und winzige Perlenohrringe, die wie kleine Monde zu beiden Seiten ihres Kopfes leuchteten. Sie spielte leidenschaftlich, und ihre Stirn glänzte. Nach dem Konzert überlegte er sich beim Hinausgehen, wo sie wohl wohnte, ob es möglich sein würde, ihre Bekanntschaft zu machen und wie es sein würde, mit ihr zu sprechen.

Am nächsten Tag ereignete sich dann einer jener Zufälle, die in Jerusalem so häufig zu sein schienen. David war vormittags wegen eines inzwischen vergessenen Falls in der Stadt unterwegs gewesen und am Rockefeller-Museum vorbeigekommen. Dort sah er sie zum Eingang hinaufschreiten.

Das ist die Gelegenheit! dachte er. *Die muß ich nutzen!* Er fuhr rasch ums Museum, fand einen Parkplatz, hastete zum Eingang zurück, kaufte sich eine Karte und betrat ebenfalls das Museum.

Er brauchte nicht lange, um sie zu finden. Um diese Jahreszeit waren nur wenige Touristen in Jerusalem, und das Rokkefeller-Museum, ein archäologisches Museum, gehörte nicht zu den überlaufenen Sehenswürdigkeiten. Nur etwa ein Dutzend Besucher hielt sich in den Sälen auf, aber als David Anna entdeckte, betrachtete sie nicht die Sammlungen. Statt dessen spazierte sie langsam unter den Arkaden entlang, die den sonnenbeschienenen Innenhof säumten.

David beobachtete sie. Er konnte ihr nicht einfach nachgehen, aber als Kriminalbeamter wußte er, wie man jemanden beschattet, ohne selbst gesehen zu werden. Während sie langsam durch die Arkaden schlenderte, bewegte er sich rascher durch die ineinander übergehenden Ausstellungssäle und beobachtete sie immer wieder durch auf den Innenhof hinausführende Fenster.

Nach einiger Zeit nahm sie in der Mitte des Innenhofs auf einer alten Steinbank Platz. Es war fast Mittag. Die Sonne brannte auf sie herab und übergoß sie mit strahlend hellem Novemberlicht. Sie schloß die Augen und wandte ihr Gesicht der Sonne zu, so daß David es besser sehen konnte. Ihre Stirn glänzte wie im Konzert, und er sah, daß auch ihre Kehle unter dem aufgeknöpften Kragen ihrer Bluse glänzte. Dieser Schweißfilm brachte ihn dazu, sie sich auf dem Höhepunkt ihrer Lust stöhnend und sich windend vorzustellen, und erfüllte ihn mit Begehren.

Er verbrachte etwa eine Viertelstunde lang damit, sie zu beobachten: fasziniert und zugleich schuldbewußt, weil er sich wie ein Spion vorkam. Plötzlich setzte sie sich auf, warf einen Blick auf ihre Uhr und sprang auf, um zum Ausgang zu laufen. David sah sie zum Herodestor hinüberlaufen, ein Taxi anhalten und in Richtung Stadtmitte davonfahren. Und er wußte, daß er sie unbedingt kennenlernen mußte, um weiterleben zu können.

Sarah Dorfman ebnete ihm den Weg dazu. Die arme wunderbare Sarah, Rafis treue fünfundvierzigjährige Sekretärin, die von ihrem Mann wegen einer dieser aggressiven deutschen Mädchen verlassen worden war, die nach Israel kamen, um »die Schuld meiner Vorväter zu sühnen«, während es ihnen nach Davids Ansicht in Wirklichkeit darauf ankam, schnell braun zu werden und sich einen schwarzgelockten jüdischen Liebhaber zu suchen. Trotzdem beklagte Sarah sich niemals und ging ganz in ihrer Arbeit bei der Kriminalpolizei auf. Ihr einziges außerdienstliches Interesse galt der Musik. Sie kannte die gesamte Jerusalemer Musikwelt und versprach David, ihn binnen einer Woche mit seiner Cellistin zusammenzubringen.

Das alles hatte sich vor weniger als einem halben Jahr ereignet – und nun lebte Anna mit ihm in Abu Tor zusammen. Was wäre gewesen, wenn er an jenem Tag nicht am Rockefeller-Museum vorbeigefahren wäre? Hätten sie sich kennengelernt? Oder hätte er ihr Gesicht und ihr Cello-Spiel vergessen? Diese Fragen konnte David nicht beantworten, aber er glaubte an den Zauber Jerusalems, das eine Stadt sich kreuzender Lebenslinien war.

Donnergrollen, als er auf die El Rogel Street abbog; ein Blitz, während er parkte. Und als er ausstieg, setzte der Gewitterregen ein. David hastete zum Haus Nr. 16 und tippte in verzweifelter Eile den Code des elektronischen Türschlosses ein.

Er war bis auf die Haut durchnäßt, bevor die Tür sich öffnen ließ. In der Eingangshalle zog er seine Jacke aus, hielt sie von sich weg und wand sie aus. Endlich ein Frühlingsgewitter; das Land brauchte Regen. Der Wassermangel war ein noch größeres Problem als die Israel von seinen feindlichen Nachbarn drohenden Gefahren.

Anna trug eine ausgebleichte gelbe Bluse. Zwischen ihren Augenbrauen stand eine kleine senkrechte Falte.

»Was ist los?«

»Rafi hat eben angerufen. Du sollst ihn sofort zurückrufen. Er ist ziemlich nervös gewesen.« Anna war besorgt.

David küßte sie auf die Stirn, bevor er ans Telefon ging. Während er darauf wartete, daß die Zentrale im Polizeipräsidium ihn mit Rafi verband, warf er Anna, die an der Küchentür stand, eine Kußhand zu.

»David?«

»Am Apparat. Ich bin eben nach Hause gekommen.«

»Tut mir leid, aber du mußt gleich wieder los.«

»Ein neuer Mord?« Er kannte die Antwort bereits. Schon bevor Rafi seinen Verdacht bestätigte, spürte er, wie sein Magen sich verkrampfte. Diese krampfartigen Schmerzen hatte er häufig, seitdem er diesen Fall bearbeitete.

»Gleich bei dir um die Ecke. In einem Abfallcontainer an der Südecke des Bloomfield Parks.«

Er holte erschrocken tief Luft. »Da bin ich vor ein paar Minuten fast vorbeigefahren!«

»Wenn ich dich gesehen hätte, hätte ich dich angehalten.«

»Gut, ich komme sofort.«

Rafi trug einen leuchtend orangeroten Regenmantel – wie ein Fischer, dachte David. Micha hatte einen Trenchcoat an, Moshe Liederman rauchte unter seinem Poncho eine Zigarette, während Dov Meltzer in durchnäßten Turnschuhen zwischen ihnen stand und sich ein Pin-up-Magazin über den Kopf hielt.

»Ich hab's im Funk gehört«, sagte Dov. Sein T-Shirt war durchnäßt, so daß David durch den nassen Stoff sein gelocktes schwarzes Brusthaar sah.

»Peretz?«

»Der ist zu Hause. Wir überwachen ihn seit heute morgen gegen fünf Uhr. Im Augenblick habe ich vier Mann auf ihn angesetzt. Ich hab's für richtig gehalten, gleich herzukommen.«

Der Abfallcontainer der Parkverwaltung ragte wie ein übergroßer Sarg vor ihnen auf, dessen Umrisse jedoch nur gut zu sehen waren, wenn ein Blitz herabzuckte. Um ihn herum parkten in verschiedensten Winkeln fünf Streifenwagen und ein Krankenwagen. Die Spurensicherer warteten auf die Beleuchtung. Ein Sergeant stellte Halogenlampen auf Ständern auf, um die nähere Umgebung des Containers zu erhellen.

David ging zu Rafi hinüber. »Eine Frau?« erkundigte er sich knapp.

Rafi nickte mit der Pfeife zwischen den Zähnen. »Von Teenagern auf der Suche nach Abfallholz für ein Grillfeuer aufgefunden. Eine sehr junge Frau – wie die an der Mauer. Aber ich habe das ungute Gefühl, daß sie keine Prostituierte ist. Fünf sind zuviel, David. Wir haben noch nie einen Fall mit fünfen gehabt.«

»Ja, ich weiß – unsere erste Mordserie.«

Ein weiterer Blitz. Rafi zuckte zusammen, als unmittelbar darauf ein Donnerschlag folgte. Es goß jetzt in Strömen. »Scheiße, ich weiß gar nicht, was sie dort finden wollen. Dieser Regen schwemmt doch alles weg!«

»Die gleiche Wolldecke?«

Rafi nickte wortlos.

David war plötzlich wütend. »Scheißkerle!«

Rafi betrachtete ihn mit zusammengekniffenen Augen. »Kenne ich die?«

»Mossad-Schweine. Einer ihrer Leute hat Peretz erkannt, aber sie haben sich ein paar Tage Zeit gelassen, bevor sie mich informiert haben. Und jetzt das hier! Wir überwachen Peretz erst seit heute morgen um fünf Uhr. Diese Tat kann er letzte Nacht verübt haben. Wir hätten seinen Annäherungsversuch beobachtet. Wir hätten diesen Mord verhindern können. Begreifst du, was ich meine, Rafi? Falls Peretz der Täter ist, sind diese Schweine mitschuldig an ihrem Tod!«

EINE GESTALT IN TON

Big Sur. Sechs Monate zuvor…

»Oh, Targow…«

Eine typische Angewohnheit von ihr – nachdem sie ihren Höhepunkt erreicht hatte, stöhnte sie jeweils seinen Namen: »Targow, Targow… oh… oh…« Und danach schlief sie unweigerlich ein.

Sie war eine große junge Frau, größer als Anna: ein kalifornisches Gewächs mit strahlendem Lächeln, einem irischen Gesicht mit Grübchen und einer Milchstraße aus Sommersprossen quer über die Brust. Kleine harte Brüste und ein Streifen rötlicher Haare zwischen den Beinen. Sie joggte. Sie nahm Ballettunterricht. Sie trainierte mit Hanteln. Ihr Haar war lang und kastanienbraun. Ihre Hände packten kräftig zu. Sie war Töpferin.

Er ließ sie auf ihrer Matratze inmitten verknitterter lachsfarbener Bettwäsche zurück. In dem ausgebauten Dachgeschoß gab es kein Bett, nur eine riesige Matratze und ihre Kleidungsstücke, eigentlich Kostüme, in auf dem Fußboden verteilten Strohkörben. Kleinere Körbe mit Unterwäsche und Strümpfen hingen an unterschiedlich langen Stricken zwischen ihren Hängepflanzen. Eine Leiter führte in ihre Werkstatt hinunter. Targow stieg langsam hinab.

Er ging an den Kühlschrank, schenkte sich einen Wodka ein und setzte sich nackt auf ihr mit olivgrünem, leicht muffigem Cordsamt überzogenes Sofa. Dann atmete er den Geruch ihrer noch feucht und mit Tüchern bedeckt auf den Drehscheiben stehenden Gefäße ein.

Sie waren jeden Dienstag verabredet. Er fuhr morgens nach Palo Alto, unterrichtete seine Meisterklasse, traf sich mit Maureen zu einer schnellen Pizza in der Nähe des Universitätsgeländes, begleitete sie zu Fuß zu ihrer Werkstatt, vögelte sie bis fünf Uhr durch und fuhr dann nach Big Sur zurück, wo er genau rechtzeitig zum Abendessen eintraf.

Irina wußte, was er trieb. »Geben Sie ihm noch etwas Suppe, Rokowski. Der Ärmste ist überanstrengt. Sehen Sie sich die Ringe unter seinen Augen an!« Dabei lächelte sie ihr listiges Lächeln, das von finsteren Blicken abgelöst wurde, wenn er nicht auf ihre Anspielungen reagierte. Und wenn sie sich dann später für die Nacht zurückzog, sorgte sie dafür, daß alle hörten, wie sie die Riegel an ihrer Schlafzimmertür vorschob.

Seit seinem Geburtstag hatte Rokowski Anweisung, die Post früher als sonst zu holen, damit Irina sie nicht abfangen konnte. Es war quälend, darauf zu warten, wieder von Sergeij zu hören, aber vielleicht war diese Quälerei beabsichtigt. Wie konnte er nur einmal aus Wien und dann nicht wieder schreiben? Aber das war natürlich seine Methode: Er würde den Mann, der ihn verraten hatte, langsam und systematisch foltern. Lagerhäftlinge hatten solche Träume; sie klammerten sich an ihre Racheträume, um überleben zu können.

Anna hatte aus New York geschrieben. Sie war ihm so dankbar für alle Kontakte, die er für sie hergestellt hatte – und auch für all die liebevollen Erinnerungen. Ihr Agent hatte sie mit einem israelischen Pianisten zusammengebracht; sie hatten gemeinsam geprobt, sich auf Anhieb verstanden und ein hastig arrangiertes Konzert in der angesehenen YMHA gegeben. Die Kritiken waren überschwenglich gewesen, und ihr Agent bereitete jetzt eine Tournee vor, die sie durch kleine Konzertsäle in ganz Europa führen sollte.

Ihr Brief enthielt noch etwas anderes, das ihn betrübte: die zarte Andeutung, daß Anna nicht mehr seine Geliebte war, daß ihre Beziehung zu Ende war. Aber das akzeptierte er, denn er hatte schon damals, als sie abgereist war, gespürt, daß dies vermutlich ein Abschied für immer sein würde. Wenigstens hatte er jetzt Maureen: nicht so geschmeidig wie Anna, bei weitem nicht so empfindsam, aber viel exotischer – eine unersättliche amerikanische Wilde. Gott allein wußte, wie lange er noch imstande sein würde, sie zu befriedigen...

Eine Woche zuvor hatte ein leichtes Erdbeben Kalifornien erschüttert. Draußen tobte die See. Ein Wintersturm peitschte sie gegen die Halbinsel. Die Küste war an mehreren Stellen unterspült worden und abgebrochen; zahlreiche Straßen waren durch Erdrutsche unpassierbar geworden.

An diesem Morgen wußte er schon, als er sein Atelier aufsperrte, daß seine Hände zur Arbeit bereit waren. Er holte sich einen Tonklumpen auf die Werkbank, schloß die Augen und begann das weiche Material zu kneten. Ja, er spürte etwas – in diesem Klumpen verbarg sich etwas. Er versuchte zu entdecken, was es war.

Eine sanfte Rundung auf der Oberseite. Eine senkrechte Kerbe in der Mitte; leichte Vertiefungen auf beiden Seiten. Vielleicht ein Rücken: demütig gebeugt, das Rückgrat hervortretend, der Kopf gesenkt.

Nein! Unmöglich! Targows Gestalten beugten niemals ihr Haupt. Sie litten, aber sie flehten nicht um Gnade. Trotzdem fand er diese Rundung bewegend. Ein mit Gewalt gebeugter Rücken, der Kopf vielleicht zur Seite gedreht, aber das Gesicht, die Züge, die Haltung würden das Gegenteil besagen. Ja, das war's! Der leidende Körper würde Widerstand leisten.

Er befaßte sich den ganzen Vormittag damit und machte spielerische Entwürfe aus Ton, bevor die Arbeit nachmittags ernsthaft wurde. Draußen heulte der Wind. Vor dem großen Atelierfenster waren sturmgepeitschte Bäume sichtbar. Targow begann ein größeres Modell mit gut einem Meter Höhe, fertigte ein primitives Drahtgerippe an, trug den Ton in großen Klumpen auf, gab ihm mit den Fingern die ungefähre Form und benützte dann einen breiten Spachtel, um Material wegzunehmen, zu formen und zu glätten.

Als es dunkel wurde, hatte er etwas. Er schleppte es aufs Podest, stellte es auf einen Schemel mit drehbarer Platte, schaltete die Scheinwerfer ein und studierte es von allen Seiten. Es hatte etwas Machtvolles an sich, das ihn überraschte und beinahe ängstigte. Wie diese Gestalt nackt zu sein, gebeugt, gegen unbarmherzige Gewalt ankämpfend... Targow hätte keinen Grund dafür angeben können, aber er identifizierte diese Haltung mit etwas Wichtigem in seinem Leben.

Er übernachtete im Atelier. Am nächsten Morgen hatte der Sturm sich gelegt. Die See war bewegt, nicht mehr tosend, und durch die Bäume strich eine sanfte Brise. Targow betrachtete sein Modell, ging einmal darum herum und sah es plötzlich ganz deutlich. Auf dem Weg ins Haupthaus, wo er duschen und frühstücken würde, überlegte er sich, welche Anweisungen er Rokowski geben mußte. Er würde ins Atelier umziehen und von jetzt an auch dort essen. Endlich hatte er gefunden, wonach er gesucht hatte: eine Arbeit, in die er sich stürzen konnte. Er würde einen Märtyrer schaffen.

MAJOR PERETZ

Sie hieß Yael Safir, war neunzehn Jahre alt und entsprach in allen Punkten Rafis Befürchtungen: hübsch, intelligent, beliebt, eine Soldatin aus dem Computerraum der Kommandozentrale der israelischen Streitkräfte in Tel Aviv. Darüber hinaus war sie die Tochter eines Nationalhelden: Ihr Vater war Hauptmann Asher Safir, der 1973 auf den Golanhöhen gefallen und posthum wegen Tapferkeit ausgezeichnet worden war. Zuletzt war sie gesehen worden, als sie per Anhalter zum Passah-Fest im Kibbuz Hulda hatte zurückfahren wollen.

Ihre Ermordung löste allgemeine Empörung aus. Yael Safir hatte der Elite Israels angehört. Sie hinterließ ihre Mutter, zwei Schwestern, zwei Brüder, einen Verlobten, der Luftwaffenpilot war, und einen großen Kreis trauernder und aufgebrachter Freunde.

Rafi kam mit einem Schreiben in der Hand in Davids Dienstzimmer. »Dieser Brief ist vorhin beim Superintendenten eingegangen. Latsky schäumt vor Wut.«

David las den kurzen Text halblaut vor: »Was ist eigentlich mit unserer Scheißpolizei los? Während ein Verrückter unsere Kinder abschlachtet, schreibt sie Falschparker in der Bezalel Street auf.«

»Natürlich anonym. Aber typisch für die zwei Dutzend Briefe, die heute eingegangen sind. Morgen kommen bestimmt noch mehr.«

»Was willst du damit sagen, Rafi?«

»Daß wir unter Druck stehen.«

»Glaubst du, daß ich das nicht selbst merke?«

»Natürlich tust du's.« Rafi setzte sich. »Hast du gestern ferngesehen?«

»Katzer?« Rafi nickte. »Ich finde es beschämend, daß jemand wie er überhaupt Zuhörer findet. Anna hat über ihn gestaunt; sie hat ihn wie gebannt angestarrt, obwohl sie ihn kaum verstanden hat.«

»Ja, natürlich. Katzer ist eine charismatische Persönlichkeit und versteht es meisterhaft, solche Situationen für seine Zwecke auszunützen. Das schlimmste daran ist, daß er nur wiederholt, was der kleine Mann auf der Straße sagt: ›Das muß ein Araber gewesen sein! Kein Jude wäre zu so was imstande!‹« Rafi schüttelte den Kopf. »Ein arabischer Strichjunge und eine marokkanisch-jüdische Nutte – darüber hat sich niemand groß aufgeregt. Eine amerikanische Nonne – das ist ein größeres Problem gewesen, das wir aber noch bewältigt haben. Der Mord an Schneiderman ist schlimm gewesen, aber die Ermordung Yael Safirs hat dem Faß den Boden ausgeschlagen!«

»Kannst du dir vorstellen, welche Vergeltungsmaßnahmen bestimmte Gruppen ergreifen würden, wenn herauskäme, daß der Täter wirklich ein Araber gewesen ist? Siehst du sie nicht schon vor dir, wie sie in selbstgerechtem Zorn und mit frisch geschliffenen Messern irgendein erbärmliches arabisches Dorf überfallen?«

Rafi erwiderte seinen Blick. »Ja, und ich kann mir vorstellen, was sie dabei rufen. ›Ihr ermordet unsere Mädchen, wir ermorden eure!‹« Er schüttelte sorgenvoll den Kopf und ging.

Shoshana rekonstruierte Yaels letzten Weg. Sie hatte die Kommandozentrale um sechzehn Uhr verlassen und gemeinsam mit anderen Soldaten an der Anhalter-Wartestelle vor dem Tor gestanden. Sie und eine Freundin waren zum Flughafen Ben Gurion mitgenommen worden, wo einige hundert Soldaten ebenfalls darauf warteten, als Anhalter mitgenommen zu werden. Eine chaotische Szene: Autofahrer hielten in Abständen von wenigen Sekunden, um junge Leute einzuladen und mit ihnen in die Berge davonzufahren. Yaels Kameradin, die nach Jerusalem wollte, war zuerst mitgenommen worden. Sie bezweifelte, daß Yael länger als zehn Minuten hatte warten müssen. Ein Soldat, der an derselben Stelle gewartet hatte, glaubte beobachtet zu haben, wie Yael in einen blauen Kleinbus amerikanischer Bauart mit Jerusalemer Kennzeichen gestiegen sei. Der Kibbuz Hulda war vom Flughafen aus in etwa zwanzig Minuten zu erreichen. Yael kam dort nie an, so daß Vermißtenanzeige erstattet wurde. Zweiundzwanzig Stunden später wurde sie in dem Abfallcontainer im Bloomfield Park tot aufgefunden.

»Der Vorabend des Passah-Fests«, erläuterte Shoshana. »Die Soldaten haben es eilig, nach Hause zu kommen, und den Autofahrern geht es ähnlich. Die Familie von Yaels Kameradin ist etwas religiös, deshalb hat Yael sie gedrängt, sich zuerst mitnehmen zu lassen. ›Meine Leute machen sich nicht so viel daraus‹, hat sie gesagt. Die Freundin ist weggefahren, und Yael hat gewartet, bis sie an der Reihe war.«

»Kann sich denn niemand an den Fahrer erinnern?« wollte David wissen.

»Der Kleinbus hatte getönte Scheiben, die von außen praktisch undurchsichtig waren. Selbst unter Hypnose haben meine Zeugen sich nicht an die Ziffern des Kennzeichens erinnern können.«

»Und der Wagen ist sonst niemand aufgefallen?«

»David, du müßtest eigentlich noch wissen, welche Stimmung bei solchen Gelegenheiten herrscht. Wer Urlaub hat, denkt nur daran, möglichst schnell nach Hause zu kommen. Man konzentriert sich so sehr darauf, daß man kaum wahrnimmt, was um einen herum geschieht. Der Mann, der sie mitgenommen hat, dürfte das auch gewußt haben. Er hat sich den idealen Zeitpunkt ausgesucht – wenn es an diesen Anhalterstops wie wild zugeht.«

Und jetzt hat auch Shoshana ein Opfer, dessen Schicksal ihr nahegeht, dachte David.

Der beige Renault, in den Ora Goshen eingestiegen war, hatte sich als gestohlen erwiesen, deshalb bestand Grund zu der Annahme, auch der blaue Kleinbus mit den getönten Scheiben könnte gestohlen gewesen sein. David löste eine landesweite Fahndung aus, die jedoch erfolglos blieb. Daraufhin ließ er Rebecca Marcus eine Anfrage an die Zentrale Zulassungsstelle richten. Er verlangte eine Auflistung sämtlicher dunkler Kleinbusse in ganz Israel – nach Städten und Automarken untergliedert. Notfalls würde er jeden einzelnen Besitzer überprüfen lassen.

Peretz wurde unterdessen von fünf Teams Tag und Nacht beschattet. Nach Dovs Überzeugung ahnte Peretz nichts von dieser Überwachung – jedenfalls hatte er seine Gewohnheiten nicht merklich geändert.

»Er ist ein merkwürdiger Kerl, David. Geht nicht viel aus dem Haus. Scheint keinen Job zu haben. Aber er macht jeden Nachmittag gegen fünf Uhr einen langen Spaziergang. Scheinbar ziellos, aber auf eine Art und Weise, die mich beunruhigt. Er bewegt sich durch Jerusalem wie ein Jäger auf der Suche nach Beute, David!«

Obwohl sein Entschluß riskant war, weil er in Verbindung mit den Mordfällen öffentlich aufgetreten war, wußte David, daß er sich das selbst ansehen mußte.

Peretz wohnte in der Zevi Gratz Street, in der es um diese Jahreszeit betäubend nach Jasmin duftete. Eine Straße mit schönen Häusern, üppigen Gärten und einem Duft, der David an seine Kindheit erinnerte. Während er sie entlangging, um sich mit Dov zu treffen, erinnerte er sich an Frühlingsabende, an denen er mit Gideon auf der Disreali Street Fußball gespielt hatte und danach mit dem Rad durch den in der Abenddämmerung betäubenden Jasminduft gefahren war.

Dov wartete in einem alten VW-Bus, der schräg gegenüber von Peretz' Haus parkte.

»Ihm gehört die Dachterrassenwohnung. Uri kann die Terrasse von der anderen Seite aus einsehen. Peretz lehnt oft am Geländer, um die Aussicht zu genießen. Die Wohnung muß eine schöne Stange Geld gekostet haben.«

David wußte, daß Peretz Geld hatte. Micha Benyamani und Moshe Liederman hatten umfangreiche Ermittlungen angestellt. Peretz hatte eine in den USA lebende reiche Tante beerbt. Er hatte diese Erbschaft etwa zu dem Zeitpunkt angetreten, als er aus der Armee ausgeschieden war, und schien sich seither nicht um einen Job bemüht zu haben.

Das Funkgerät knackte. »Die Lichter gehen aus«, meldete Uri. David sah zu Peretz' Wohnung hinauf und beobachtete, wie es hinter den Fenstern dunkel wurde.

»Er macht die Lichter aus«, erläuterte Dov, »bevor er zu seinem Abendspaziergang aufbricht.«

David konzentrierte sich auf den Eingang des Apartmentgebäudes. Bei dieser Gelegenheit würde er Peretz erstmals leibhaftig zu sehen bekommen. Obwohl er sein Dossier gelesen hatte und die Videoaufnahmen kannte, hatte er keine klare Vorstellung von dem Mann.

»Okay, sieh dir jetzt an, wie er in die Luft schnüffelt!«

Tatsächlich blieb Peretz vor dem Eingang stehen, blickte nach links und rechts die Straße entlang und schien die Luft zu prüfen, bevor er sich in Richtung Wingate Square in Bewegung setzte.

»Er scheint die besseren Viertel zu bevorzugen.« Dov ließ den Motor an. »Vor allem den Theaterbezirk und die nähere

Umgebung. Meistens ist er dorthin unterwegs. Trotzdem sieht er unweigerlich nach links und rechts, bevor er aufbricht.«

Dov wendete, fuhr auf einer Zickzackroute durch mehrere Straßen und hielt am Mayer-Institut für Islamische Kunst. »Okay, hier müßte er gleich vorbeikommen. Er ist gar nicht langsam, wenn er erst mal in Gang gekommen ist.«

»Er ist in der Chopin Street«, meldete Uri über Funk.

»Da!« sagte Dov eine halbe Minute später. »Siehst du ihn? Das ist er!«

David rutschte auf seinem Sitz nach unten, während er Peretz an ihnen vorbeigehen sah. Der Major marschierte mit auf dem Rücken verschränkten Armen und gesenktem Kopf weiter.

»Von hier aus ist er meistens in Richtung Zarefat unterwegs. An den beiden ersten Abenden haben wir verdammt viel Mühe mit ihm gehabt, aber seitdem wir ihn kennen, ist die Überwachung einfacher. Wir setzen jeweils zwei Männer zu Fuß auf ihn an und lassen sie alle paar Minuten wechseln.« Dov ließ den Motor erneut an. »Ich fahre jetzt an ihm vorbei.«

David rutschte wieder tiefer, ohne jedoch den Außenspiegel aus den Augen zu lassen. »Jetzt!« Er sah Peretz' Gesicht sekundenlang im Spiegel und war überrascht, weil es einen sorgenvollen, grimmigen Ausdruck trug. Auf den Videobändern hatte dieser Mann so gelassen und selbstsicher gewirkt. *Major Peretz trägt also eine Maske.*

Während sie Peretz' Spaziergang von weiteren Beobachtungspunkten aus verfolgten, fragte David sich, wieviel er eigentlich über diesen Mann wußte. Der einzige Sohn säkularer Einwanderer aus Südafrika. Ein Einzelgänger ohne wirkliche Freunde. Ein Junggeselle, in dessen Leben es keine Frauen gegeben zu haben schien – was mit der Tatsache zusammengepaßt hätte, daß die Opfer nicht sexuell mißbraucht worden waren. Trotzdem waren das nur dürftige Erkenntnisse. Weder Ali Saad noch die beiden Kolleginnen Ora Goshens hatten ihn identifizieren können. Aber sein Erscheinen bei dem Forum und die Tatsache, daß Peretz früher eine Einheit kommandiert hatte, deren Signatur doppelte Schnitte gewesen waren, machten ihn zu einem plausiblen Verdächtigen – noch dazu zu dem einzigen, den sie hatten.

»He, er biegt in den Park ab!« Dov griff nach dem Mikrofon. »Vorsichtig, Uri, sonst hängt er euch ab.«

Sie standen gegenüber dem Supersol, in dem Anna meistens einkaufte. Peretz war eben an ihnen vorbeimarschiert und auf Höhe des amerikanischen Konsulats plötzlich ins Labyrinth des unteren Teils des Unabhängigkeitsparks abgebogen.

»Um diese Zeit sind dort lauter Schwule unterwegs.«

Dov hatte recht: Der Unabhängigkeitspark war abends ein beliebter Schwulentreff. Auch in der Altstadt und in Ostjerusalem gab es ähnliche Treffs, aber der Südteil dieses Parks war am beliebtesten. In den Sommermonaten gab es dort fast täglich Zwischenfälle, wenn schwule Anhänger von Drogensüchtigen überfallen und beraubt wurden oder Kontakte herzustellen versuchten, die mit Schlägereien endeten.

»Drei Männer sind zu wenig«, entschied David.

»Ja, ich weiß.« Dov schickte zwei weitere hinterher, bevor er selbst ausstieg.

»Ich komme mit.«

»Er kennt dich aber!«

»Das ist jetzt unwichtig.« Sie trabten nebeneinander die Straße entlang, während Dov versuchte, sein Handfunkgerät an seinem Gürtel zu befestigen. »Wir teilen uns auf und versuchen, ihn flankierend zu begleiten. Das müßte möglich sein, wenn er den Park nur durchqueren will. Aber wenn er auf der Jagd ist...« Sie bogen auf einen Fußweg ab, der unter Bäumen verschwand, und trennten sich.

David hielt sich an der ersten Gabelung rechts und folgte dem Mamillah Pool, an dem ein Dutzend junger Männer in hautengen Jeans an mächtigen Eukalyptusbäumen lehnten.

Peretz war nirgends zu sehen. David wollte sich eben nach links wenden, als ihm einfiel, daß der Renault, in den Ora Goshen in jener Schicksalsnacht am Damaskustor gestiegen war, keine 150 Meter von hier entfernt gestohlen worden war. *Was ist, wenn er hier kein Opfer, sondern ein anderes Fahrzeug sucht?* Er begann auf den Parkplatz zuzulaufen. Als er um eine Buschgruppe bog, wäre er beinahe über zwei Männer gestolpert, die engumschlungen im Gras lagen.

»David!« Dov winkte ihn über den Parkplatz zu sich heran. »Er ist oben bei der Arp-Statue in der King George Street. Shoshana kommt sofort vorbei und holt uns ab.« Er schob die Antenne seines Handfunkgeräts hinein und grinste. »Die Sache mit dem Wagen hätte ich beinahe vergessen.«

»Sein Hausmüll.« Shoshana legte den Plastikbeutel auf einen Schreibtisch. »Beziehungsweise der brauchbare Teil davon, weil ich Teebeutel und Joghurtbecher aussortiert habe.«

Um 11 Uhr war der Bereitschaftsraum fast leer. Micha telefonierte, während Rebecca Marcus Überwachungsberichte tippte. Liederman war mit einem Ermittlungsauftrag Michas unterwegs, und die restlichen Mitglieder des verstärkten Teams schliefen sich zu Hause aus oder beobachteten Peretz, der nach Dovs Aussage zunehmend nervös wirkte und vielleicht bald wieder zuschlagen würde.

David sortierte die Fundstücke. Shoshanas Anlieferung des wesentlichen Inhalts von Peretz' Müllbeuteln war zu einem vormittäglichen Ritual geworden. Micha kam ebenfalls herüber. Sie stöberten gemeinsam in dem Plastikbeutel, zogen Papiere heraus, strichen sie glatt und diskutierten darüber, während Shoshana mit in die Hüften gestemmten Armen zusah – »um sich fortzubilden«, wie sie es ausdrückte.

»Er schneidet noch immer Artikel aus«, stellte Micha fest, als sie mehrere Zeitungen fanden, in denen die Artikel über die Mordserie fehlten. David machte ein finsteres Gesicht. In einem amerikanischen Handbuch für Kriminalisten hatte er einmal gelesen, daß viele psychotische Mörder Zeitungsausschnitte über ihre Verbrechen sammelten. Das war ihm damals plausibel erschienen – aber nicht in diesem Fall: Daß Peretz Zeitungsartikel ausschnitt, paßte zu seiner Anwesenheit während des Forums und bewies lediglich, daß er sich für die Mordserie interessierte.

»Sieh dir bloß an, wie er diesen Bettelbrief zerfetzt hat!« Micha hielt David ein Schreiben der Siedlerpartei Gush Emunim hin.

»Politisch steht er diesen Leuten nahe. ›Größere Sicherheit durch ein größeres Israel.‹ Aber wir wissen, daß er den religiösen Klimbim nicht ausstehen kann. Die Prophetengräber lassen ihn völlig kalt.«

»Ob er daran denkt, in die Politik zu gehen? Seine Post sieht fast danach aus. Er muß auf allen Interessenten-Listen rechtsgerichteter Parteien stehen.«

»Na ja, als ehemaliger Offizier...«

»Das hier ist interessant, David!«

Micha betrachtete ein Blatt, das offenbar aus einem Notizbuch herausgerissen worden war. Er hielt es David hin. Oben war der Name Bar-Lev hingekritzelt.

»Du oder dein Vater?«

»Falls er der gesuchte Mörder ist, hätte er Grund, uns beide zu hassen.«

Micha kratzte sich hinter dem Ohr. »Merkwürdig, daß er diesen Zettel in den Müll wirft. Ob er vielleicht weiß...«

»Was?«

»Nein, das ist ausgeschlossen.« Micha schüttelte den Kopf. »Das kann er nicht wissen!«

In diesem Augenblick wandte Rebecca sich an David. »Unten ist ein gewisser Raskov, der dich sprechen möchte. Irgendein Bauunternehmer aus Haifa.«

Raskov! Scheiße! »Find heraus, was er will.«

Rebecca gab die Frage weiter und hielt dann die Sprechmuschel ihres Hörers zu. »Er möchte dich privat sprechen, David. Es dauert nicht lange, sagt er.«

Im allgemeinen empfing David im Dienst keine Privatbesucher, weil das schwarze Brett seiner Abteilung Informationen enthielt, die nicht für Außenstehende bestimmt waren. Raskov war jedoch ein Sonderfall: Er gehörte schlimmerweise »praktisch zur Familie«, und David war ausgesprochen neugierig auf ihn. Er hatte Judiths neuen Ehemann, der jetzt Hagiths Stiefvater war, noch nie gesehen.

Als Rebecca ihn hereinführte, war Davids erster Gedanke: Er sieht genau so aus, wie ich ihn mir vorgestellt habe. Schon nach einer Minute in seiner Gesellschaft kam David jedoch zu dem Schluß, daß der in seiner Phantasie existierende Raskov viel besser als der echte gewesen sei.

»Hallo. Nennen Sie mich einfach Joe. Entschuldigen Sie, daß ich Englisch spreche, aber mein Hebräisch ist ziemlich mies.«

Raskov, ein stämmiger, untersetzter Mittvierziger mit leicht gewelltem graumelierten Haar, trug die alte Zionistenuniform der fünfziger Jahre: offenes Hemd, graue Brustbehaarung im dreieckigen Ausschnitt sichtbar, Hemdkragen über den Jackenkragen geschlagen. Ja, die alte Arbeiterparteiaufmachung bis hin zu den Haarbüscheln, die David aus Raskovs Nase und Ohren sprießen zu sehen glaubte. Vielleicht bildete er sich diese Haarbüschel ein. Vielleicht wollte er sie nur abstoßend finden. Etwas anderes, das überhaupt nicht zu Raskovs zionistischer Aufmachung paßte, bildete er sich allerdings bestimmt nicht ein: das blau-weiße, gehäkelte Schädelkäppchen, das Raskovs Scheitel bedeckte.

»Englisch ist in Ordnung.«

»Ja, Judy hat mir erzählt, daß Sie's ziemlich gut sprechen. Tut mir leid, daß ich Sie einfach so überfallen habe, aber ich bin nur einen Tag in der Stadt. Muß einen Haufen gottverdammter Genehmigungen einholen. Und bei dieser Gelegenheit wollte ich einfach mal bei Ihnen vorbeischauen.« Raskov sah sich in Davids Büro um, das ihm offenbar nicht sonderlich imponierte. Dann fiel sein Blick auf das Foto von Hagith. Er deutete darauf. »Vor allem ihretwegen.«

David haßte ihn bereits; er konnte kaum glauben, daß Judith, seine schlanke und elegante Exfrau, die Mathematik studiert hatte, tatsächlich diesen Tölpel geheiratet hatte. Aber Raskov war reich, er war einer der größten Bauunternehmer Israels, und David interessierte eigentlich nur, wie das Zusammenleben mit diesem Kretin sich auf seine Tochter auswirken würde.

»Ich erwarte nicht, daß Sie mir vor Begeisterung um den Hals fallen, Dave. Aber wir sind beide erwachsene Männer, und ich finde, wir sollten miteinander reden. Sie wissen ja wahrscheinlich, wie alles gekommen ist. Judy hat in meiner Firma als Buchhalterin gearbeitet; sie hatte ihre Tochter zu versorgen und hat nicht allzuviel vom Leben gehabt. Okay, Sie und Judy haben sich scheiden lassen. Ich bin selbst geschieden. Deshalb bin ich damals rübergekommen. Ein Neuanfang, ein neues Leben aufbauen – und beim Aufbau eines neuen Landes helfen.«

Ja, ich kenne deine schäbigen Wohnblocks! Weiter, Raskov, komm endlich zur Sache!

»... verliebt. Und Haggi auch.« *Haggi!* »Sie und ich haben uns auf Anhieb gut verstanden. Natürlich ist's nicht einfach, wenn man zehn, elf Jahre alt ist und einen Daddy in Jerusalem hat – und dann kommt ein neuer Kerl und heiratet deine Mutter. Okay, wir müssen uns eben alle anpassen. Zu Hause in den Staaten hab' ich einen fünfundzwanzigjährigen Sohn.

Der Junge ist in Ordnung, aber er hat sich hier nicht eingewöhnen können. Okay, wir passen uns also ein bißchen an...«

Judy, Haggi, Dave – diese auf amerikanische Art gebildeten verkürzten Namen taten David in den Ohren weh. Trotzdem schwieg er weiter, starrte Raskov durchdringend an und wartete darauf, daß der andere endlich auf den Grund seines Besuchs zu sprechen kam.

»Studium – kein Problem. Ich kann ihr die beste Ausbildung ermöglichen. Bryn Mawr, Vassar oder Brandeis, wenn sie will. Und ich schätze, daß es ihrem Englisch auch nicht schaden wird, wenn sie in den nächsten Jahren mit mir zusammen ist.«

»Was ist gegen die Hebräische Universität einzuwenden?«

»Natürlich nichts. Eine verdammt gute Hochschule. Aber die amerikanische Ausbildung ist eben doch unschlagbar. Hören Sie, Dave, niemand versucht, Sie zu verdrängen. Aber wenn Sie ganz ehrlich sind, müssen Sie zugeben, daß ich ihr mehr bieten kann. Deshalb bin ich hier. Sie sollten sehen, daß ich gar kein so übler Kerl bin. Deshalb bitte ich Sie, zum Wohle Ihrer Tochter...«

»*Worum* bitten Sie mich?«

Raskov machte eine Pause. Er schien im Augenblick sprachlos zu sein. »Ich dachte, Judy hätte mit Ihnen darüber gesprochen.«

»Worüber?«

»Adoption.«

»Sie wollen Hagith adoptieren?«

»Ja. Hören Sie, Judy hat gesagt...«

»Was hat sie gesagt?«

»Daß sie mit Ihnen gesprochen hat und Sie sich geweigert haben, einer Adoption zuzustimmen.«

»Danach hat sie nicht erst fragen müssen. Sie hat gewußt, daß ich das sagen würde.«

»Okay, ich verstehe. Aber denken Sie noch mal darüber nach, ja? Schließen Sie diese Möglichkeit nicht einfach aus.«

David stand auf. »Gut, ich denke darüber nach, Joe. Aber im Augenblick bin ich damit ausgelastet, nach einem Mörder zu fahnden.«

Nachdem Raskov gegangen war, hockte David allein in seinem Dienstzimmer und war deprimiert, weil er nicht auch reich und mächtig war. Zehn Minuten später hatte er jedoch genug davon. Okay, dachte er, warum soll ich mich schlecht fühlen, nur weil Judith ein Arschloch geheiratet hat? Daraufhin teilte er Rebecca mit, er müsse kurz weg, und schlenderte zu einem kleinen Restaurant in der King George Street, wo er zwei Falafels hintereinander verschlang.

Micha und Liederman telefonierten, um die Halter dunkel lackierter Kleinbusse zu ermitteln. David half ihnen eine Zeitlang und sprach dann über Funk mit Uri, der ihm meldete, Peretz sei zu Hause und mache keine Anstalten, seine Dachterrassenwohnung zu verlassen. Am Spätnachmittag setzte er sich in seinem Dienstzimmer an den Schreibtisch, wählte die Nummer der Raskov Construction Company in Haifa und ließ sich mit der Chefbuchhalterin Judith Weitz verbinden.

»Ich bin's.«

»Wer?« Sie wirkte sehr beschäftigt. Im Hintergrund war das Arbeitsgeräusch eines Druckers zu hören, der vermutlich Raskovs Millionengewinne ausdruckte.

»David.«

»Oh, *du*.« Ihre Stimme klang ausdruckslos. »Ich hab' dich im Fernsehen gesehen.«

»Kommt mein Anruf ungelegen?«

»Nein, Joe ist nicht da. Bei uns geht's ruhiger zu, wenn er nicht da ist.«

»Er ist heute morgen bei mir gewesen.«

»Tatsächlich?« Sie wirkte amüsiert.

»Weißt du, was er gewollt hat?«

»Ich kann's mir denken.«

»Na ja, er...«

»Das ist nicht meine Idee gewesen. Wenn Joe sich etwas in den Kopf setzt, kann kein Mensch ihn mehr davon abbringen. Er läßt nicht locker, bis er seinen Willen durchgesetzt hat.«

»Das ist das Geheimnis seines unternehmerischen Erfolges, schätze ich.«

»Weshalb bist du so sauer?«

»Bin ich das?«

»Allerdings!«

»Der Kerl hat Dreck unter den Fingernägeln, Judith. Er nennt meine Tochter ›Haggi‹. Er sagt ›Dave‹ zu mir.«

»Findest du das nicht nett?«

»Ich find's unmöglich!«

»Was du denkst, ist mir ziemlich egal. Es ist mir völlig egal, wenn ich ganz ehrlich bin, David.«

»Was ist er überhaupt? Eine Art Clown?«

»Was?«

»Wie er sich anzieht. Halb Ben Gurion – und als krönender Abschluß ein Schädelkäppchen, wie's die Siedler tragen.«

»Er hat ein Recht auf seine politischen Überzeugungen. Und wenn in territorialen Fragen alle so nachgiebig wie du wären, gäbe es unseren Staat vielleicht längst nicht mehr.«

Wo ist Joe Raskov gewesen, als ich auf der Sinaihalbinsel gekämpft habe? »Du scheinst deine Ansichten in einigen Punkten geändert zu haben.«

»Darauf kannst du dich verlassen! Ich lebe jetzt koscher.«

»Ein herrlicher Luxus. Mit arabischen Dienstboten, die dir zur Hand gehen?«

»Hör zu, wenn du anrufst, um mir die Ohren vollzujammern, weil du...«

»Ich rufe wegen meiner Tochter an! Eine Adoption kommt nicht in Frage. Daß er überhaupt auf diese Idee gekommen ist! Okay, er ist also ein Arsch. Aber ich denke nicht daran, untätig zuzusehen, wie er versucht, aus ihr eine intolerante, engstirnige, selbstgefällige, rechtsorientierte, araberfeindliche, verzogene kleine Gans zu machen, die...«

»Wann hast du sie zuletzt gesehen?« unterbrach Judith ihn. Ihre Stimme klang härter, unnachgiebiger.

»Ich hab' sie letzte Woche angerufen.«

»Glaubst du, daß Anrufe genügen?«

»Wir arbeiten in Zwölfstunden-Schichten. Du weißt, daß wir wegen einer Mordserie ermitteln.«

»Dieser verdammte Polizeijargon! Ich hab' gehofft, ihn nie mehr hören zu müssen. Ich will dir mal was sagen, David. Ich habe nie davon gesprochen, aber da du's für richtig zu halten scheinst, mich anzurufen und mit mir über die Fingernägel meines Ehemanns zu sprechen, nehme ich an, daß die alten sozialen Tabus hinfällig sind, so daß ich sagen kann, was ich wirklich empfinde.«

»Bitte sehr!« Sie schien sehr wütend zu sein. Er konnte sich vorstellen, wie sie die Lippen zusammenkniff, so daß ihr Mund zu einer schmalen Linie wurde.

»Aus meiner Sicht ist Joe Raskov der beste Stiefvater, den Hagith sich wünschen könnte. Möchtest du wissen, warum? Weil du, David Bar-Lev, der schlimmste, der allerschlechteste Vater in ganz Israel bist. *Der miserabelste*!« Sie knallte den Hörer auf die Gabel.

Zwei Abende später transportierte David Anna, ihren Begleiter Yosef Barak und ihr Cello durch die Hügel zum Flughafen Ben Gurion auf der Ebene hinab. David hatte eine Schwäche für Yosef, einen großen, ernsten Mittvierziger mit beginnender Glatze, der ein hochbegabter Musiker ohne Solistenehrgeiz war. Statt dessen wollte er sich in den Dienst eines Stars stellen und hatte diese Rolle bei Anna bereitwillig übernommen. Sie hielt ihn ihrerseits für einen freundlichen, um sie bemühten älteren Bruder, dessen präzises Musizieren und makellose Anschlagtechnik ihr Temperament ideal ergänzten.

David wartete mit ihnen in der Abflughalle, bis ihr Flug aufgerufen wurde, hörte sie nervös und aufgeregt miteinander reden, beneidete sie um ihr Abenteuer und wünschte sich, er könnte sie nach Europa begleiten und seine unaufgeklärten Morde vergessen. In den nächsten dreißig Tagen würden sie in fünfzehn Städten in der Schweiz, in Österreich, Deutschland, Belgien und Frankreich auftreten. Danach würden sie nach Jerusalem zurückkehren, um sich auf den europäischen Festspielsommer vorzubereiten, bevor sie daran gingen, das Programm für eine im Winter geplante Tournee durch die Vereinigten Staaten zu erarbeiten.

Der Flug war aufgerufen worden, und die Passagiere sollten an Bord gehen, als »Mr. Bar-Lev« über Lautsprecher gebeten wurde, zum Informationsschalter zu kommen. Eine letzte Umarmung für Anna, ein abschließender Händedruck für Yosef, ein letztes »Gute Reise! Viel Erfolg!« Dann hastete er zum Informationsschalter. Dov war am Telefon.

»Peretz ist unterwegs. Er ist eben in ein Sammeltaxi nach Tel Aviv gestiegen. Es ist fast voll und müßte gleich abfahren. Wir beschatten ihn mit fünf Fahrzeugen. Da du ohnehin dort bist, können wir dich abholen. Am besten parkst du kurz vor der Abzweigung zum Flughafen am Straßenrand. Micha übernimmt deinen Wagen, und du kannst bei mir mitfahren.«

»Jetzt ist's soweit! Das weiß ich. Das *spüre* ich. Ich hab' gewußt, daß er früher oder später etwas unternehmen würde – und jetzt haben wir ihn!«

Dov war sichtlich aufgeregt. Sein Mickymaus-T-Shirt (für

David ein untrügliches Anzeichen dafür, daß er sich auf dem Kriegspfad befand) war unter den Armen feucht. Er ließ das lange braune Mercedes-Taxis vor ihnen keine Sekunde lang aus den Augen.

»Wenn man einen Kerl acht Abende lang beobachtet, wird man allmählich sensibel. Man spürt, daß seine verrückten langen Spaziergänge einen bestimmten Zweck haben, daß seine innere Spannung wächst. In den letzten Tagen hat er sich ganz anders bewegt, hat größere Schritte gemacht und sich weniger oft umgesehen. Und heute abend ist er am Jaffator plötzlich in den Bus Nummer dreizehn eingestiegen. Als ich dann gesehen habe, daß er am Busbahnhof zu den Sammeltaxis gegangen ist, habe ich dich sofort angerufen, weil mir klar war, daß heute etwas passieren würde.«

»Wie beschatten wir ihn?«

»Am anderen Ende stehen zwei Fahrzeuge mit sechs Mann bereit. Wir beide plus drei weitere Wagen, in denen Micha und Shoshana mitfahren, macht fünfzehn. Er kann tun, was er will – zu Fuß gehen, einen Bus nehmen oder sich ein Taxi schnappen –, wir bleiben ihm auf den Fersen. Ich schätze, daß er als erstes versuchen wird, ein Auto zu klauen.«

»Falls er das tut, hindern wir ihn nicht daran«, entschied David. »Sollte er sich danach auf die Suche nach einem Opfer machen, folgen wir ihm so lange wie möglich. Meine Anweisung an alle lautet: Erst zugreifen, wenn ich den Befehl dazu erteile. Eine Ausnahme gibt's nur, wenn feststeht, daß ein Menschenleben gefährdet ist. Aber wenn wir ihn uns schnappen, will ich Action sehen, Dov! Dann muß alles blitzschnell gehen!«

Während Dov seine Anweisungen weitergab und sich den Empfang von den einzelnen Teams bestätigen ließ, lockerte David seinen Hemdkragen und fragte sich, ob er wirklich kurz vor dem Abschluß dieser gräßlichen Serie stand. Als sie dann die Außenbezirke von Tel Aviv erreichten, setzte ihm die bedrückende Hitze immer mehr zu.

»Okay, das Taxi hält jetzt.« Dov fuhr durch eine zum Busbahnhof führende Straße mit Discount-Schuhgeschäften, auf der um diese Tageszeit noch lebhafter Betrieb herrschte. »Er ist eben ausgestiegen. Uri ist dicht hinter ihm. Siehst du ihn? Dort vorn!«

David erhaschte einen Blick auf Peretz, der sich mit einer El-Al-Tasche über der Schulter durch die Menge drängte. Uri und zwei weitere Kriminalbeamte beschatteten ihn.

Peretz blieb unmittelbar vor dem Busbahnhof stehen, schien prüfend die Luft einzusaugen, als wittere er etwas, und drehte den Kopf hierhin und dorthin. »Jetzt geht's wieder los«, murmelte Dov, und David spürte größere Energie als zuvor. Als Peretz sich endlich in Bewegung setzte, folgten sie ihm durch ein Labyrinth aus engen Straßen und Gassen: zehn von ihnen zu Fuß, die restlichen fünf mit den Wagen. Er führte sie rasch zum Zion, einem billigen kleinen Hotel in der Allenby Road.

»Kommt euch das nicht *verrückt* vor?« fragte Dov. Ihr Wagen parkte auf der gegenüberliegenden Straßenseite. Micha, der die Empfangshalle besser überblicken konnte, meldete, daß Peretz sich offenbar ein Zimmer nehme. »Ein Kerl mit einer tollen Wohnung in Jerusalem steigt in einem Flohhotel dieser Art ab. Als ob er Drogen kaufen oder sich 'ne Nutte nehmen wollte.«

»Sobald er nach oben gegangen ist, soll Micha zum Portier gehen. Er soll fragen, ob Peretz unter seinem wahren Namen auftritt und ob er dort bekannt ist.«

Micha berichtete, Peretz habe sich als Meir Shikun ausgegeben, sei schon mehrmals im Zion gewesen und besitze nicht nur einen Personalausweis auf den Namen Shikun, sondern habe auch Geschäftskarten, mit denen er sich als Vertreter einer Kunststoffgießerei in Petah Tikva vorstelle.

»Okay«, sagte David, »wir müssen versuchen, die benachbarten Zimmer zu bekommen. Drei Leute für die Zimmer nebenan und gegenüber – und einen für die Telefonzentrale, falls er zu telefonieren versucht.«

Noch während diese Anweisungen ausgeführt wurden, erschien Peretz jedoch ohne seine Reisetasche auf der Straße und entfernte sich zu Fuß.

»Laß mich sein Zimmer durchsuchen«, verlangte Dov. »Ich will wissen, was er in seiner Reisetasche hat.«

»Dazu haben wir kein Recht. Er hat noch nichts getan.«

»Laß mich wenigstens ein Mikrofon anbringen!«

»Kommt nicht in Frage, Dov. Damit könnten wir alles verderben.«

Sie folgten Peretz zu einer Bushaltestelle an der Allenby Road, wo er einen Bus zum Dizengoff Square bestieg. Shoshana und Uri fuhren im Bus mit; die anderen folgten mit dem Wagen. Peretz stieg am Dizengoff Square aus, wartete geduldig, bis die Fußgängerampel an der nächsten Kreuzung Grün zeigte, und bog dann plötzlich auf die Arlosoroff Street ab.

»Scheiße!« sagte Dov. »Er will zum Strand!«

Damit meinte er den berühmten Tel Aviver Badestrand, an dem Halil Ghemaiem von seinem Mörder angesprochen worden war. Dieser lange, breite Sandstrand, an dem sich tagsüber harmlose Badegäste, Touristen und Mütter mit Kindern drängten, war nachts ein schmuddeliger Fleischmarkt. Nutten und Strichjungen bevölkerten ihn, und die hiesige Polizei war außerstande, sie von dort zu vertreiben. Gelegentliche Razzien blieben praktisch erfolglos, denn sobald die Uniformierten abzogen, beherrschte die Prostitution wieder das Feld.

Hier auf dem Sand bewegten sich schemenhafte Gestalten im schwachen Widerschein der Großstadtlichter: dunkelgraue Silhouetten vor dem gelblich gefärbten Nachthimmel. Fast ein Tanzritual, dachte David, während er die Bewegungen der Akteure beobachtete. Gestalten näherten sich einander, führten halblaute Verhandlungen, sprachen über die geforderten Dienste und feilschten um den geforderten Lohn. Wurden sie sich nicht einig, gingen sie wieder auseinander; klappte es, verließen sie gemeinsam den Strand.

David kam sich hilflos vor. Peretz suchte dort draußen ein neues Opfer – und er konnte nur dastehen und zusehen.

Dov kehrte dem Strand den Rücken zu, damit sein Funkgerät nicht gesehen oder gehört wurde. »Kontakt«, flüsterte er. »Hundertfünfzig Meter südlich von hier. Diesig. Schwer zu erkennen. Shoshana glaubt, daß es ein Junge ist. Okay – Uri sagt, daß die beiden jetzt in Richtung Straße gehen. Sie scheinen zum Taxistrand am Sheraton unterwegs zu sein.«

Sie nickten sich zu und rannten zu ihrem Wagen.

Das Taxi war leicht zu verfolgen: Es fuhr durch fast leere Straßen geradewegs zum Hotel Zion. Der Junge stieg zuerst aus und wartete, bis Peretz gezahlt hatte. David hatte Zeit, ihn sich genau anzusehen. Ein schlanker, gutaussehender junger Araber, der ein weißes Tennishemd, knappsitzende Jeans und abgetretene Tennisschuhe trug.

»Meir Shikun scheint eine Vorliebe für Knaben zu haben.« Dov kam eben von der Rezeption in ihr Zimmer neben Peretz' Hotelzimmer zurück. Micha stand und hielt ein Ohr gegen die Wand gepreßt. David lag erschöpft auf dem Bett.

»Wie oft ist er schon hier gewesen?«

»Vier- bis fünfmal. Der Portier hat nicht reden wollen, aber als Uri ihm erklärt hat, daß es sich um einen Mordfall handelt, hat er ausgepackt. Peretz verhält sich anscheinend immer ähnlich: Er nimmt ein Zimmer, geht aus und kommt ziemlich spät mit einem ›Freund‹ zurück.«

David wandte sich an Micha. »Hörst du noch was?«

Micha schüttelte den Kopf. »Sie haben geredet und gelacht, aber jetzt ist nichts mehr zu hören.«

»Was hältst du davon?« fragte David Dov.

»Was hast du vor? Sollen wir warten, bis er den Jungen umgebracht hat?«

David setzte sich auf. »Okay, wir brechen drüben ein.«

Dov und Micha nickten zufrieden. Die drei traten auf den Korridor hinaus, wo Uri und Shoshana warteten. Dov hielt den rechten Daumen hoch. Alle grinsten zufrieden.

Uri baute sich vor Peretz' Tür auf, schlich übertrieben behutsam einige Schritte weit zurück, holte tief Luft und konzentrierte sich wie ein Mann, der eine schwere Last stemmen will. Dann rannte er los und warf sich mit seinem ganzen Körpergewicht gegen die Tür.

Das Schloß gab sofort nach, die Tür sprang auf, und die fünf Kriminalbeamten stürmten ins Zimmer. Peretz und der Junge lagen nackt in enger Umarmung auf dem Bett. Die Szene erstarrte sekundenlang zur Bewegungslosigkeit, während die Kriminalbeamten das Liebespaar angafften, das ihre Blicke ebenso verblüfft erwiderte. Dann geriet der Junge in Panik. Er stieß einen entsetzten Schrei aus, sprang auf, stürmte zur Tür und verusuchte, zwischen Dov und Shoshana hindurchzuschlüpfen. Aber Uri bekam ihn rechtzeitig zu fassen, umklammerte ihn von hinten, hob ihn hoch und ließ ihn dann hifllos zappeln. Peretz reagierte unerwartet: Er spreizte seine behaarten Beine und reckte ihnen sein Geschlecht entgegen.

»Na, ihr Müllkutscher – wer von euch will mir einen blasen?«

»Blas dir doch selbst einen, perverses Schwein!« Shoshana spuckte vor ihm aus.

Um halb acht Uhr waren sie wieder in Jerusalem in einem kleinen fensterlosen, schalldichten Vernehmungsraum im Keller des Russenkomplexes. An der Decke brannte eine durch ein Drahtgitter geschützte Hundertwattbirne. Die Einrichtung bestand aus einem kleinen Holztisch, auf dessen abgewetzter Platte ein Mikrofon stand, und zwei unbequemen Holzstühlen. Ein schmaler Sehschlitz mit Panzerglas gab Rafi und dem Mann mit der Videokamera, die nebenan im Beobachtungsraum saßen, den Blick in den Vernehmungsraum frei. Muffiger Kellergeruch vermengte sich mit dem Gestank menschlichen Schweißes.

»Erzählen Sie mir davon«, verlangte David.

»Die ›Erzähl-deine-Story‹-Methode? Seien Sie kein Arschloch, Bar-Lev. Ich hab' früher oft genug Leute vernommen.«

»Warum sind Sie zu dem Forum gekommen?«

»He! Ist das 'ne Falle gewesen?« Peretz salutierte spöttisch mit zwei Fingern.

»Warum sind Sie hingegangen?«

»Aus Faszination.«

»Was hat Sie daran fasziniert?«

»Die Markierungen.«

»Weshalb?«

»Das habe ich bereits gesagt.«

»Sie haben behauptet, Sie hätten gehört, sie seien den früher von Ihnen hinterlassenen Markierungen ähnlich gewesen. Woher wollen Sie das gehört haben?«

»Einfach irgendwo. Solche Dinge lassen sich nicht geheimhalten – nicht hierzulande. Bullen reden mit anderen Bullen darüber. Gerichtsmediziner erzählen es ihren Frauen. Junge Ärzte assistieren bei Autopsien. So dauert's nicht lange, bis alle davon wissen.«

»Wer hat's Ihnen erzählt?«

»Ein alter Kamerad aus der Armee, und das ist alles, was ich dazu sage. Ich verpfeife keinen, der mir geholfen hat.«

»In welcher Beziehung soll er Ihnen geholfen haben?«

»Er hat zu den wenigen gehört, die sich nicht gegen mich gestellt haben, als es damals brenzlig wurde. Er hat gewußt, welche Markierungen unsere Einheit angebracht hat, und erfahren, wie diese Leichen gekennzeichnet wurden. Deshalb hat er mich angerufen, um mich zu informieren. Diese Sache hat mich verdammt geärgert, kann ich Ihnen sagen. Irgend jemand hat meine Unterschrift gefälscht – und ich wollte rauskriegen, wer dieses Schwein war.«

Meine Unterschrift gefälscht: In dieser Beziehung schien Peretz nicht ganz zurechnungsfähig zu sein. Als ob die fünf Morde ein Fälschungsdelikt seien; als ob es hier lediglich um »Fälschungen« ging.

»Wie viele Nächte haben Sie mich beobachtet?« Peretz' lauernder Blick wirkte verschlagen.

»Ich stelle hier die Fragen.«

»Aber nicht die richtigen! Acht Nächte. Die Überwachung hat am zweiten Passah-Abend begonnen. Sie ist von etwa einem Dutzend Männern durchgeführt worden – tagsüber unter Befehl des bärenstarken Teutonen, der meine Zimmertür aufgebrochen hat, und nachts unter dem des Lockenkopfs mit den komischen T-Shirt. Habe ich recht?«

David drehte sich nach dem Sehschlitz um, weil er feststellen wollte, wie Rafi darauf reagierte. Ihre großangelegte Überwachungsaktion war eine Farce gewesen. Peretz mußte sie sofort entdeckt haben.

»Lassen Sie sich deswegen keine grauen Haare wachsen, Bar-Lev. In mir haben Sie wahrscheinlich den besten Aufklärer Israels vor sich. Ich habe die Ranger-Ausbildung mit der besten jemals vergebenen Gesamtnote abgeschlossen. Ihre Leute sind gut, aber ich bin der Beste. Ich spiele gern Verfolgungsjagd in der Stadt. Ich hätte noch wochenlang mit Ihren Leuten spielen können. Das hat mir gefallen. Ganz und gar nicht gefallen hat mir dagegen die Tatsache, daß Sie mir zugetraut haben, ohne vernünftigen Grund zu töten!«

Wieder dieser selbstgefällige Zorn in Verbindung mit Arroganz und Verachtung. Ein wirklich unerträglicher Mann, dachte David, *der* Kommandeur für Vergeltungsschläge.

»... deshalb habe ich sie an der Nase herumgeführt, bin immer erst abends ausgegangen und habe versucht, sie abzuschütteln. Ich habe Ihnen sogar eine kleine Mitteilung im Hausmüll zukommen lassen. Haben Sie sie gekriegt?« Peretz lachte. »Ja, Sie scheinen sie gekriegt zu haben. Okay, das war nur ein Scherz. Nichts persönliches, Bar-Lev.« Er lehnte sich zurück und balancierte seinen Stuhl auf zwei Beinen. »Ich wäre zwischendurch verdammt gerne in den Park gegangen und hätte mir einen hübschen Jungen nach Hause geholt. Ich bin einmal dort gewesen, aber Ihre Leute haben mich von allen Seiten belauert. Dabei ist mir klar geworden, daß meine Strategie vielleicht falsch war.«

»Welche Strategie?«

Peretz beugte sich wieder nach vorn. »Die Methode, die ich mir ausgedacht hatte, um den Verdacht gegen mich zu widerlegen. Ich wollte es Ihren Leuten leicht machen, mich zu beschatten, weil ich damit gerechnet habe, daß dieses Schwein früher oder später den nächsten Mord begehen würde. Da Sie mich überwacht hätten, wäre ich entlastet gewesen, und Sie hätten sich einen anderen Verdächtigen suchen müssen. Aber nach diesem Ausflug in den Park ist mir klar geworden, daß ich praktisch unter Arrest stand. Deshalb habe ich mir gedacht: Am besten fährst du nach Tel Aviv und suchst dir einen Jungen. Wenn sie dich dann schnappen, kannst du den Fall mit ihnen diskutieren und hast endlich wieder deine Ruhe.« Er lachte.

David ging hinaus, um mit Rafi zu sprechen, der seine Pfeife paffte und einen angewiderten Gesichtsausdruck zur Schau trug.

»Na?«

»Was er zu seiner Entlastung vorbringt, klingt ganz plausibel.«

»Könnte ein Bluff sein.«

»Du läßt seine Angaben natürlich überprüfen.«

»Die Story mit den Markierungen ist unglaubwürdig, solange er seinen ›alten Kameraden aus der Armee‹ nicht benennt.«

»Das tut er nicht, David. Männer wie er verraten nicht. Nicht sein Stil.« Rafi schüttelte den Kopf.

»Was will er damit beweisen? Daß er schweigen kann wie ein Grab?«

»Geht er dir auf die Nerven?«

»Allerdings, verdammt noch mal!«

»Du hattest zuviel in ihn investiert.«

»Schon möglich. Und vielleicht ist das nur passiert, weil er unsere einzige Chance gewesen ist, überhaupt etwas zu investieren.«

»Deshalb möchte ich, daß du jetzt gehst. Fahr nach Hause, ruh dich aus, nimm dir den Rest des Tages frei. Du bist übermüdet und reizbar. Ich lasse die Vernehmung von einem unserer regulären Teams fortführen.«

»Unsinn, Rafi, dies ist *mein* Fall!«

»Die anderen sind Experten.«

»Das ist Peretz auch!« David hatte plötzlich keine Lust mehr. »Okay, du hast recht. Laß die anderen weitermachen. Ich bin wirklich verdammt müde. Ich muß ein paar Stunden schlafen. Auf Wiedersehen, Rafi.«

Micha war der Meinung, daß Peretz der Täter sein *müsse*, seine Alibis gefälscht sein *müßten*. »Alles hört zufällig in der Nacht auf, in der unsere Überwachung beginnt? Unsinn! Dann sucht er die Stelle auf, an der Halil Ghemaiem angesprochen worden ist. Ein Witz, sage ich!«

»Los, zeig uns, wo seine Alibis nicht hieb- und stichfest sind!« forderte Dov ihn auf.

Sie hatten diese Frage schon ein dutzendmal diskutiert. Als Susan Mills und Ora Goshen ermordet worden waren, hatte Peretz sich auf einer Ägypten-Reise befunden. Ein unwiderlegbares Alibi: eine Gruppenreise mit zwei Dutzend Zeugen. Sämtliche Grenzübergänge zwischen Israel und Ägypten wurden scharf bewacht. Peretz konnte Kairo unmöglich heimlich verlassen haben und rechtzeitig zur Nilkreuzfahrt zurückgekommen sein. Für die Fälle Ghemaiem und Schneiderman hatte er kein Alibi, aber er hatte den ersten Abend des Passah-Fests, an dem Yael Safir ihrem Mörder in die Hände gefallen war, bei Freunden in Jerusalem verbracht.

Micha war jedoch Schachspieler, der in verwinkelten Zügen dachte, und legte sich deshalb eine Verschwörertheorie zurecht, in der ein zweiter Täter vorkam, der die Frauen ermordete, während Peretz die Männer umbrachte.

»Und wer soll dieser zweite Killer sein?« fragte Moshe Liederman.

»Es wäre möglich. Es würde funktionieren.«

»Allerdings«, bestätigte David, »falls wir beide Komplizen benennen und ihre Zusammenarbeit beweisen könnten!«

»Nehmen wir doch mal an, zwei Verrückte täten sich zusammen und vereinbarten, dieselbe Methode zu benutzen und sich für die von ihnen nicht verübten Morde einwandfreie Alibis zu verschaffen.«

»Aber wie kämen sie zusammen? Durch eine Anzeige in der *Jerusalem Post*?«

»Keine üble Idee, Micha.«

»Na ja, ich wollte nur...«

»Was tun wir jetzt?«

»Wir vergessen Peretz«, entschied David, »und spüren die Angehörigen seiner ehemaligen Einheit auf.«

»Du hast nicht versagt«, wehrte Rafi ab. Helle Vormittagssonne zeichnete Streifen auf Wand und Fußboden seines Dienstzimmers. »Die Idee mit dem Forum ist gut gewesen.

Du hast einen Verdächtigen gefunden. Ohne Einbruch, ohne Wanzen. Aus technischer Sicht sind deine Ermittlungen vorbildlich gewesen.«

»Er ist verrückt, Rafi. Das weißt du so gut wie ich. Er *könnte* es gewesen sein. Verrückt genug ist er jedenfalls.«

»Kann schon sein, aber er scheidet als Täter aus. Darum...«

»Ja, ich weiß. Die Ermittlungen müssen weitergehen.«

Rafi nickte. »Ich möchte, daß ihr weitermacht. Der Druck ist geringer geworden, weil die Morde aufgehört haben und der Fall Horev-Isaacson Schlagzeilen gemacht hat.«

Aaron Horev und Ruth Isaacson: ein ehebrecherisches Paar, das in seinem Liebesnest ermordet aufgefunden worden war. Dieser neue Fall, für den Rafis Mordkommission zuständig war, faszinierte die Öffentlichkeit. Die Leute konnten nicht genug davon hören: ein Verbrechen aus Leidenschaft, nicht irgendeine verrückte Mordserie.

David hatte ein letztes Treffen mit Peretz vorgeschlagen, bevor er entlassen wurde. Rafi war einverstanden. »Aber benimm dich anständig, David!«

»Natürlich. Für wen hältst du mich? Glaubst du, daß ich ihm Daumenschrauben anlegen will?«

Rafi lachte. »Soviel ich gesehen habe, seid ihr einander nicht gerade grün.«

»Hindert uns das, zu einer geschäftlichen Vereinbarung zu gelangen? Er weiß, wer in seiner Einheit gedient hat. Ich brauche eine Namensliste. Auf diese Weise muß ich nicht sämtliche Gewaltverbrecher überprüfen, die jemals beim Militär im Bau gesessen haben.«

Schauplatz ihrer letzten Auseinandersetzung war »Fink's«, ein kleines, gemütliches, schummeriges und sehr mitteleuropäisches Restaurant mit Bar – ein beliebter Treffpunkt für Politiker und ausländische Journalisten.

Bevor David und Peretz bestellten, stritten sie scherzhaft darüber, wer wessen Gast sei. Dann einigten sie sich: Peretz würde die Getränke, David das Essen bezahlen. Nachdem sie ihre Bestellung aufgegeben hatten, stemmte Peretz herausfordernd die Ellbogen auf die Tischplatte.

»Sie hassen mich, Bar-Lev.«

»Hassen ist vielleicht ein zu starkes Wort.«

»Sparen Sie sich den Schmus! Es ist mir auch völlig egal.«

»Warum fangen Sie dann davon an?«

»Ah, der Sohn des Analytikers!« Ein spöttisches Lächeln. »Soll ich beeindruckt sein, weil Sie sich in meiner Familiengeschichte auskennen?«

»Das ist nicht nötig gewesen. Ich habe Ihren Bruder gekannt. Ein gutaussehender Junge, dieser Gideon Bar-Lev. Wir sind Tennispartner gewesen. Na, überrascht Sie das?«

»Da Sie mich so direkt fragen: Ich hätte nicht gedacht, daß er und Sie zusammenpassen würden.«

»Oh, ich bin durchaus sein Typ gewesen. Er hat sich's nur nicht eingestehen wollen.«

David schwieg.

»Was haben Sie?«

»Worauf wollen Sie hinaus, Peretz?«

»Wieviel wissen Sie?«

»Ich weiß überhaupt nichts.«

»Wirklich?«

»Wollen Sie andeuten, Sie hätten sich für ihn interessiert und seien abgewiesen worden? Sie Ärmster!«

»Wer sagt, daß ich abgewiesen worden bin?«

»Wen interessiert das?«

»Natürlich Sie, Bar-Lev. Diese Vorstellung macht Sie ganz krank.«

»Ah, ich verstehe! Da er tot ist, können Sie ihn jetzt als Schwulen verunglimpfen.«

Peretz war sichtlich bemüht, sich zu beherrschen.

»Vielleicht haben Sie recht. Das Reden ist nicht meine Stärke. Ich kann kämpfen, aber das darf ich nicht mehr. Wissen Sie, warum ich entlassen worden bin?«

»Soviel ich gehört habe, sollen Sie zu brutal gewesen sein.«

»Nein, der wahre Grund ist meine ... ›Neigung‹ gewesen. Die haben sie nicht verkraften können. Nicht in ihrer männlichen Armee.« Er lachte.

»Sie sehen sich also als tragische Gestalt?«

»Eher als erstklassigen Offizier, der seinem Vaterland treu gedient hat und dann aufs Kreuz gelegt worden ist.« Peretz schüttelte den Kopf. »Sie sind gar nicht wie Gideon. Sie sehen ihm nicht einmal ähnlich. Er ist eher zart gewesen, und Sie sind kräftig gebaut. Wahrscheinlich macht das den Unterschied zwischen einem Piloten und einem Bullen aus.«

»Warum verachten Sie mich, Peretz?«

»Sie sollten als Soldat gegen die wahren Mörder kämpfen.« Er machte eine wegwerfende Handbewegung. »Oh, ich weiß, was Sie glauben! Sie halten mich für einen Psychopathen und denken, daß Terroristen und Terroristenjäger einander ganz ähnlich sind. Wir sind Feinde, Bar-Lev. Ich verachte Sie, und ich weiß, daß Sie mir gegenüber ähnlich empfinden.« Er begann hastig zu essen. »Übrigens sieht die sehr attraktive Dame an der Bar immer wieder zu Ihnen herüber.«

David drehte sich um. Er erkannte Stephanie Porter, die ihm lächelnd zuwinkte.

»Wer ist die Dame?«

»Eine freiberufliche Journalistin.«

»Sie hat Sie praktisch mit Blicken ausgezogen, Bar-Lev.«

»Sie sind ordinär, Peretz. Aber ich könnte Ihre Hilfe wirklich brauchen.«

»Was wollen Sie von mir?«

»Eine Liste der Leute aufstellen, die in Ihrer Einheit gewesen sind.«

»Und weshalb sollte ich das tun?«

»Wegen der Signaturen.«

»Eine Menge Leute wissen von diesen Markierungen.«

»Klar, aber wir müssen bei Ihrer alten Einheit anfangen. Sie haben behauptet, Sie seien sauer, weil jemand Ihre Signatur gefälscht hat. Tragen Sie dazu bei, den Fälscher zu fassen und vor Gericht zu stellen.«

»Ich sehe keinen Grund, Ihnen zu helfen.«

»Warum nicht?«

»Sie halten das alles für einen Witz, was? ›Meine Signatur‹ – das finden Sie originell. Aber ich find's keineswegs originell! Ich habe sie erfunden, wie ich die Waffen, die Stiefel und die gesamte Ausrüstung meiner Leute ausgewählt habe. Ich habe alles selbst entschieden. Ich habe jeden einzelnen Mann selbst ausgesucht. Diese Einheit ist mein Leben gewesen.«

»Hören Sie, Peretz, ich habe niemals behauptet...«

»Lassen Sie mich ausreden, Bar-Lev! Wie ich die Sache sehe, hat der Kerl, der diese Leute umgebracht hat, mich reinzulegen versucht. Er hat sie wie ich gekennzeichnet, um mir seine Verbrechen in die Schuhe zu schieben. Deshalb bin ich jetzt hinter ihm her. Falls er einer meiner ehemaligen Leute ist, finde ich ihn und schlage ihm den Schädel ein.«

VERBORGENE SYMMETRIE

Fünf Mordopfer in viereinhalb Wochen; dann hörten die Morde plötzlich auf.

Rafi behielt recht: Die Phantasie der Öffentlichkeit wurde jetzt nicht mehr von der für Israelis unbegreiflichen Mordserie, sondern von dem Doppelmord an Aaron Horev und Ruth Isaacson gefesselt.

Für David bedeutete der Fall Horev-Isaacson eine willkommene Verschnaufpause; der gewaltige Druck, unter dem er und seine Leute standen, verlagerte sich jetzt auf die Jerusalemer Mordkomission. Während die israelische Presse und ihre Leserschaft sich an den skandalösen Umständen des Doppelmordes weideten, arbeitete die Abteilung Serienverbrechen ruhig weiter und stellte Listen von Gewalttätern zusammen, die beim Militär in Haft gewesen waren.

Er rief nach Shoshana. Sie stand wie immer augenblicklich an der Tür seines Dienstzimmers.

»Wie steht's mit Gutman?«

»Er verweigert nach wie vor die Aussage. Mit Abramsohn hat er sich einen erstklassigen Anwalt genommen, der Antrag auf Haftentlassung gegen Kaution stellen wird.«

»Er sitzt also noch?«

»Der Staatsanwalt hat dem Haftrichter erklärt, Gutman sei reich, so daß Fluchtgefahr bestehe.«

»Und er hat bestimmt darauf hingewiesen, daß Gutman ein ›abscheuliches Verbrechen‹ begangen hat?«

Shoshana nickte. »Er sitzt in Einzelhaft, weil zu befürchten war, daß Mithäftlinge ihm etwas antun würden. Die meisten der Schriftrollen sind inzwischen identifiziert worden. Ich habe mit Netzer gesprochen, der die Verhandlung führen wird. Da ich Gutman festgenommen habe, muß ich vor Gericht aussagen. Selbst mit Abramsohn dürfte Gutman keine Chance haben. Die Beweise sind erdrückend, und zu seinen Gunsten spricht eigentlich nur, daß er alt und nicht vorbestraft ist.«

David rief seinen Vater an. »Was heißt: ›Ein Mann, dem Unrecht geschehen ist‹?«

»Du hast ihn verhaftet.«

»Habe ich ihm unrecht getan?« Schweigen. »Er beschimpft uns als Nazis.«

»Und?«

»Hältst du uns auch dafür?«

»Ich möchte dich etwas fragen, David: Glaubst du, daß Gutman nur ein gerissener alter Ganove ist?«

»Erzähl mir von ihm.«

»Warum redest du nicht mit ihm?«

»Er sagt kein Wort.«

»Nein, natürlich nicht. Wie dumm von mir! Natürlich tut er das nicht.« Eine Pause, dann ein Wechsel im Tonfall, als bemühe Avraham sich aufrichtig, ihm zu helfen. »Stell dir einfach vor, zwischen Gutman und dir befände sich eine farbige Scheibe. Du darfst das farbige Licht, das dich erreicht, nicht mit dem blendend weißen Licht verwechseln, das dahinter brennt.«

Anna rief aus Straßburg an. Ihre Tournee war erfolgreich. Die Kritiken waren bisher gut gewesen, und nun bestand die Aussicht, daß sie auch noch in Amsterdam spielen würden.

»Ich denke immer an dich, David. Ich liebe dich sehr.«

»Ich liebe dich auch.«

»Wie sieht Jerusalem aus?«

»Wunderschön. Die Stadt ist ein Blütenmeer.«

»Wie geht's deinem Vater?«

»Wir kommen jetzt besser miteinander aus.« Er machte eine Pause. »Du fehlst mir sehr, Anna. Der gemeinsame Morgenkaffee, du in deinem weißen Bademantel vor der Stadt im Sonnenglanz. Und abends, wenn ich nach Hause komme. Und wenn du übst. Und im Bett, wenn ich dich in den Armen halte, dich küsse, dich schmecke, deine Seufzer höre. Und dein gleichmäßiges Atmen neben mir...«

»Ich habe über Michas Theorie nachgedacht.«

»Sie ist unsinnig!« widersprach Dov.

»Schon möglich. Aber sie enthält vielleicht doch etwas Wahres, wenn ich an etwas denke, was mein Vater sagte.«

Dov zog fragend die Augenbrauen hoch.

»Vergiß die Komplizenschaft zweier Mörder, aber denk an die Einteilung der Toten in ›leichte‹ und ›schwere‹ Opfer. Leichte Opfer sind Strichjungen, Straßenmädchen und Anhalterinnen. Man hält, wechselt ein paar Worte mit ihnen, sie steigen ein – und schon hat man sie, stimmt's?«

Dov nickte.

»Okay, bisher haben wir das Ganze für eine Mordserie gehalten. Die bekannten Umstände passen zu den leichten Opfern – mit denen gibt's keine Probleme. Aber sie passen nicht zu Susan Mills und Schneiderman. Diese beiden sind schwere Opfer gewesen, die nicht sofort in einen fremden Wagen gestiegen wären. Man könnte glauben... als ob es hier zwei verschiedene Motive gäbe.«

»Die Markierungen sind stets gleich, David. Die Wolldekken, die Methode. Alles.«

»Davon rede ich nicht! Mir geht's um die Opfer. Kennst du den Ausdruck ›verborgene Symmetrie‹?«

Dov schüttelte den Kopf.

»Naturwissenschaftler benützen ihn zur Beschreibung einer Situation, in der zwei völlig entgegengesetzte Ergebnisse eine –unsichtbare – Ursache haben. Okay, wir haben es also mit zwei Klassen von Opfern zu tun. Die Symmetrie bleibt verborgen, weil wir das Tatmotiv des Mörders nicht kennen. Deshalb schlage ich vor, daß wir die leichten Opfer zunächst unberücksichtigt lassen. Wer bleibt dann noch übrig? Mills und Schneiderman. Warum sind die anderen auf genau die gleiche Weise ermordet worden? Vielleicht nur, um den Fall komplizierter erscheinen zu lassen – um zu tarnen, worum es bei diesen Morden wirklich gegangen ist.«

»Drei Unbeteiligte ermordet, nur um uns auf eine falsche Fährte zu bringen?«

»Das ist immerhin möglich. Ich weiß nur, daß die Sache ganz anders aussieht, sobald man ihr das Etikett ›Mordserie‹ nimmt. Was ist, wenn wir's in Wirklichkeit mit einem ganz anderen Motiv zu tun haben? Was ist, wenn wir uns so in unsere ursprüngliche Idee verrannt haben, daß wir das vorhandene Beweismaterial unzulänglich ausgewertet haben?«

»Was hast du jetzt vor?«

»Vor allem müssen wir weiter nach Peretz' Leuten fahnden, weil der Killer aus irgendwelchen Gründen ihre Signatur verwendet hat. Aber ich möchte, daß du dich ausblendest, um dich auf Mills und Schneiderman zu konzentrieren. Sieh zu, daß du möglichst viel Material über die beiden sammelst. Dann können wir gemeinsam versuchen, eine Verbindung zwischen den beiden herzustellen.«

Micha war frustriert. Die Liste der beim Militär inhaftierten Gewalttäter war lang. Peretz' ehemalige Einheit schien niemals offiziell existiert zu haben. Nun kam es darauf an, Männer zu finden, die plötzlich und unerwartet aus der Haft entlassen worden waren.

»Wär's nicht einfacher, Peretz die Sache zu überlassen, wenn er sich ohnehin auf die Suche nach dem Fälscher machen will?«

»Wir sollen ihm folgen, meinst du?« David lachte. »Ich weiß nicht recht, Micha. Mir kommt's so vor, als hätten wir das schon mal versucht.«

Stephanie Porter: Seitdem sie ihm an jenem Abend in »Fink's« zugewinkt hatte, wartete er eigentlich darauf, daß sie sich melden würde. An dem Abend, an dem sie anrief, saß er ohne Licht in seinem Wohnzimmer, starrte über die Stadt hinaus, fühlte sich einsam und machtlos und war unzufrieden mit sich.

Er hatte soeben mit Hagith telefoniert. Das Gespräch war nicht gut verlaufen. Seine Tochter war höflich, aber distanziert gewesen; sie hatte pflichtbewußt alle seine Fragen beantwortet, aber den Eindruck erweckt, als täte sie lieber etwas anderes. Er fragte sich, ob sie ihm allmählich entglitt – ob sie sich von Joe Raskovs Vulgarität und Judiths moralinsaurer Lebensauffassung anstecken ließ. Ein Gedanke peinigte ihn: daß das kleine Mädchen, das er liebte, zu einer Frau heranwachsen könnte, die ihm nicht gefallen würde.

Dann klingelte das Telefon. Er nahm den Hörer ab und meldete sich.

»Wie geht's dir, David?«

Ihre sanfte, tiefe, verführerische Stimme war unverkennbar. »Oh«, sagte er, »das ist aber eine Überraschung!«

»So schrecklich überrascht bist du sicher nicht. Deine Freundin, die Cellistin – ist sie zu Hause?«

»Nein, auf einer Tournee.«

Ein kehliges Lachen. »Sie soll sehr begabt sein, wie ich höre.« Stephanie machte eine Pause. »Wir haben uns lange nicht mehr gesehen.«

»Über ein halbes Jahr lang.«

»Und jetzt bist du Strohwitwer. Wie gut, daß ich dich gerade jetzt anrufe!«

»Warum rufst du an, Stephanie?«

»Als ob du das nicht wüßtest!« Sie lachte ihr wissendes Lachen, das ihn ärgerte. Sie hatte natürlich gewußt, daß Anna verreist war.

»Hast du eigentlich mal daran gedacht, daß ich...«

»Unsinn, David! Was tut sie wohl heute nacht? Wahrscheinlich schläft sie mit ihrem Begleiter.«

»Der ist schwul.«

»Klingt interessant.« Stephanie kicherte und wurde im nächsten Augenblick ernst. »Hör zu, willst du nicht ein bißchen rüberkommen? Ich bin ganz allein. Ich verspreche dir, dich nicht zu belästigen. Wir könnten miteinander reden – bei einem Drink an der Bar, wenn dir das lieber ist. Oder alles andere tun, wonach uns zumute ist. Findest du mich aufdringlich? Ich wäre dumm, wenn ich's nicht wäre. Ganz ohne Verpflichtung. Das verspreche ich dir, David. Wirklich! Okay, kommst du also?«

Schon während er den Motor seines Wagens anließ, wußte er, daß er diesen Besuch wahrscheinlich bereuen würde. Aber er fuhr trotzdem ins Hotel American Colony, wo Stephanie eine luxuriöse Suite bewohnte. Unterwegs fragte er sich: Warum tue ich das? Die einzige Erklärung, die ihm einfiel, war ärgerlich – aus Neugier.

Er parkte auf dem schlecht beleuchteten Parkplatz unter Palmen am Rand der Terrasse, blieb im Wagen sitzen und überlegte erneut, ob er wirklich hingehen sollte. Und er ärgerte sich über sich selbst, als er die Hotelhalle betrat, anstatt nach Hause zu fahren.

»Weißt du, David, ich hab' dich wirklich sehr gern gehabt.« Sie hatten sich an der Bar zu einem Drink getroffen und saßen jetzt auf der Couch in ihrem Wohnzimmer. Stephanie starrte ihn an, machte eine rasche Kopfbewegung, so daß ihr die Haare ins Gesicht fielen, und brachte sie mit einem Hochwerfen ihres Kopfes in die richtige Lage zurück.

»Vielleicht doch nicht so sehr.«

Sie lächelte verständnisvoll. »Na ja, wir sind nicht ineinander verliebt gewesen, falls du das meinst.«

David wußte, daß er Stephanie nicht geliebt, aber heftig begehrt hatte.

»Du hast mir auf den ersten Blick gefallen.« Sie griff nach seinen Händen. »Ich habe eine Art erotischer Vision gehabt. Ich habe dich in Gedanken ausgezogen und mir vorgestellt, wie die Behaarung deiner Handgelenke über die Arme hinauf in deine Brustbehaarung übergehen würde.« Stephanie lehnte sich zurück und betrachtete ihn von oben bis unten. »Ich habe oft daran gedacht, und mir ist bei diesem Gedanken ganz heiß geworden. Deshalb habe ich unser Treffen am Swimmingpool im King David arrangiert, und als ich dort gesehen habe, daß dein Körper so männlich war, wie ich ihn mir vorgestellt hatte, war's um mich geschehen... He, was hast du auf einmal? Lauf doch nicht weg! Hast du Angst, ich könnte dich vergewaltigen, du Ärmster?«

Er war ruckartig aufgestanden und ans Fenster getreten. Er kam sich wie ein Idiot vor, weil er wußte, daß Stephanie es darauf angelegt hatte, ihn zu erregen, und daß ihr das prompt gelungen war. Und er wußte zugleich, daß er sie nicht nur aus Neugier besucht hatte, sondern weil ihre Art, wie sie ihm in »Fink's« zugelächelt, und ihre Stimme am Telefon ihn gereizt hatten.

»Hast du mich wirklich gern gehabt«, fragte er, »oder hast du nur mit mir geschlafen, um Informationen zu bekommen?«

»Natürlich habe ich dich gern gehabt! Mein Gott, David, hältst du mich etwa für 'ne Nutte?«

»Soviel ich feststellen konnte, hast du dich in einem halben Dutzend Betten rumgetrieben.«

»Das tue ich, um rauszukriegen, was hierzulande läuft.«
»Dann bist du eine Agentin.«
»Ich bin Journalistin.«
»Du bist eine amerikanische Agentin, Stephanie. Und ein Bulle wie ich, der Zugang zu allen möglichen Dossiers hat, hätte ein nützlicher Informant sein können – wenn ich nicht frühzeitig mißtrauisch geworden wäre!«
Sie lachte. »Du überschätzt deine berufliche Attraktivität. Ich habe zahlreiche Quellen. *Dafür* brauche ich dich nicht.«
»Auch bei der Polizei?«
Stephanie zuckte mit den Schultern. »Vielleicht, vielleicht nicht. Aber ich kann dir verraten, daß ich wenigstens einen Minister in der Tasche habe. Und – das wird dich überraschen – er weiß genau, was ich tue. Das ist für beide Seiten besser: Er erzählt mir nur Dinge, die ich wissen soll, und ich sorge dafür, daß seine gezielten Indiskretionen prompt weitergegeben werden... Soll ich dir noch was anderes erzählen? Mir gefällt meine Arbeit! Es macht mir Spaß, mit einflußreichen Männern ins Bett zu gehen und sie dazu zu bringen, mir ihre Geheimnisse anzuvertrauen. Aber du bist ein anderer Fall gewesen, David. An dir hat mich deine Unzugänglichkeit gereizt. Du bist Tag und Nacht im Dienst gewesen – wie in diesem Augenblick! Ein aufreizender Zug an dir!«
Sie stand auf und stolzierte zwischen Sofa und Kamin auf und ab. Sein Blick fiel auf ihre Brüste, und er stellte fest, daß sie keinen Büstenhalter trug. *Ihre Brüste!*
»... du wirst niemals imstande sein, eine Frau wirklich zu lieben. Nicht mal deine neue Flamme, diese Cellistin, die große Künstlerin, für die sie sich wahrscheinlich hält. Du liebst nur deine Arbeit. Mein Gott, David, kannst du dir vorstellen, wie frustrierend das Zusammensein mit dir gewesen ist, wenn du einen schwierigen Fall zu bearbeiten hattest?«
Sie blieb am Barschrank stehen, goß sich ein kleines Glas Scotch ein, schenkte David nach und nahm wieder Platz.

»Du liebst sie wirklich, stimmt's?«

Er nickte wortlos.

»Wie schön für dich. Hoffentlich tust du's wirklich. Jedenfalls ist interessant, daß du dich für uns entschieden hast: Ausländerinnen, nicht einmal Jüdinnen. Aber das ist andererseits auch verständlich. Natürlich gibt's hier vereinzelt auch heiße Typen, aber im Prinzip sind eure Frauen doch eher erdhaft-mütterlich. Und bestimmt langweilig im Vergleich zu den mythischen Commando-Girls auf den Umschlägen der Abenteuerheftchen. Hohe Brüste unter Khakihemden, sonnengebräunte Haut, fabelhafte Beine in Militärshorts. Hast du schon mal was mit einer von denen gehabt?«

»Vielleicht.«

»Und?«

»Was?«

»Wie ist sie gewesen?«

Er betrachtete sie. »Du möchtest von mir hören, wie toll du im Bett bist, stimmt's, Stephanie?«

Sie lachte. »Ich gebe zu, daß mich das freuen würde, zumal ich weiß, daß du davon überzeugt bist. Weißt du, was ich glaube, David? Ich glaube, daß du schärfer auf mich bist – selbst wenn du deine Cellistin noch so sehr liebst. Keine Angst, ich erwarte nicht, daß du das zugibst. Das wäre sinnlos. Aber ich wüßte gern, weshalb du dich nie in mich verliebt hast. Erklärst du mir das, nachdem wir jetzt geschiedene Leute sind?«

»Wie hätte ich eine Frau lieben können, die nicht ehrlich gewesen ist?«

»Ich bin nicht *un*ehrlich gewesen. Ich hab' dir nur nicht alles erzählt. Dabei erhebt sich die Frage: »Ist *sie* dir gegenüber ehrlich? Verstehst du sie wirklich? Ganz und gar? Glaubst du tatsächlich, alles zu wissen?«

David gab keine Antwort. Er wußte, daß er Anna nicht verstand, daß sie rätselhaft geblieben war, so sehr er sie auch liebte. Das mochte daran liegen, daß sie ebenfalls auf Distanz achtete. Bei ihr war dieses Verhalten jedoch nicht irritierend, sondern bezauberte ihn um so mehr.

»Ich suche nach einem Grund. Es wäre wunderbar, dich heute nacht lieben zu können, wenn du bleiben möchtest, aber selbst dann würde ich nicht erwarten, daß unsere frühere Beziehung wiederauflebt. Und ich hab's nicht darauf abgesehen, dich zu verletzen oder deinen häuslichen Frieden drüben im malerischen Abu Tor zu gefährden. Trotzdem muß ich dir sagen, daß ich Verschiedenes über deine Cellistin weiß, und ich frage mich, ob du's hören möchtest.«

Was sollte er dazu sagen? Natürlich wollte er's hören. Aber er konnte sich nicht dazu überwinden, sie zu fragen.

»Sie hat eine Vergangenheit, weißt du.«

»Jeder Mensch hat eine Vergangenheit.«

»Ihre ist komplexer als die der meisten. Allein die Tatsache, daß sie Russin ist, macht ihre Vergangenheit komplexer.«

»Was versuchst du mir zu sagen, Stephanie? Sprichst du als Freundin mit mir?«

»Ich möchte deine Freundin sein. Und ich gebe zu, daß es mir auch Spaß machen würde, ab und zu mit dir ins Bett zu gehen. Aber selbst wenn du mich dein Leben lang nicht mehr anrührst, fühle ich mich verpflichtet, dir zu sagen, was ich weiß.«

»Und was hindert dich daran?«

»Daß du nicht offen mit der Sprache herausrückst und danach fragst.«

»Dir wär's wohler, wenn ich danach fragen würde?« Stephanie nickte. *Der Teufel soll sie holen!* »Okay, dann frage ich: Was weißt du?«

Sie zündete sich eine Zigarette an, inhalierte tief und atmete den Rauch langsam aus. »Es geht um folgendes David.

Deine Anna Benitskaja ist mit einem prominenten russischen Emigranten liiert gewesen – mit einem Mann, den der KGB diskreditieren möchte. Sie ist seine Geliebte gewesen. Ich behaupte nicht, daß sie's noch immer ist. Das kann ich nicht beurteilen. Aber sie hat in sehr enger Beziehung zu ihm gestanden, und bestimmte Kreise glauben, sie sei in den Westen geschickt worden, um sich an ihn heranzumachen – vielleicht nicht nur an ihn, sondern vielleicht auch an weitere einflußreiche Regimekritiker in Emigrantenkreisen.

Ihre Überläuferstory weist einige Lücken auf, mußt du wissen. Ein gefundenes Fressen für die westlichen Medien, wie sie ihr staatseigenes Montagnana-Cello unter der Bettdecke zurückgelassen, sich aus dem Hotel zum amerikanischen Konsulat geschlichen und dort um politisches Asyl gebeten hat. Aber ist das alles wirklich so gewesen? Oder hat sie damit einen Auftrag erfüllt? Um im Westen so glaubwürdig dazustehen, daß sie später nie mehr verdächtigt werden würde?«

»Hör zu, diesen Blödsinn über eine vorgetäuschte Flucht kannst du dir bei mir sparen!«

»Ich hab' gewußt, daß du ungläubig und wütend reagieren würdest. Hör zu, ich gebe nur weiter, was bestimmte Leute aufgrund von Informationen aus Moskau denken. Interessant ist zum Beispiel, daß die Leute, die damals ihre Begleiter waren, niemals bestraft worden sind. Ihr damaliger Geliebter, der Dirigent Titanow, darf wie vor ihrer sogenannten Flucht in den Westen reisen, was nicht mit seiner Verantwortung für sie vereinbar ist – außer er wäre an diesem Täuschungsmanöver beteiligt gewesen.

Laß mich bitte ausreden, David! Sie ist eine Weltklasse-Musikerin, das steht außer Zweifel. Eine Star-Cellistin, keine Spionin. Aber es könnte einen Tauschhandel gegeben haben. Etwa nach folgendem Muster: ›Du flüchtest, machst im Westen Karriere, wirst ein Star und verdienst Millionen; als

Gegenleistung dafür, daß wir dich gewähren lassen, machst du dich an bestimmte Leute heran, die uns interessieren, horchst sie aus und meldest deine Beobachtungen an uns.‹«

»Du behauptest, Anna sei genau wie du«, wandte David ein. »Das glaube ich dir nicht. Aber nehmen wir einmal an, du hättest recht. Was, zum Teufel, wollte sie dann von mir? Bei mir ist für keine Spionin was zu holen.«

»Ach, ich weiß nicht... ein cleverer junger Polizeibeamter, der bestimmt Karriere machen wird. Darüber hinaus ein Mann, der im Augenblick einen brisanten Fall bearbeitet, dessen Konsequenzen... natürlich nur Spekulationen.«

Er starrte sie an. »Was weißt du über meine Ermittlungen?«

»Ich hab' dich im Fernsehen gesehen. Ich weiß, daß du bis über beide Ohren in einer großen Sache steckst.«

»Wie groß?«

»Keine Ahnung, David. Ich habe nur Gerüchte gehört.«

»Welche Gerüchte?«

»Soviel ich gehört habe, gibt es Leute, die... na ja, die allmählich nervös werden.« Stephanie wirkte plötzlich unruhig, als habe sie mehr als ursprünglich beabsichtigt gesagt. Dann zuckte sie mit den Schultern. »Wie ich sehe, habe ich dich gekränkt. Ich kann dir nur sagen, daß Anna möglicherweise Informationen über einen gewissen Alexander Targow geliefert hat – und daß es mich nicht wundern würde, wenn sie jetzt über dich Bericht erstatten würde.«

Er stellte sein Glas ab, stand auf und ging zur Tür. Stephanie beobachtete ihn. Sie wirkte nicht allzu glücklich. David drehte sich mit einer Hand auf der Türklinke nach ihr um. »Ich weiß nicht, was ich von dir halten soll, Stephanie. Ob du eine verlogene kleine Intrigantin oder bloß ein eifersüchtiges Weibsbild bist. Jedenfalls habe ich keine Lust, dein Spiel mitzuspielen. Tut mir leid, daß ich dämlich genug gewesen bin, hierherzukommen.«

Sie nickte. »Okay, David, wenn du's so haben willst. Trotzdem bitte ich dich, mir etwas zu glauben: Ich mache mir Sorgen um dich. Ich glaube, daß du in einer schlimmen Sache steckst, bei der du zu Schaden kommen kannst, wenn du wie bisher weitermachst. Das möchte ich nicht. Ich wäre sehr traurig, wenn dir etwas zustieße.« Ihre Blicke begegneten sich. Stephanie warf ihm eine Kußhand zu. Als er die Tür hinter sich schloß, hörte er noch, daß sie sich eine weitere Zigarette anzündete.

Als David später über ihr Gespräch nachdachte, wurde ihm klar, daß sie eigentlich nur ein konkretes Detail erwähnt hatte: Der Dirigent Titanow war vor kurzem wieder im Westen gewesen.

Anna hatte mehrmals von ihm gesprochen, ihm ihren Haß auf Titanow geschildert und ihre Befriedigung darüber geäußert, daß vor allem er für ihre Flucht verantwortlich gemacht worden sei. Ihre Fluchtgeschichte war hieb- und stichfest. Sie hatte ihr Cello auf dem Bett zurückgelassen, weil sie keine Diebin war und damit Titanow bei einer Kontrolle von der Tür aus glauben würde, sie schlafe bereits. Allerdings war zu erwarten gewesen, daß er trotzdem hereinkommen würde – das war Annas größtes Risiko gewesen. Titanow hätte sich nichts dabei gedacht, sie zu wecken. »Meine Entdeckung, mein Eigentum«, hatte er sie genannt. »Du gehörst mir mit Leib und Seele.« Von Anna wußte David, daß sie auch vor Titanow in den Westen geflüchtet war.

Jetzt behauptete Stephanie, Titanow sei im westlichen Ausland gesehen worden: eine Tatsache, die sich nachprüfen ließ. Er ging damit zu Sarah Dorfman, die ihre Kontakte zur Musikwelt spielen ließ. Wenig später stand fest, daß Titanow seit dem Tag, an dem Anna Benitskaja in Mailand politisches Asyl beantragt hatte, nicht mehr im Westen gastiert hatte. Er befand sich noch immer in Ungnade, wurde noch immer für ihre Flucht verantwortlich gemacht. Da Sarahs Quellen absolut verläßlich waren, wußte David, daß Stephanies einzige »Tatsache« widerlegt war. Das genügte David, um kein Wort von dem zu glauben, was sie sonst noch gesagt hatte.

Eine amerikanische Nonne auf Pilgerreise durchs Heilige Land und ein einfacher israelischer Lastwagenfahrer. Gab es irgendeinen Zusammenhang zwischen den beiden? Konnten sie sich irgendwo kennengelernt haben?

Susan Mills hatte ein Reisetagebuch geführt. Dov, Uri und Micha hatten es einzeln und gemeinsam mehrmals durchgearbeitet. Daten, Orte, Namen – es war die Hauptinformationsquelle bei dem Versuch, ihre Freunde und Bekannten aufzuspüren. Sie hatte alles beschrieben: das Wetter, ihre Gefühle beim ersten Anblick heiliger Stätten, Alltagsbegegnungen mit Israelis, ihre Erregung bei dem Gedanken, auf den Pfaden Chrisi und seiner Jünger zu wandeln. Aber nirgends kam ein Trucker namens Yaakov vor; nicht einmal von einem Lastwagen war die Rede. David las das Tagebuch erneut durch und konzentrierte sich dann auf die vielen Fotos, die Susan Mills auf ihrer Pilgerreise gemacht hatte.

Gemeinsam mit Dov nahm David ein Foto nach dem anderen unter die Lupe. Sie hielten Ausschau nach Schneiderman oder zumindest seinem Lastwagen. Fehlanzeige. Alles andere war jedoch dokumentiert: jede in ihrem Tagebuch beschriebene Gedenkstätte, alle erwähnten Personen, sogar die Fassaden der Hotels, in denen sie gewohnt hatte. Susan Mills hatte sich alle Mühe gegeben, diese für sie einmalige Reise dokumentarisch festzuhalten. Aber Schneiderman tauchte nirgends auf, so sehr sie ihn auch suchten.

»Wir müssen mehr in die Tiefe gehen, Dov. Sie erzählt uns viel, aber sie kann nicht alles festgehalten haben.«

»Wie willst du das anstellen?«

»Hier steht mehrmals: ›An Margaret geschrieben.‹ Diese Briefe müßten wir uns ansehen. Sieh zu, ob du in ihrem Adreßbuch eine Margaret findest. Wahrscheinlich ihre beste Freundin.«

Während Dov in Susan Mills' Adreßbuch blätterte, befaßte David sich wieder mit den in Yaakov Schneidermans Wohnung beschlagnahmten Unterlagen. Dov und er, aber auch die anderen, hatten dieses Material schon mehrmals geprüft. Rechnungen, Quittungen, Geschäftskorrespondenz, Steuererklärungen, Bankauszüge, Terminkalender und Auftragsbuch mit hastigen Eintragungen, die Abholungen und Zustellungen in ganz Jerusalem betrafen.

Das Material war umfangreich, aber David erschien diese Hinterlassenschaft trotzdem mitleiderregend. Ein Mann wie Schneiderman vertraute sich keinem Tagebuch an. Seine Phantasien, Illusionen, Träume und Überzeugungen waren mit ihm gestorben, und sein Nachlaß bestand lediglich aus Papieren, die mit Gelddingen zu tun hatten.

»Okay, hier steht eine Margaret Dupuy, Convent of Mary, St. Louis.«

»Susans Kloster?« Dov nickte. »Hmmm, um diese Zeit müßte sie zu erreichen sein. Sieh zu, ob du sie ans Telefon bekommst.«

Die Verbindung war gut, und Schwester Margaret Dupuy erwies sich als hilfsbereit.

»Ja, die Polizei, ich verstehe. Ich bin glücklich, daß Sie sie nicht vergessen haben. Wir werden sie natürlich nie vergessen. Aber Sie haben sie nicht gekannt und geliebt wie wir.«

»Haben Sie ihre Briefe aufgehoben?« fragte David.

»O ja, jeden einzelnen!«

»Dürften wir sie lesen – wenn sie nicht allzu persönlich sind?«

»Es sind schöne, sensible Briefe, und ich habe keinen Grund, sie Ihnen vorzuenthalten. Ich könnte sie Ihnen vorlesen, aber das würde zu lange dauern. Was halten Sie davon, wenn ich sie fotokopiere und Ihnen die Kopien umgehend schicke?«

»Dafür wären wir Ihnen dankbar«, sagte David.

Die Suche nach Männern, die in Peretz' Einheit gedient hatten, erwies sich als schwierig und langwierig. An einer Wand des Bereitschaftsraums hingen jetzt Namenslisten von Männern, die in Militärgefängnissen gesessen hatten. Auf Michas, Uris, Shoshanas und Liedermans Schreibtischen stapelten sich Computerausdrucke des Verteidigungsministeriums.

Diese vier Kriminalbeamten waren um achtzehn Uhr nach Hause gefahren. Dov und David saßen jetzt allein im Bereitschaftsraum. Dov war entmutigt. »Mir kommt alles so sinnlos vor, David. Wir haben dieses Zeug schon dutzendmal durchgeackert.«

»Eine verborgene Symmetrie ist eben schwer zu erkennen, Dov. Dazu muß man alle nur denkbaren Kombinationen ausprobieren. Deshalb fangen wir jetzt noch mal von vorn an.«

Sie hatten ihr Material auf zwei Tischen ausgebreitet: Yaakov Schneidermans hinterlassene Papiere und Susan Mills' Tagebuchkopien mit den dazugehörigen Fotos. David hatte entschieden, daß sie sich auf den Zeitraum konzentrieren würden, in dem die Amerikanerin sich in Jerusalem aufgehalten hatte. Sie würden den ersten Teil ihrer Reise außer acht lassen und sich statt dessen mit den letzten acht Tagen ihres Lebens befassen.

Die beiden spannten ein großes Stück Klarsichtfolie über den Jerusalemer Stadtplan, der auf Korkplatten montiert an einer Wand hing. Dann kennzeichneten sie alle Punkte, die Susan Mills besucht hatte, mit farbigen Stecknadeln, die sich vor allem um die heiligen Stätten herum häuften. Sie war genügsam gewesen und hatte überwiegend öffentliche Verkehrsmittel benützt. Und da das Hotel Holyland in Ramat

Sharett stand, konnte sie nur bestimmte Buslinien benutzt haben. Sie war auch viel zu Fuß gegangen – das zeigten ihre Ortsbeschreibungen und die Fotos. Dov und David machten sich daran, ihre vermutlichen Routen in den letzten acht Tagen ihres Lebens einzuzeichnen, indem sie die Stecknadeln durch farbige Filzstiftstriche miteinander verbanden. Gelb für den ersten Tag, Blau für den zweiten, Orange für den dritten und so weiter, bis der Stadtplan von einem Netzwerk aus einander kreuzenden Tagesrouten überzogen war.

Als nächstes verfolgten sie Schneidermans Fahrtrouten während dieses achttägigen Zeitraums, in dem er Transporte aller Art durchgeführt hatte. Möbelstücke von Qiryat Moshe nach Talpiyot; ein Kühlschrank von einem Geschäft in der Nathan Strauss Street nach Emeq Refaim; in Kisten verpacktes Porzellan von Qiryat Ha-Yovel nach Shikkun Rassco... Auch hier wieder Gelb für den ersten Tag, Blau für den zweiten, Orange für den dritten und so weiter. Zu berücksichtigen war auch, daß er jeden Morgen von zu Hause weggefahren und abends dorthin zurückgekehrt war.

Wo zwei gleichfarbige Linien sich schnitten, versuchten Dov und David, anhand ihrer Unterlagen festzustellen, wann die beiden an diesem Schnittpunkt gewesen sein konnten. Es gab viele Schnittpunkte, deren Überprüfung mühsame Kleinarbeit erforderte. In den meisten Fällen erwies sich dabei, daß eine Begegnung der beiden unmöglich gewesen war, weil sie den betreffenden Punkt zu völlig unterschiedlichen Tageszeiten passiert hatten.

David traf eine Entscheidung. Bei einem Zeitunterschied von bis zu drei Stunden bestand die Möglichkeit, daß Mills und Schneiderman sich am jeweiligen Kreuzungspunkt begegnet waren. Nach vier langen Abenden hatten sie insgesamt sechs solcher Möglichkeiten ausfindig gemacht. Sie markierten sie mit schwarzen Kreisen und holten sich Stühle heran, um den Stadtplan in Ruhe studieren zu können.

»Was mich stört, David, ist das Unsichere unserer Methode. Susan muß Orte besucht haben, die sie weder fotografiert noch erwähnt hat, und Schneiderman kann von den scheinbaren Idealrouten abgewichen sein. Was hat er beispielsweise getan, wenn er unterwegs tanken mußte? Ist er einen Umweg gefahren, um eine bestimmte Tankstelle aufzusuchen, oder hat er einfach die nächste am Straßenrand genommen?«

»Wir können nur mit dem arbeiten, was wir haben. Bisher haben wir geglaubt, eine Begegnung sei ausgeschlossen gewesen; jetzt wissen wir, daß das *nicht* stimmt. Folglich suchen wir weiter. Mehr können wir wirklich nicht tun.«

Die an Margaret Dupuy geschriebenen Briefe enthielten Details, die sie in Susans Tagebuch und auf ihren Fotos nicht entdeckt hatten. Vor allem Stimmungsbilder, sensible Reaktionen auf die heiligen Stätten und gelegentliche Anmerkungen zum Zustand Israels als eines von außen bedrohten, innerlich zerstrittenen Staates.

»Ich bewundere das jüdische Volk«, schrieb sie einmal, »aber hier wird meine Liebe gelegentlich auf eine harte Probe gestellt. Ich habe noch nie so viele Kettenraucher gesehen oder solche flegelhafte Drängelei vor Schaltern oder Registrierkassen erlebt. Hier will niemand anstehen. ›Ich, ich, ich‹ heißt die Parole ohne Rücksicht auf andere. Aber die Einheimischen können auch bezaubernd sein. Eine alte Dame macht einen weiten Umweg, um mir eine Straße zu zeigen. Ein Lehrer nimmt sich eine Stunde Zeit, um mir Ausgrabungen zu erläutern. Und dann begegne ich wieder Rowdys. Wahrscheinlich sind daran die schrecklichen Probleme dieser Menschen schuld...«

David sprang eine Episode in einem anderen Brief ins Auge: »Heute habe ich eine sehr unangenehme Begegnung mit einem widerwärtigen Polizeibeamten gehabt. Im allgemeinen sind sie freundlich und höflich, aber dieser war schrecklich. ›Sie dürfen dies nicht, Sie dürfen das nicht.‹ Wie man sich's bei einem Deutschen vorstellt. Vielleicht ist er sogar ein deutscher Jude gewesen...«

Eine Begegnung mit einem widerlichen Polizisten in Jerusalem. Sie hatte geschrieben, dazu sei es an diesem Tag gekommen – also am 12. März. David trat an die Karte, um ihre Route zu verfolgen.

Die braune Linie: Sie schien Schneidermans Route nicht gekreuzt zu haben, kam ihr jedoch an zwei Stellen ziemlich nahe. Aus den Unterlagen ging hervor, daß der zweite Punkt wahrscheinlicher war. Susan hatte in einem Schnellimbiß in der Nähe ihres Hotels zu Mittag gegessen, und Schneiderman war gegen Mittag leer nach Romena zurückgefahren, nachdem er in Gonen Bet abgeladen hatte.

»Augenblick!« sagte Dov. »Dabei hat er den Unfall gehabt, glaube ich.«

Während er in Schneidermans Papieren wühlte, dachte David über Susans »widerwärtigen Polizeibeamten« nach. Dov fand, was er gesucht hatte: eine Computerermittlung von Schneidermans Versicherungsgesellschaft bezüglich seines Verkehrsunfalls vom 12. März.

Der »sehr geehrte Versicherungsnehmer« wurde davon in Kenntnis gesetzt, daß das von ihm angegebene Kennzeichen des anderen am Unfall beteiligten Fahrzeugs laut Auskunft der Zulassungsstelle nicht existiere. Er wurde gebeten, in seinen Aufzeichnungen nachzusehen und das berichtigte Kennzeichen umgehend nachzumelden.

Schneiderman hatte das Kennzeichen daruntergekritzelt und doppelt unterstrichen. Daneben hatte er den Namen Igal Hurwitz und die Zahl A29103 geschrieben.

Die Versicherungsgesellschaft hatte ihren Sitz in Tel Aviv. Micha und Dov fuhren morgens so rechtzeitig hin, daß sie vor der Tür standen, als um 8 Uhr die Arbeit begann. Sie brachten eine Fotokopie von Schneidermans Unfallbericht mit, zu dem eine primitive Skizze gehörte. Darüber hinaus brachten sie die bemerkenswerten Informationen mit, daß das andere Fahrzeug, dessen Kennzeichen offiziell nicht existierte, als dunkelblauer Chevrolet-Kleinbus neuer Bauart beschrieben worden war und daß Igal Hurwitz, ein Polizeibeamter mit der Dienstnummer A29103, den Unfall nicht nur aufgenommen, sondern offenbar selbst beobachtet hatte.

Das Dumme war nur, daß Dov vom Personalbüro der Jerusalemer Polizei die Auskunft erhielt, ein Igal Hurwitz sei dort nicht bekannt. Auch die Dienstnummer A29103 sei bisher nie ausgegeben worden.

Ein bleigrauer, windiger Nachmittag. David war gemeinsam mit Dov, Shoshana Nahon, Uri Schuster, Micha Benyamani und Moshe Liederman in zwei weißen Subarus zum Unfallort vom 12. März unterwegs. Sie stellten ihre Fahrzeuge wie auf Schneidermans Skizze auf und versuchten dann den Unfall zu rekonstruieren.

Laut eigener Aussage war Schneiderman mit mäßiger Geschwindigkeit auf der Yehuda Ha-Nasi unterwegs gewesen, als ihm an der Kreuzung mit der Berenice Street plötzlich der Chevrolet-Kleinbus in die Quere gekommen war. Beschädigt war vor allem der Kleinbus worden; Schneidermans Lastwagen hatte nur einige Kratzer abbekommen. Weitere Angaben fehlten, weil der Polizeibeamte den Unfall aufgenommen hatte, wie Schneiderman schrieb.

Eine verhältnismäßig triste Kreuzung, auf der tagsüber nicht viel los war. Eine Wohngegend mit Einfamilienhäusern und einigen kleinen Apartmentgebäuden. Die üblichen Geschäfte: ein Lebensmittelgeschäft, eine Wäscherei und Chemische Reinigung, ein Schuhmacher und ein Zeitungskiosk, an dem es auch Süßigkeiten und Filme gab. In den vergangenen drei Wochen hatte dieses bescheidene Viertel jedoch traurige Berühmtheit erlangt, denn gleich um die Ecke – im Hause 49 Alexandrion – lag die Wohnung, in der das ermordete Liebespaar Aaron Horev und Ruth Isaacson aufgefunden worden war.

Während die anderen den Unfall nachstellten und fotografierten, gingen Dov und David einige Blocks weit gegen den Wind zu dem kleinen Schnellimbiß, in dem Susan Mills mittags gegessen hatte. David blieb draußen stehen, während Dov das Personal befragte. Aber Dov schüttelte den Kopf, als er wieder auf die Straße trat. Obwohl er ein Foto von Susan vorgezeigt hatte, hatte sich nach zwei Monaten niemand mehr an sie erinnern können.

»Trotzdem sieht's nicht schlecht aus«, entschied David. »Immerhin können sie am selben Tag zur selben Zeit am selben Ort gewesen sein. Sie ißt hier zu Mittag und entschließt sich danach zu einem kleinen Spaziergang. Sie kommt gerade rechtzeitig an die Kreuzung, um den Unfall zu sehen, und hat danach den Zusammenstoß mit dem ›widerwärtigen Polizeibeamten‹. Aber es kommt noch besser: dieser Polizeibeamte stellt sich als Unperson heraus. Auch der Chevy existiert offiziell nicht, während wir andererseits wissen, daß Yael Safir von einem dunkelblauen amerikanischen Kleinbus mitgenommen worden sein soll. Angebliche Polizisten. Unauffindbare Fahrzeuge. Ermordete Augenzeugen. Unschuldige Opfer, die zur Tarnung ermordet werden. Das sieht nicht mehr nach einem Serienverbrechen aus, stimmt's?«

Sie machten sich auf den Rückweg zum Unfallort. Dann fiel David etwas anderes ein. »Komm, wir sehen uns die Nummer neunundvierzig Alexandrion an.«

Dov nickte. »Klar.«

Als sie vor dem Gebäude standen, starrten sie zu den Fenstern des berühmten Liebesnests im ersten Stock hinauf. David schüttelte den Kopf. »Horev und Isaacson. Okay, die Nähe könnte ein Zufall sein, aber der Zeitpunkt macht die Sache verdächtig. Die beiden haben sich jeweils in der Mittagspause getroffen. Das kann kein Zufall mehr gewesen sein, Dov! Ob sie den Unfall ebenfalls gesehen haben?«

»Aber die sind erschossen worden, David. Jeweils mit zwei Kopfschüssen aus nächster Nähe.«

»Klar, sie sollten zum Schweigen gebracht werden. Ein professioneller Job – und zugleich ein cleveres Ablenkungsmanöver. Es wäre zwecklos gewesen, die beiden in die Serie der angeblichen Psycho-Morde eingliedern zu wollen. Da sie anderweitig verheiratet waren, ließ sich ihre Ermordung als Tat eines Berufskillers hinstellen, den einer der eifersüchtigen Ehepartner angeheuert haben könnte.«

An der Kreuzung hatte der Wind aufgefrischt, und aus den dunkler gewordenen Wolken konnte es jeden Augenblick regnen. David rief Micha, Uri, Shoshana und Liederman am Randstein zusammen.

»Klappert die nähere Umgebung ab«, wies er sie an. »Jedes Haus, jede Wohnung, jeden Laden. Bringt mir einen Augenzeugen. Sie können nicht alle ermordet haben. Hier muß es irgend jemanden geben, der diesen Unfall beobachtet hat.«

DIE ZEUGIN

Endlich hatte David einen Auftrag erteilt, für den Moshe Liederman hervorragend qualifiziert war. Er war freundlich und umgänglich, sprach ausgezeichnet Polnisch, hatte Geduld mit alten Damen und war freigiebig mit Zigaretten. In vier Tagen hörten er und die übrigen vier Kriminalbeamten eine Menge über Aaron Horev und Ruth Isaacson. Aber obwohl sie alle, mit denen sie sprachen, nach einem Verkehrsunfall fragten, fand sich niemand, der davon wußte.

David behauptete, das sei unmöglich – wenn ein Lastwagen mit einem Kleinbus zusammenstoße und es zu einer Auseinandersetzung zwischen einem Polizeibeamten und einer Ausländerin komme, *müsse* irgend jemand etwas gesehen oder zumindest gehört haben. Aber die Straßenkreuzung war um diese Tageszeit fast menschenleer gewesen. Das ganze Viertel war eine Schlafstadt, in der keine Orthodoxen lebten und die meisten Frauen berufstätig waren. Natürlich gab es hier Kinder, aber die in den in Frage kommenden Altersgruppen waren in der Schule gewesen. Natürlich konnte an diesem speziellen Tag irgend jemand aus einem besonderen Grund zu Hause geblieben sein.

Zieht noch mal los. Fragt noch mal. Das ist zwar mühevoll, aber die Leute sind zumindest hilfsbereit, wenn sie sehen, wie ernst es uns ist. Die Kreuzung ist von dreißig Fenstern aus einzusehen. Überprüft sie erneut. Es muß einen Zeugen geben. *Es muß!*

Amit Nissim, acht Jahr alt, klein, elfenhaft, mit hellbraunen Zöpfen und lustigen dunkelbraunen Augen, war an diesem Tag wegen einer Erkältung nicht in die Schule gegangen. Ihre Tante lag nach einer Magenoperation im Krankenhaus; ihre Mutter mußte sie dort besuchen und bat deshalb die alte Frau Shapira von nebenan, während ihrer Abwesenheit auf die Kleine aufzupassen. Frau Shapira war gern einverstanden, und als sie sich zu ihrem Mittagsschläfchen hinlegte, blieb Amit mit einer Puppe auf ihrem Sofa.

Später hörte Amit ein dumpfes Geräusch, dann redeten Leute auf der Straße laut durcheinander. Sie ging ans Fenster und sah, wie eine Frau sich mit einem Mann stritt. Ob ihr ein Lastwagen aufgefallen sei? Das wußte sie nicht mehr bestimmt. Aber sie erinnerte sich daran, daß eine Frau eine Kamera festgehalten hatte, die ihr ein Mann in Uniform zu entreißen versucht hatte.

Das Ehepaar Nissim war mit dieser Vernehmung seiner Tochter ganz und gar nicht einverstanden. Amit blinzelte heftig – ein sicheres Anzeichen für Streß. Sie war aufgeregt, weil sechs Kriminalbeamte an ihren Lippen hingen. Sie war eingeschüchtert. Sah man ihr das nicht an? Außerdem hatte sie keinen Unfall gesehen, deshalb sei eine Fortsetzung dieser Befragung, die das Kind nur nervös mache, wohl ziemlich unsinnig.

David schickte die anderen hinaus, bevor er sich daran machte, die Eltern zu beschwichtigen. Frau Nissim verbarg ihre Schwangerschaft unter einem weiten Baumwollrock; Herr Nissim trug ein altes Tennishemd und Nylonshorts. Davids Menschenkenntnis sagte ihm, daß die Nissims anständige Leute waren: brave, gesetzestreue Staatsbürger. Er wußte, daß sie mitmachen würden, wenn er es richtig anfing.

»Ihre Tochter hat etwas sehr Wichtiges gesehen«, erklärte er ihnen. »Aber Sie haben recht gehabt, als Sie uns unterbrochen haben. Wir haben es falsch angestellt. Wir hätten Ihr Mädchen ohne jeglichen Druck – wie bei einem Spiel – befragen sollen. Amit ist eine wichtige Zeugin. Dürfen wir ein zweites Mal mit ihr reden? Ich verspreche Ihnen, sie nicht unter Druck zu setzen. Wir nehmen die Befragung auf Video auf und sind dann fertig mit ihr. Danach belästigen wir sie nie mehr.«

Nach kurzer Beratung waren die Nissims einverstanden.

Da die Kleine nur von zwei Kriminalbeamten befragt werden durfte, überlegte David, wen er hinzuziehen sollte. Shoshana? Zu ungeduldig. Liederman? Zu alt. Er entschied sich schließlich für den bulligen, muskelbepackten Uri Schuster, der auf der Straße hart und sogar brutal, aber Kindern gegenüber ein liebenswerter Teddybär war.

Die Befragung wurde in Frau Shapiros Wohnzimmer inszeniert: mittags wie am Unfalltag, ohne weitere Anwesende und mit einem dunkelblauen Chevrolet-Kleinbus und Schneidermans Lastwagen in der aus der Unfallskizze hervorgehenden Position auf der Kreuzung.

David und Uri brachten zwei Pappkartons mit Spielzeug mit. Die Kartons enthielten einen Kleinbus, einen Lastwagen, Häuser, mit denen sich ein Modell der Kreuzung bauen ließ, und männliche und weibliche Puppen in Zivil und Uniform – darunter auch eine in der Dienstkleidung eines Jerusalemer Polizeibeamten. Eine begabte Kollegin aus der Abteilung Spurensicherung hatte ihnen sieben Puppen so bemalt, daß sie Mills, Schneiderman, Goshen, Ghemaiem, Safir, Isaacson und Horev darstellten. Aber sie hatten auch ein Dutzend neutrale Puppen mitgebracht, um die Kleine nicht zu beeinflussen.

Als alles aufgebaut war, führte Uri Amit ans Fenster, zeigte ihr die Fahrzeuge auf der Straße und bat sie, das Gesehene mit Spielzeug nachzustellen.

»Richtig, Amit – der Lastwagen hier an der Ecke, ja, und der Kleinbus ist ihm eben reingefahren, so daß sie jetzt so zueinander stehen... Sieh dir jetzt bitte alle Mädchenpuppen an. Siehst du eine, die Ähnlichkeit mit der Frau mit der Kamera hat? Diese hier? Gut. Dann stell sie bitte dorthin, wo du sie gesehen hast, als sie sich mit dem Mann gestritten hat. Und welche der Jungenpuppen sieht dem Mann in Uniform am ähnlichsten? Der Polizist? Ganz bestimmt? Und die beiden haben hier vor dem Lastwagen auf dem Gehsteig gestanden? Aha...«

Yaakov Schneiderman hatte den Lastwagen gefahren – daran erinnerte Amit sich jetzt. Sie wußte auch noch, daß er nach dem Zusammenstoß mit in die Hüften gestemmten Händen neben seinem Wagen gestanden, den Kopf geschüttelt, den Schaden begutachtet und dem Vorderrad des Kleinbusses einen Tritt versetzt hatte. Ob sie noch weitere Puppen erkannte? Ja, diese beiden: Horev und Isaacson – sie waren während des Streits über die Straße gekommen. Die Frau mit der Kamera sprach eine fremde Sprache, und sie kamen, um ihr zu helfen, den Polizisten zu verstehen, der allmählich wütend wurde.

Also vier Menschen auf dem Gehsteig, faßte Uri zusammen, und Schneiderman bei seinem Lastwagen. Sonst noch jemand? Ja, drei weitere Männer, von denen zwei den dritten stützten, der verletzt zu sein schien. Mit den Puppen demonstrierte Amit, was sie meinte: Der Verletzte hatte die Arme um die Schultern der beiden anderen gelegt, die rasch mit ihm davongehumpelt waren.

»Alle drei? Ganz bestimmt, Amit? Hier die Berenice Street entlang? Und was ist mit den anderen gewesen? Oh, das war also *vor* dem Streit? Aber neulich hast du gesagt, du seist erst wegen der lauten Stimmen ans Fenster gegangen...«

Amit erinnerte sich jetzt wieder, wie alles gewesen war. Als Frau Shapira sich hingelegt hatte, war sie ans Fenster gegangen, weil ihr langweilig gewesen war. Dann hatte sie gesehen, wie der Lastwagen mit dem Kleinbus zusammengestoßen war. Danach hatte sie beobachtet, wie der Polizist auf der Fahrerseite aus dem Bus gestiegen war, während die Frau, die eine andere Sprache gesprochen hatte, alles fotografiert hatte. Der Polizist war nicht nett zu der Dame und dem Paar gewesen, das hilfsbereit über die Straße gekommen war. Er hatte sich ihre Ausweise zeigen lassen und war sehr unfreundlich zu ihnen gewesen und hatte sich ihre Namen aufgeschrieben...

Der dunkelblaue Kleinbus war also mit drei Mann und einem falschen Polizisten besetzt gewesen, und nachdem Schneiderman mit ihm zusammengestoßen war, hatten die drei Männer, von denen einer verletzt war, die Unfallstelle verlassen. Der Polizist – natürlich »Igal Hurwitz« – hatte das Kommando übernommen, Schneidermans Namen erfahren, seinen falschen Namen genannt und Susan Mills aufgefordert, ihm ihren Film zu übergeben. Obwohl er behauptet hatte, er müsse ihn als Beweismittel sicherstellen, hatte die Amerikanerin sich geweigert, ihn herauszugeben. Das hatte Amit Nissim ganz deutlich gehört, weil Ruth Isaacson dem Uniformierten diese Weigerung übersetzt hatte.

Als sie die Wohnung verließen, nachdem sie sich bei Amit bedankt und ihr eine als Polizeibeamten gekleidete Puppe geschenkt hatten, begann Uri, der während der Befragung so ruhig und väterlich gewesen war, auf der Treppe plötzlich mit wilden Boxübungen.

»Horev-Isaacson! Derselbe Fall! Meinen Glückwunsch, David – du hast recht behalten! Soll ich dir was verraten? Als du neulich davon angefangen hast, hab' ich dich für ziemlich bescheuert gehalten...«

Horev und Isaacson – ganz Israel kannte sie.

Aaron Horev: Ingenieur, glücklich verheiratet mit Sulamith, Geburtshelferin im Hadassah-Krankenhaus in Ein Karem. Drei Söhne: Zvi, Yigal und Ehud. Eine typische Familie aus dem Jerusalemer Mittelstand mit einer Dreizimmerwohnung in Gilla und einem guten Fiat aus zweiter Hand.

Ruth Isaacson: Bibliothekarin in der Hebräischen Universität auf dem Skopusberg, verheiratet mit Asher, Geologieprofessor in Givat Ram. Die kinderlosen Isaacsons, gute Freunde der Horevs, bewohnten einen hübschen Bungalow in Bezalel. Sie hatten ihn selbst renoviert, und davor stand ein japanischer Wagen geparkt.

Ihr Liebesnest befand sich im ersten Stock eines Hauses in der Alexandrion Street – in einer Wohnung, die Ruths Freundin Zena Raphael gehörte. Wie sich später zeigte, durften die Liebenden, die dafür ein Viertel der Miete übernahmen, das Apartment jeden Mittag von 12 bis 14 Uhr benutzen und brauchten weder für Handtücher noch für Bettwäsche selbst zu sorgen. Wie oft sie es tatsächlich benützten, blieb strittig. Zena sprach von ein- bis zweimal in der Woche; eine Nachbarin wollte sie jeden Nachmittag gesehen haben. Außer Zweifel stand nur das Ende der beiden. Als Zena am 18. April kurz nach neunzehn Uhr mit dem Bus nach Hause kam, entdeckte sie die beiden nackten Toten auf ihrem Bett. Die Liebenden, die beide je zwei Kopfschüsse aufwiesen, hielten einander noch im Tod in den Armen.

Wer hatte sie ermordet? Asher Isaacson? Sulamith Horev? Ihr Bruder Samuel, der Aaron nie hatte ausstehen können? Manche behaupteten sogar, Zena sei selbst in Aaron verliebt und maßlos eifersüchtig auf Ruth gewesen. Rafis Mordkommission hatte keinen bestimmten Verdacht. Der fachmännisch durchgeführte Doppelmord mit vier präzisen Schüssen aus einer Beretta Kaliber 22 ließ an einen professionellen Job denken. Und da die beiden Ehepartner zum Tatzeitpunkt gearbeitet hatten, konzentrierten die Ermittlungen sich auf den Verdacht, jemand könnte einen professionellen Killer beauftragt haben.

Alle Beteiligten erklärten sich für unschuldig. Asher Isaacson nahm sich einen Staranwalt. Sulamith Horev, die von Reportern verfolgt wurde, flüchtete mit ihren drei Söhnen nach Haifa und drohte, Israel für immer zu verlassen. Rabbi Mordechai Katzer, der religiöse Demagoge, bezeichnete den Doppelmord als gerechten Lohn der Untreue und als Folge »pervertierter Wertvorstellungen« im israelischen Alltag.

»Jetzt willst du auch noch den Fall Horev-Isaacson?« Rafi runzelte zweifelnd die Stirn. Er faltete die Hände hinter dem Kopf und lehnte sich zurück.

»Ich habe eine Zeugin.«

»Eine Achtjährige! *Bitte*, David...«

»Für ihre acht Jahre ist sie erstaunlich gut. Du kannst dir unser Videoband ansehen. Ich wette mit dir, daß du dann auch überzeugt bist. Horev und Isaacson haben den Unfall beobachtet – deshalb sind sie ermordet worden.«

Nachdem Rafi sich die Aufnahmen zweimal angesehen hatte, gab er zu, daß Amit glaubwürdig wirkte. »Ihr habt ihr keine Suggestivfragen gestellt, und sie drückt sich vernünftig aus«, meinte er. »Nur schade, daß es keinen weiteren Zeugen gibt.«

»Und?«

Rafi überlegte. »Okay, du bekommst den Fall Horev-Isaacson. Das muß ich Latsky mitteilen, aber ansonsten erfährt niemand davon. Meine Leute in der Mordkommission müssen einfach weiter ihre Purzelbäume schlagen – viel mehr tun sie ohnehin nicht.« Er zündete sich seine Pfeife an. »Auf einer gewisenen Ebene hast du den Fall natürlich bereits gelöst. Wir kennen jetzt das Motiv: Beseitigung von Zeugen. Zwei werden innerhalb einer angeblichen Mordserie beseitigt, der auch drei Unbeteiligte zum Opfer fallen. Und ganz nebenbei muß auch ein Liebespaar daran glauben.«

»Brutale Leute.«

»Was steckt dahinter?«

»Ein Tarnmanöver«, antwortete David. »Die Zeugen haben etwas Gefährliches gesehen.«

»Aber was?«

»Darüber habe ich mir lange den Kopf zerbrochen. Es kann nichts Auffälliges gewesen sein, denn sonst wären sie auf offener Straße erschossen worden. Das haben die Mörder nicht getan. Sie haben sich im Gegenteil zwei Monate Zeit gelassen, um uns nachhaltiger zu täuschen. Folglich haben die Augenzeugen – Schneiderman, Mills, Horev und Isaacson – etwas gesehen, das ihnen nicht gleich aufgefallen ist und das ihnen später als äußerst wichtig hätte einfallen können. Vier Kerle, davon einer als Polizeibeamter verkleidet, in einem illegal zugelassenen Kleinwagen. Irgendeine Verbindung, die zwischen ihnen besteht – das muß es sein! Kerle, die irgend etwas vorhatten, so daß sie bereit waren, sieben Menschen zu ermorden, nur um nicht befürchten zu müssen, vier von ihnen könnten sich an den Unfall und vor allem an sie erinnern.«

David und seine Einheit blieben bis 4 Uhr zusammen, um ihren Fall zu diskutieren. Ihre erste Entscheidung betraf die kleine Amit. Da alle übrigen Unfallzeugen ermordet worden waren, befand sie sich unter Umständen ebenfalls in Lebensgefahr und mußte geschützt werden. David teilte Shoshana, die sich mit Uri und Liederman abwechseln würde, als ihre Leibwächterin ein.

Ihre zweite Entscheidung betraf Susan Mills. Sie hatte sich geweigert, dem angeblichen Polizeibeamten ihren Film zu überlassen. Das konnte die Erklärung dafür sein, daß sie vor ihrer Ermordung gefoltert worden war. War sie zum Sprechen gebracht worden? Dov, der die amerikanische Nonne von Anfang an bewundert hatte, unterstrich ihre Willensstärke. Vielleicht hatte sie wirklich nichts verraten, was bedeuten konnte, daß die belastenden Fotos noch irgendwo zu finden sein mußten. David gab Anweisung,sämtliche Fotogeschäfte und Bildlabors in konzentrischen Kreisen vom Hotel Holyland aus aufzusuchen. Seine Leute sollten Fotos von Susan Mills vorzeigen und fragen, ob sie dort als Kundin bekannt gewesen sei. Hatte sie Filme gekauft oder zum Entwickeln abgegeben? Lagen ihre bestellten Bilder etwa noch abholbereit da?

Bei Tagesanbruch fuhr David nach Hause, um zu schlafen. Er stand am frühen Nachmittag auf, duschte gerade und dachte an Anna, die in nur einer Woche zurückkommen würde, als die Türklingel schrillte. Er drehte das Wasser ab und ging an die Sprechanlage, um zu fragen, wer unten sei.

»Yigal Gati. Ich bin schon im Präsidium gewesen. Dort hat's geheißen, Sie seien zu Hause.«

»General Gati?« Selbst durch die Haussprechanlage erkannte er die berühmte Stimme.

»Ja. Ich würde gern raufkommen, wenn's Ihnen recht ist.«

»Bitte sehr«, sagte David und betätigte den Türöffner.

Während er hastig in seine Hose schlüpfte, fragte er sich, wie er zu der Ehre kam, von einer lebenden Legende aufgesucht zu werden. Als er sich eben einen Pullover überstreifte, klingelte es an der Wohnungstür. David öffnete und sah den leicht angewiderten Blick, mit dem der General sein noch feuchtes Haar musterte.

»Ich hab' bis heute morgen gearbeitet. Bin eben erst aufgestanden.«

»Ich hätte wohl lieber anrufen sollen.« Trotzdem blieb der General stehen, ohne zu fragen, ob er zu einem günstigeren Zeitpunkt wiederkommen solle.

Als David ihm einen Drink anbot, bat General Gati um ein Glas Wasser. »Aus der Flasche!« rief er in die Küche. Als David mit den Gläsern zurückkam, sah er Gati vor dem großen Fenster stehen und hinausstarren.

»Wunderbare Aussicht.«

David reichte ihm ein Glas Wasser. »Wir können uns nie daran sattsehen. Uns gefällt's hier.«

Der General drehte sich langsam nach ihm um. »Natürlich – wenn man so schön wohnt.«

David hatte den Eindruck, unter die Lupe genommen zu werden, als suche der andere irgendeinen Schwachpunkt, an dem er ansetzen könne. Er bemühte sich, diesen Blick zu erwidern, aber er sah nur das von Hunderten von Fotos bekannte Gesicht: Yigal Gati, der ehemalige Luftwaffenbefehlshaber, der entscheidend zu den Siegen der Jahre 1967 und 1973 beigetragen hatte. Ein grauer Cäsarenkopf mit leuchtend blauen Augen, die ihn kalt und unverwandt beobachteten.

»Dies ist ein inoffizieller Besuch. Ich bin heutzutage ein gewöhnlicher Bürger wie jeder andere.« Ein knappes Lächeln, das andeutete, daß Gati recht gut wußte, daß er das keineswegs war. »In dieser Eigenschaft bin ich so frei gewesen, bei Ihnen vorbeizukommen.«

David bot ihm mit einer Handbewegung einen Platz auf der Couch an.

»Ich bin mein Leben lang beim Militär gewesen. Ich halte nichts von langen Vorreden, deshalb will ich nicht erst gemeinsame Freunde erwähnen, sondern gleich zur Sache kommen. Ich bin hier, um ein Plädoyer zu halten.«

David nahm einen großen Schluck Wasser. »Bitte sehr«, sagte er. »Fangen Sie an.«

»Es handelt sich um ein Gnadengesuch, weil es in dem Fall, den ich meine, anscheinend keine juristische Verteidigungsmöglichkeit gibt. Sie fragen sich, von wem ich rede?«

Wieder das aufgesetzte knappe Lächeln. »Von einem Mann namens Gutman, den Sie vor einigen Wochen verhaftet haben sollen.«

»Richtig, wir haben ihn verhaftet«, bestätigte David.

»Er steckt jetzt in der Klemme.«

»Kein Wunder, wenn man bedenkt, daß er ein Dieb ist.«

»Nur ein Dieb? Oder vielleicht auch ein Opfer?«

»Viele Israelis sind Opfer gewesen, General. Nicht alle von ihnen sind Verbrecher geworden.«

»Ah!« Gati lächelte erneut. »Sie sind ein zäher Bursche. Das habe ich gehört; das respektiere ich. Ich bin selbst einer.«

»Welches Interesse haben Sie an Gutman?«

»Ich kenne ihn seit fast fünfzig Jahren. Wir haben gemeinsam in der Jüdischen Brigade gekämpft. Nach der deutschen Kapitulation bin ich mit ihm in der Britischen Besatzungszone unterwegs gewesen. Vielleicht haben Sie einiges von dem gehört, was wir dort getan haben.«

Deshalb hat Vater Gutman gekannt; deshalb hat Gutman mich erkannt, als wir ihn verhaftet haben! »Sie kennen meinen Vater von damals?« fragte David.

»Natürlich.«

»Die ›Jäger‹?«

Der General nickte. »So haben wir uns genannt.«

»Gutman ist einer der Jäger gewesen?«

»Einer der besten. Und später ein tapferer Soldat. Im Mai 1948 hat er zu den Helden von Latrum gehört.«

Der Vorstoß nach Jerusalem: eine der legendären Heldentaten aus dem Unabhängigkeitskrieg. Die zerschossenen und verrosteten Panzer lagen noch immer dort und dienten als Mahnmal für moderne Reisende auf der Schnellstraße zwischen Tel Aviv und Jerusalem.

»Und jetzt handelt er mit gestohlenen Thora.«

Gati stand auf, trat ans Fenster und kehrte David den Rükken zu. »Thora. Klar. Warum nicht? Was macht ihm das aus?

Weshalb sollte er seine lausige Pension, von der er nicht leben und nicht sterben kann, nicht durch den Verkauf von Thora an reiche amerikanische Juden aufbessern? Als guter Jude weiß er, wie man überlebt. Er tut das, was Juden schon immer getan haben: Er macht einen kleinen Laden auf.

Natürlich gibt es alle möglichen kleinen jüdischen Läden. Änderungsschneidereien. Eisenwarenhandlungen, Lebensmittelgeschäfte, Läden, in denen man Spitzen oder Schuhe kaufen oder eine Uhr beleihen lassen kann. Alle diese Läden haben eines gemeinsam: Ihre Besitzer wollen mehr einnehmen, als sie ausgegeben haben. Das ist die Grundlage des Geschäftslebens. Und wer könnte da genau unterscheiden, wer der gewiefte Kaufmann, wer der Dieb und wer der ehrliche jüdische Geschäftsmann ist?

Für einen Kerl wie Gutman haben sich diese feinen Unterschiede irgendwann verwischt. Er sieht sich um und denkt: ›Ich bin einer dieser wenigen Leute gewesen, die 1945 und 1946 im besetzten Deutschland unterwegs gewesen sind, um untergetauchte Nazis aufzuspüren und zu beseitigen. Gemeinsam mit meinen Kameraden Gati und Doc Bar-Lev habe ich der Menschheit durch diese Art der Entnazifizierung einen großen Dienst erwiesen. Und jetzt, wo ich alt und einsam bin, weil Frau und Tochter gestorben sind, zeigt sich, daß ich nichts kann, womit in dieser wunderbaren merkantilen Neuen Gesellschaft Geld zu verdienen wäre. Alle anderen lügen, stehlen, erpressen, kaufen Luxusartikel, werden reich. Das Land, für das ich gekämpft habe, benimmt sich wie eine Hure, die bei den Amerikanern Almosen erbettelt, wenn sie wieder mal am Ende ist. Der Teufel soll alles holen! Ich mache einen kleinen jüdischen Laden auf, kaufe alte Thora, ohne viel zu fragen, woher sie stammen, und verkaufe sie Amerikanern, die lieber eine billige kaufen, als sich eine neue schreiben zu lassen.‹«

Gati verließ seinen Platz am Fenster, setzte sich wieder,

starrte David ins Gesicht und zuckte plötzlich nach klassischer israelischer Manier mit den Schultern. Als wolle er sagen: So, das war's, mein Plädoyer ist beendet. Während David ihn verblüfft anstarrte, setzte er sein Glas an die Lippen und trank einen kleinen Schluck.

Als Anna nach Mitternacht aus Paris anrief, hörte er die nervöse Spannung in ihrer Stimme.

»Was hast du?«

»Nichts. Ich wollte bloß mit dir reden. Ich komme bald nach Hause. Nur noch ein paar Tage. Ich kann's kaum noch erwarten. O David – du fehlst mir so sehr...«

Sie schien den Tränen nahe zu sein.

Seine Tür stand offen, aber Rebecca Marcus klopfte trotzdem an. »Ein Mann am Telefon, David. Er will seinen Namen nicht nennen. Aber er besteht darauf, dich zu sprechen.«

Raskov? Nein, der würde seinen Namen nennen. »Okay, frag ihn, was er will. Ich höre mit.«

Rebecca nickte. David drückte auf einen Knopf und griff nach dem Zusatzhörer seines Apparats.

»...sagen Sie ihm, daß ich einer von Peretz' Ehemaligen bin und die ›Signatur‹ kenne.«

»Können Sie sie beschreiben?« fragte Rebecca.

»Klar. Parallele Schnitte quer über die Titten.«

Kurzes Schweigen, dann Rebeccas beherrschte Stimme: »Augenblick, ich sehe nach, ob der Captain zu sprechen ist.«

Rebecca war blaß um die Nase, als sie an der Tür erschien. David machte ihr ein Zeichen, sie solle feststellen lassen, woher der Anruf kam. Dann meldete er sich.

»Bar-Lev. Im allgemeinen sprechen wir nicht mit Leuten, die nicht sagen wollen, wer sie sind.«

»Und wenn sie Informationen haben?« Die Stimme klang heiser, der Akzent schien nordafrikanisch zu sein.

»Falls Sie eine Belohnung erwarten...«

»Ich will keine.«

»Okay, was wollen Sie sonst?«

»Ich hab' 'ne Liste.«

»Was für eine Liste?«

»Der Kerle in Peretz' Einheit.«

»Steht Ihr Name auch darauf?«

»Was soll der Quatsch, Mann?«

»Wenn Sie uns helfen, aber Ihren Namen nicht nennen wollen, seien Sie bitte so freundlich, uns die Liste mit der Post zu schicken.«

»Kann ich nicht machen.«

»Warum nicht?«

»Wollen Sie die Liste oder nicht?«

David überlegte kurz. »Okay, ich will sie.«

»Kommen Sie in den Anna-Freud-Garten. Heute nachmittag um drei.«

»Augenblick! Ich habe nicht gesagt, daß ich...«

»Versuchen Sie nicht, Zeit zu schinden, Bar-Lev. Und kommen Sie allein. Ganz allein, verstanden? Sonst kriegen Sie die Liste nicht.« Der Anrufer hängte ein.

»Der ›Garten‹ besteht aus einigen Buschgruppen mitten auf dem Universitätsgelände«, stellte Dov fest. »Keineswegs isoliert. Nachmittags sind dort jede Menge Leute unterwegs.«

»Und das soll ein Geheimtreff sein?« fragte Micha.

»Vermutlich kommt irgendein junger Mann auf David zu und drückt ihm einen Zettel in die Hand. Fahr nach X. Von dort aus weiter nach Y. Wie bei 'ner Schnitzeljagd. Das würde die Überwachung erschweren.«

»Anna Freud – ob er weiß, was dein Vater ist?« meinte Shoshana nachdenklich.

»Das wäre ziemlich raffiniert. So hat der Kerl aber nicht gewirkt.«

»Was ist, wenn er wirklich eine Liste hat?«

»Dann wäre alles bestens. Wir könnten dringend eine brauchen. Und wenn sein Anruf ein Täuschungsmanöver gewesen ist, müssen wir's auch wissen.« Die anderen starrten ihn an. Vor allem Dov wirkte besorgt. »Was soll er schon tun?« fragte David. »Mich erschießen?«

»Die Sache gefällt mir nicht. Dieser plötzliche Anruf... Ich meine jetzt, wo wir Peretz eigentlich schon abgehakt haben.«

»Aber wir sind dabei, eine Liste zu erstellen. Das kann sich herumgesprochen haben. Wir wissen, daß Einzelheiten über die Markierungen bekanntgeworden sind. Hört zu, ich weiß genau, daß wir uns morgen ärgern, wenn ich heute nicht hingehe. Deshalb gehe ich hin. Sind wir uns darüber einig?«

Er wartete ab 14.45 Uhr im Anna-Freud-Garten. Die Sonne brannte herab, und die kugelsichere Weste, die er auf Drängen der anderen trug, war unbequem und brachte ihn zum Schwitzen. Studenten nahmen Sonnenbäder, andere unterhielten sich, mehrere Pärchen küßten sich, einige wenige lasen tatsächlich Bücher. Um 17 Uhr hatte er die Sache satt. Er stand kopfschüttelnd auf und stakte davon, um sich mit Dov und Micha auf dem Parkplatz zu treffen.

»Das ist ein Test gewesen, David. Um zu sehen, ob du allein kommen würdest.«

»Schon möglich. Schließlich sind ringsum Hunderte von Fenstern. Ich kann leicht beobachtet worden sein. Oder jemand hat sich einen schlechten Scherz mit uns erlaubt. Der Teufel soll den Kerl holen! Wenn er noch mal anruft, bin ich nicht zu sprechen. Dann wird sich zeigen, wie dringend ihm die Sache ist. Nächstes Mal kann *er* schwitzen.«

Abends hörte David sich zu Hause eine von Annas Schallplatten an – eine alte Aufnahme mit Pierre Fournier –, als das Telefon klingelte.

Wieder der anonyme Anrufer. »Sie sind zu früh gegangen.«

»Sie können mich mal!« sagte David und legte auf.

Als das Telefon erneut klingelte, blieb er ruhig davor sitzen und nahm den Hörer erst nach dem fünfzehnten Klingeln ab. »Ja? Was wollen Sie?«

»Tut mir leid. Bin aufgehalten worden. Konnte Sie nicht erreichen.«

»Schon recht. Reden wir nicht mehr darüber.«

»Wollen Sie die Liste denn nicht? Ich kann sie Ihnen noch heute geben.«

»Rufen Sie morgen früh meine Dienststelle an. Vereinbaren Sie einen Übergabetermin mit einem meiner Leute.«

»Warten Sie doch! Ich meine es ernst.«

»Komisch, das kann ich gar nicht glauben.«

»Geben Sie mir noch eine Chance.«

»Beantworten Sie mir eine Frage: Weshalb liegt Ihnen so viel daran?«

»Das erzähle ich Ihnen alles, wenn wir uns sehen.« Eine Pause. »Ich weiß, daß Sie keine Angst haben, Bar-Lev. Was hätten Sie auch zu verlieren?«

»Meinen Schlaf.«

»Ach, reden Sie keinen Unsinn...« Der Unbekannte machte eine Pause. Seine Stimme hatte zuletzt irgendwie gespannt geklungen, und David wurde neugierig.

»Gut, wir treffen uns in irgendeinem Café«, schlug er vor.

»Kommt nicht in Frage!« wehrte der Anrufer ab. »Im Biblischen Zoo.«

»Der schließt bei Sonnenuntergang.«

»Sie sind Polizeibeamter. Der Mann am Tor läßt Sie rein.«

»Und was ist mit Ihnen?«

»Keine Angst, ich werde dort sein.«

»Dann sind Sie also ein Kollege?«

»Kommen Sie allein, Bar-Lev. Um Mitternacht am Leopardenkäfig. Bin ich nicht binnen zehn Minuten da, fahren Sie nach Hause und vergessen mich. Dann wissen Sie, daß ich bloß ein Schwindler gewesen bin.«

Um Mitternacht am Leopardenkäfig – das hatte etwas verlokkend Melodramatisches an sich. Vielleicht war es dumm, allein hinzugehen, aber noch dümmer wäre es gewesen, ihm, Bar-Lev- etwas antun zu wollen. Die für die Morde Verantwortlichen mußten wissen, daß es sinnlos war, Ermittlungen dadurch behindern zu wollen, daß man den Beamten ermordete, der sie leitete.

Trotzdem schlüpfte David in die heiße, kugelsichere Weste, steckte seine Beretta in den Hosenbund und kehrte an der Tür noch einmal um, weil ihm einfiel, er könnte ein Reservemagazin mitnehmen.

Der Biblische Zoo lag in Romena, aber die Fahrt quer durch die Stadt dauerte nachts nur eine knappe Viertelstunde. Dort wurden alle in der Bibel vorkommenden Tiere in Gehegen gezeigt, auf denen auf einer Tafel die jeweilige Bibelstelle zitiert wurde. David kannte den Zoo gut, denn er war oft mit Hagith dort gewesen. Ein guter Zufluchtsort vor dem lärmenden Treiben der Stadt; ein netter, ruhiger Ort, an dem man einen Sabbat-Nachmittag verbringen konnte.

Er fuhr einmal um den Zoo und stellte fest, daß die Einzäunung an mehreren Stellen nicht allzu schwierig zu übersteigen war. Auf einer Seite waren Schuppen bis unmittelbar an den Zaun gebaut; an einer anderen Stelle war der Maschendrahtzaun eingedrückt und leicht zu überwinden.

An dieser Stelle würde er in den Zoo gelangen – dann brauchte er den Mann am Tor nicht erst herauszuklingeln. David parkte, schaltete die Alarmanlage seines Wagens ein und ging langsam zu der Stelle zurück, die er sich gemerkt hatte. Ein kurzer Blick nach beiden Seiten, dann erkletterte er den Zaun und war mit einem Sprung auf dem Zoogelände.

David setzte seinen Weg bedächtig fort. Der Boden war sandig, das belaubte Buschwerk trocken. Er nahm Tiergerüche wahr und machte einzelne Tierstimmen aus. Der Leopardenkäfig lag zwischen den Gehegen mit Bären und Störchen und neben der Löwengrube. Da dieser Platz bei Besuchern sehr beliebt war, hatte die Verwaltung unter den Bäumen Holzbänke aufstellen lassen. Ein betonierter Fußweg schlängelte sich um die Käfige, die im Widerschein der fernen Straßenbeleuchtung nur schemenhaft erkennbar waren.

Er entschied sich für die dunkelste Bank und setzte sich leise. Während seine Augen sich an die Dunkelheit gewöhnten, versuchte er die vielen Geräusche in seiner Umgebung auseinanderzuhalten: Tierstimmen, Verkehrslärm und das auch nachts nicht verstummende dumpfe Brausen der Großstadt Jerusalem. Nach einiger Zeit war er der Überzeugung, er werde es merken, wenn sich jemand nähere.

23.50 Uhr. Auf dem Hügel hinter ihm mußte zwischen den Bibern und Affen irgend etwas passiert sein: Die Tiere dort oben waren plötzlich verstummt. David erstarrte. Seine Nerven waren zum Zerreißen angespannt. Als er einen halben Meter rechts von sich ein metallisches Klirren an einem aus Rohren geschweißten Geländer hörte, dachte er zunächst, jemand habe einen Stein geworfen. Als ihm Sekundenbruchteile später klar wurde, was das soeben wiederholte Geräusch bedeutete, sprang er auf und warf sich zu Boden.

Pffm-pffm! Pffm-pffm! Der gedämpfte Knall einer mit einem Schalldämpfer ausgerüsteten Beretta Kaliber 22 – jeweils zwei Schüsse rasch nacheinander, wie man es in der Schießausbildung bei den Geheimdiensten lernte. Während David von dem betonierten Fußweg unter die Bäume kroch, wußte er, daß er's nicht nur mit einem Gegner zu tun hatte. Aus der Schußfolge konnte er schließen, daß er zwei, vielleicht sogar drei Männer gegen sich hatte, die ihn rasch einkreisten.

Er zog seine eigene Beretta, schoß blindlings in die Büsche und sah dann einen Augenblick lang eine Gestalt, die hinter ihm auf dem Hügel nach links rannte. Man versuchte ihn zu umzingeln. Er warf sich herum, drückte erneut ab und kam in geduckter Haltung auf die Beine. Dann stürmte er mit eingezogenem Kopf nach rechts an den Wildschweinen vorbei auf einen Käfig zu, aus dem ein Wasserbüffel ihn mit großen glasigen Augen stumm anglotzte.

Ja, die anderen waren zu dritt: Sie bildeten eine Schützenreihe im höheren Teil des Geländes und drängten ihn allmählich in die unterste Ecke des Zoos. Dort würde ihm nicht genug Zeit bleiben, den Zaun einfach zu übersteigen. Aber wenn er einen der Angreifer erledigen konnte, hatte er vielleicht eine Chance, durchzubrechen und im baumbestandenen Gelände auf der anderen Seite unterzutauchen. David überlegte sich, wie er das anstellen sollte, als plötzlich eine Uzi-Maschinenpistole aus der Richtung loshämmerte, aus der er in den Zoo gelangt war. Aber das Feuer galt nicht ihm. Irgend jemand, ein unsichtbarer Verbündeter, bestrich den Hügel mit MP-Feuer und trieb die Angreifer zurück.

»He! He, Bar-Lev! Sie sind weg.« Er erkannte die Stimme, die nicht dem anonymen Anrufer gehörte, und blieb neben dem Büffelgehege in Deckung, bis er Peretz mit umgehängter Maschinenpistole auf sich zukommen sah.

»Alles in Ordnung. Wirklich! Ich hab' sie verjagt. Scheißkerle, die...«

David schoß wütend hoch. »Haben Sie das arrangiert, Peretz?«

»Immer mit der Ruhe, Bar-Lev.«

»›Peretz und seine Jungs.‹ Dieser Blödsinn mit der angeblichen Liste!«

»Für einen Kerl, dem eben das Leben gerettet worden ist, sind Sie verdammt undankbar.«

»Wollen Sie etwa behaupten, Sie seien zufällig vorbeigekommen und hätten die Schüsse gehört? Aus meiner Sicht ist das Ihre kleine Show gewesen. Betrachten Sie sich als festgenommen.«

»Weswegen? Weil ich Sie gerettet habe? Daß ich nicht lache!« Peretz lachte trotzdem.

»Halten Sie das für witzig?«

»Drei Kerle, die's auf einen Bullen abgesehen haben – nein, das ist überhaupt nicht witzig. Hören Sie, ich hab' gesehen, daß Sie in der Klemme saßen, und beschlossen, Ihnen zu helfen. Ich beschatte Sie jetzt schon zehn Abende lang. Ich hab' mitgekriegt, was Sie in der Berenice Street inszeniert haben.«

»Sie haben *mich* beschattet?«

»Darauf können Sie Gift nehmen. Ich hab' Ihnen doch gesagt,daß ich's auf diesen Kerl abgesehen habe. Ich will ihm den Schädel einschlagen.«

»Sie sind verrückt.«

»Freut Sie das nicht? Wäre ich weniger verrückt, lägen Sie jetzt wahrscheinlich tot vor dem Affenkäfig.«

David schüttelte den Kopf. Er glaubte ihm. Peretz war ein Killer, kein Mann, der anderen Streiche spielte, um sie zu erschrecken.

»Wir müssen miteinander reden, Peretz.«

»Klar. Aber ich muß hier raus. Noch eine Minute in diesem Tiergestank, und ich muß kotzen!«

Aus Peretz' Apartment telefonierte David mit Dov, weckte ihn auf und wies ihn an, den Zoo abriegeln und bei Tagesanbruch ein Spurensicherungsteam nach Patronenhülsen und Geschossen suchen zu lassen. Während Peretz eine Flasche roten Carmel entkorkte, trat er auf die Dachterrasse hinaus, auf der zwischen Pflanzkübeln eine dreisitzige Hollywoodschaukel stand.

David trat an die Brüstung, umklammerte das Geländer

mit beiden Händen und blickte über Jerusalem hinweg. Jenseits der Altstadt erkannte er den Felsendom, dessen goldene Kuppel im Licht des fast vollen Mondes geheimnisvoll glänzte.

Seine Hände zitterten, obwohl er das Geländer fest umklammert hielt. Er wußte, daß das eine verspätete Reaktion auf den Hinterhalt im Zoo war. Es war dumm gewesen, sich allein hinzuwagen. *Vielleicht werde ich allmählich alt,* dachte er. *Stephanie hat mich gewarnt, und ich hab' nicht auf sie gehört. Ich hab' geglaubt, ich sei völlig ungefährdet – das ist wirklich dumm gewesen!*

Peretz erschien mit der Flasche und zwei Gläsern, stellte sie ab, streckte sich auf der Hollywoodschaukel aus und setzte sie in Bewegung. David blieb noch eine Zeitlang am Terrassengeländer stehen. Als das leise Knarren der Schaukel rascher wurde, drehte er sich nach Peretz um. Er gab sich keine Mühe, seinen Zorn zu verbergen.

»Sie haben mir nachspioniert – *weshalb*?«

»Das ist nicht verboten.«

»Sie haben behauptet, Sie würden Ihre Leute aufsuchen.« Peretz nickte. »Warum sind Sie dann hinter mir hergeschlichen?«

»Ich will diesen Kerl unbedingt erwischen.«

»Wenn ich ihn finde, kriegen Sie ihn nicht, Peretz. Ist Ihnen das nicht klar?« Keine Antwort. »Wenn Sie sich mit der Polizei anlegen, kriegen Sie eine Menge Schwierigkeiten.«

»Okay, Bar-Lev, ich schlage Ihnen einen Handel vor. Ich bin Offizier. Gliedern Sie mich in Ihre Abteilung ein. Das dürfte sich ohne große Mühe machen lassen. Wir arbeiten zusammen. Zu zweit sind wir unschlagbar. Wir wären ein Klasseteam.«

Als David den Kopf schüttelte, setzte Peretz einen Fuß auf den Boden und hielt die Schaukel an. »Weshalb nicht? Verdammt noch mal, weshalb nicht?«

»Erstens will ich nicht mit Ihnen zusammenarbeiten. Wir können einander nicht ausstehen – das haben Sie selbst gesagt. Und zweitens denke ich nicht daran, Ihnen die Möglichkeit zu geben, jemandem den Schädel einzuschlagen.«

Peretz musterte ihn aufgebracht; dann zuckte er mit den Schultern und schenkte sich ein zweites Glas Wein ein.

»Interessante Leute im Zoo«, meinte er beiläufig. »Ihr Hinterhalt ist erstklassig organisiert gewesen. Sie hätten keine Chance gehabt, Bar-Lev. Natürlich hätten sie Ihnen nicht viel tun können – nicht mit diesen Babypistolen. Hätten sie's wirklich auf Sie abgesehen gehabt, hätten sie größere Kanonen mitgebracht.«

»Was versuchen Sie mir also zu erzählen?«

Peretz antwortete nicht gleich.

»Ich glaube, daß Sie nicht wirklich abgeknallt werden sollten, Bar-Lev«, meinte er dann nachdenklich. »Der Überfall ist eher zur Einschüchterung gedacht gewesen. Da andererseits bekannt sein dürfte, daß Sie kein Typ sind, der sich einschüchtern läßt, wollte die andere Seite wohl nur Flagge zeigen. Die drei Kerle sind nämlich keine Amateure, sondern erstklassig ausgebildete Einzelkämpfer gewesen. Vielleicht Veteranen einer Elite-Einheit. Oder Mossad-Leute. Oder vom ›israelischen FBI‹ Shin Bet. Oder sogar vom militärischen Nachrichtendienst. Haben Sie darüber mal nachgedacht, Großmeister?«

Am Sonntagmittag fuhr er zum Flughafen Ben Gurion, um Anna abzuholen, die aus Brüssel kam. Mit Hilfe seines Dienstausweises gelangte er in den Bereich vor der Zollabfertigung, wo er Anna erst beobachtete, ohne auf sie zuzugehen, weil er seine Wiedersehensfreude verlängern wollte.

Yosef sah ihn als erster. »David!« Anna hob ruckartig den Kopf. Als sie lächelte, wußte er, daß er ein sehr glücklicher Mann war.

»Wir haben fabelhafte Kritiken bekommen«, berichtete Yosef auf der Fahrt nach Jerusalem. »Anna hat sich unglaublich weiterentwickelt. Sie ist reifer, selbstbewußter geworden. Das Publikum hat anerkennend reagiert, und sie hat daraufhin noch besser gespielt.«

Yosef saß hinten neben dem Cello. Anna saß auf dem Beifahrersitz, und ihre Hand lag leicht auf Davids Arm.

»Stimmt das alles?« fragte David scherzhaft.

Anna zuckte lächelnd mit den Schultern.

»Jetzt ist sie bereit für Amerika«, stellte Yosef fest. »Im vergangenen Jahr hat sie die Amerikaner beeindruckt. Dieses Jahr wird sie sie begeistern!«

Als die Fahrt dann nach Judäa hinaufging, wurden Yosef und Anna schweigsam. Die Hügel leuchteten beige und golden. In der Ferne kreiste ein einsamer Habicht in der unsichtbaren Thermik.

»Oh, wie ich mich nach diesem Anblick gesehnt habe!« brach Anna schließlich das Schweigen.

»Die Heimat«, sagte David.

Sie nickte.

»Die wir uns nicht wieder nehmen werden lassen«, warf Yosef ein. »Niemals!«

Später am Nachmittag, nachdem sie ihre Sachen aufgehängt, den Notenständer aufgestellt, ihr Cello in die Ecke gelehnt und ihre Perlenkette auf den Nachttisch gelegt hatte, kam sie zu ihm, und sie liebten sich. Danach schlief sie an ihn geschmiegt ein. Abends fuhren sie nach Ostjerusalem zum Essen.

Im »Ummayyah« sah sie sich um, als müsse sie sich erst wieder an das lärmende Treiben gewöhnen. Kellner eilten geschäftig durchs Lokal, in den Sitznischen sprachen Journalisten mit palästinensischen Politikern, und israelische Reiseführer fachsimpelten mit katholischen Archäologen.

»Willkommen daheim im Nahen Osten«, sagte David lächelnd.

Anna fragte ihn nach seinem Fall. Er erzählte ihr alles, und als er zu dem Hinterhalt im Zoo kam, griff sie über den Tisch und umklammerte seine Hand.

»Keine Fußabdrücke – oder eigentlich zu viele. Das Gelände dort ist völlig zertrampelt. Wir haben massenhaft Patronenhülsen gefunden: ihre, Peretz' und meine. Auch ein paar Kugeln. Nicht aus der Waffe, mit der das Liebespaar erschossen worden ist.«

»Dieser Fall ist zu gefährlich, David!«

Er schüttelte den Kopf. »Vielleicht gefährlich, aber nicht ›zu gefährlich‹ – noch nicht.« Am liebsten hätte er ihr von Stephanies Warnung erzählt, aber dann verzichtete er doch darauf. Er wollte nicht erklären müssen, weshalb er zu ihr gefahren war, oder von Stephanies Spekulationen über Annas Vergangenheit sprechen.

Anna überraschte ihn jedoch. Sie erzählte ihm freiwillig, daß Titanow sie kurz vor ihrem Anruf aus Paris im Hotel angerufen habe.

»Von woher?«

»Aus Moskau. Sie lassen ihn nicht mehr ins Ausland. Nicht etwa, weil sie ihn für meine Flucht verantwortlich machen, sondern weil sie an ihm ein Exempel statuieren wollen. Jeder Musiker soll wissen, daß er für seinen jeweiligen Partner voll verantwortlich ist. Aber er hat nicht angerufen, um sich darüber zu beschweren.«

»Weshalb sonst?« fragte David.

»Um mich zu bitten zurückzukommen. Zum Wohle des Vaterlandes, hat er gesagt, aber in Wirklichkeit, wie er hinzugefügt hat, weil er Sehnsucht nach mir habe.« Sie schüttelte den Kopf. »Das hat mich kalt gelassen. Ich hab' ihm kein Wort geglaubt. Ich kenne ihn als egoistisch und herrschsüchtig. Trotzdem hat er ziemlich verzweifelt gewirkt. Ich glaube, daß er hofft, wieder reisen zu dürfen, wenn es ihm gelänge, mich zurückzulocken.«

»Was hast du geantwortet, Anna?«

»Daß ich niemals zurückkehren werde, daß ich mir nie etwas aus ihm gemacht habe, daß ich einen anderen liebe.« Sie lächelte. »Er hat alles ganz tapfer hingenommen und behauptet, obwohl er das längst wisse, wünsche er trotzdem meine Rückkehr. Er hat mich sogar nach dir gefragt, scheint aber von dir gewußt zu haben. ›Ein kleiner israelischer Polizist‹, hat er leicht verächtlich gesagt und sich dann erkundigt, weshalb ich so tief gesunken sei. ›Dabei bist du nicht mal Jüdin!‹ hat er eingewandt. Dann hat's ihm die Sprache verschlagen, als ich ihm erklärt habe, ich dächte daran, zu konvertieren.«

»Ist das wahr?«

»Schon möglich.« Sie schenkte ihm ihr strahlendstes Lächeln. »Eines steht jedenfalls fest: Ich lerne ab sofort ernsthaft Hebräisch. Morgen früh schreibe ich mich für einen Sprachkurs ein.«

»Susan Mills hat ihre Filme bei Samuelson in der King George Street neben der alten deutschen Buchhandlung entwickeln lassen. Der Inhaber erinnert sich gut an sie. Sie scheint massenhaft Filme gekauft zu haben.« Micha breitete Fotokopien der Verkaufsbelege auf dem Schreibtisch aus.

»Aber wenn wir die Zahl der gekauften Filme mit der Zahl der entwickelten vergleichen, fehlen zwanzig«, berichtete Dov. »In ihrem Gepäck haben wir acht gefunden, und ein neunter war in ihrer Kamera. Folglich fehlen noch immer elf.«

»Ich bezweifle, daß sie ohne Filmvorrat nach Israel gekommen ist.«

»Richtig! Also *mindestens* elf Filme.«

»Vielleicht hat sie sie anderswo entwickeln lassen?«

»Kann ich mir nicht vorstellen. Sie ist ein Gewohnheitstier gewesen. Sie ist jeden Morgen zur gleichen Zeit mit einer Liste der Sehenswürdigkeiten, die sie besichtigen wollte, in den gleichen Bus gestiegen. Nachdem sie ihr Programm methodisch abgehakt hatte, ist sie in die Innenstadt gefahren und meistens gegen siebzehn Uhr im Fotoladen aufgekreuzt.«

David nickte. »Okay, was kann also passiert sein? Die anderen wissen, daß sie den Unfall fotografiert und auch die Kerle in dem Kleinbus auf dem Film hat. Diesen Film müssen sie haben! Der angebliche ›Hurwitz‹ hat wegen dieser Sache schon Streit mit ihr bekommen. Nehmen wir mal an, sie würde jetzt von jemand angerufen, der sich bei ihr entschuldigt: von einem höflichen Mann, der perfekt Englisch spricht, sich als Hurwitz' Boß vorstellt und um den Film bittet. Sie ist einverstanden – schließlich ist man nur allzu gern bereit, der Polizei zu helfen, solange sie höflich ist. Dieser neue Kerl kommt im Hotel vorbei, holt sie ab und schafft sie weg, um sie zu foltern. Aber wozu die Folter, wenn sie den Film rausgerückt hat? Nein, so kann's nicht gewesen sein! Sie ist aus dem Hotel gelockt worden und dann mißtrauisch geworden. Als sie gemerkt hat, daß diese Leute keine Polizeibeamten waren, hat sie ihnen nichts übergeben.«

»Wo ist dann der Film?«

»Vielleicht noch im Fotogeschäft?«

»Nein, das haben wir geprüft.«

»Dann hat sie vielleicht *doch* geredet«, meinte Micha.

»Bestimmt nicht!« widersprach Dov.

David warf ihm einen nachdenklichen Blick zu und fragte sich, ob Dovs starke Identifizierung mit Susan Mills ihn realen Möglichkeiten gegenüber blind machte. Er war sehr dafür, daß seine Ermittler sich ins Leben eines Opfers vertieften, solange sie dadurch nicht den Blick für möglicherweise unangenehme Tatsachen verloren.

»Wie's wirklich gewesen ist, spielt keine Rolle«, entschied er zuletzt. »Sie haben den Film aus ihrem Zimmer geholt oder den Abholausweis gefunden und sich den entwickelten Film im Fotogeschäft geben lassen.«

»Bei Samuelson ist sie bekannt gewesen.«

»Auch wenn ein Name auf dem Ausweis steht, geht's immer nur nach der Nummer. So ist's jedenfalls bei dem Schnelldienst, zu dem ich meine Filme bringe.«

»Wir fragen noch mal nach.«

»Überzeugt euch diesmal davon, daß ihr *alle* fragt, die dort arbeiten. Denkt auch an Aushilfen und Teilzeitkräfte...«

»Was hat Gati also gesagt?« Avrahams Augen glitzerten, während er ein Hühnerbein abnagte.

David blinzelte zu Anna hinüber. Sie war auf die Idee gekommen, seinen Vater zum Abendessen einzuladen und ihm *Pollo al barolo* vorzusetzen.

»Er hat gesagt, er glaube, daß Gutman wahrscheinlich nie vor Gericht gestellt würde, wenn die Leute seinen Werdegang begriffen. Als ich ihm zu erklären versucht habe, diese Auffassung sei vielleicht etwas naiv, wollte er mich nicht verstehen. ›Aber begreifen Sie denn nicht? Er ist Atheist‹, hat er gesagt. ›Thora bedeuten ihm nichts. Aus seiner Sicht hat er nur beschriebenes Pergament verkauft. Was ist daran so schlimm?‹«

Avraham hob in komischer Verzweiflung die Hände. »Das ist unser großes militärisches Genie?« David war zufrieden. Der Alte amüsierte sich und war auf diese Weise umgänglicher als in letzter Zeit.

»Du hast mir nie von eurer Kameradschaft erzählt, Vater.« David schenkte ihm nach.

»Ich bin kein Mensch, der in Erinnerungen schwelgt.« Avraham trank Anna zu. »Auch die gute alte Zeit hat ihre Schattenseiten gehabt.«

»Was für ein Mensch ist er?« fragte Anna.

»Kein netter. Ganz und gar nicht nett. Ein Krieger, der vom Kampf lebt.«

»Wollte er nicht auch in die Politik?« warf David ein.

Avraham machte eine wegwerfende Handbewegung. »Er hat's versucht, aber er ist nicht angekommen. Gati war durch und durch Soldat. Zuviel Rückgrat. Kein Talent für Intrigen.« Er nahm sich ein zweites Stück Huhn und lächelte Anna zu. »Ausgezeichnet, ganz ausgezeichnet, meine Liebe.«

»Leider nicht koscher.«

»Machen Sie sich deswegen keine Sorgen. Sie sind eine sehr gute Köchin.« Er trank ihr erneut zu, bevor er sich wieder an seinen Sohn wandte. »Was hast du dann zu ihm gesagt?« fragte er mit blitzenden Augen.

»Ich habe ihm erklärt, daß der Fall nicht anders aussähe, wenn Gutman beim Verkauf gestohlener Zeitungen erwischt worden wäre. Er sei mit Diebesgut ertappt worden und müsse deshalb vor Gericht.«

»Du hast natürlich recht. Eine Straftat ist eine Straftat, ein Dieb ist ein Dieb, und ein Kriminalbeamter... ist wohl immer ein Kriminalbeamter.«

»Was hat Gutman jetzt zu erwarten?« wollte Anna wissen.

»Wahrscheinlich muß er ins Gefängnis. Ich sehe keine Möglichkeit für eine Bewährungsstrafe, wenn nicht noch außergewöhnliche Entlastungsmomente auftreten. Ich habe Gati von einer klassischen Methode reuiger Sünder erzählt. Sie werden plötzlich gläubig, setzen ein Schädelkäppchen auf, lassen sich einen Bart wachsen und erzählen dem Richter von ihrem neugefundenen Glauben. Angesichts des Tatvorwurfs gegen Gutman dürfte diese originelle Methode wohl nicht in Frage kommen.«

Avraham lachte schallend. »Gut gemacht, mein Junge! Ich hätte Gatis verblüfftes Gesicht sehen mögen!«

Auch der Rest des Abends verlief harmonisch. Anna war zufrieden, und als Avraham sich beim Abschied bei ihr bedankte, umarmten sie sich. Als David seinen Vater nach Me'a Shearim zurückfuhr, gratulierte Avraham ihm zu seiner hübschen, liebenswürdigen Gefährtin.

»Denkst du vielleicht daran, sie zu heiraten?« erkundigte er sich zögernd.

David grinste amüsiert. »Sie ist keine Jüdin.«

»Und? Du könntest auf Zypern heiraten. Das tun doch viele Leute.«

Für den Rest der Fahrt schwiegen sie beide. Als David dann hielt, um seinen Vater aussteigen zu lassen, schlurfte ein alter Orthodoxer an ihnen vorbei, und er glaubte zu sehen, wie Avraham zusammenzuckte. »Was übrigens die verschwundenen Unterlagen angeht...«

»Richtig! Nach denen wollte ich noch fragen.«

»Fehlalarm, mein Junge. Blumenthals Garage ist durchwühlt worden, aber der Täter hat nichts mitgenommen. Wahrscheinlich hat er gehofft, Wertvolles zu finden. Als er dann nichts gefunden hat, dürfte er aus Wut meine Papiere in der Garage verstreut haben.«

Nachdem Avraham in seinem Haus verschwunden war, schlug David mit der Handkante aufs Lenkrad.

Verdammt! Weshalb belügt er mich? Er rieb sich die schmerzende Hand.

Auf dem Höhepunkt der Touristensaison im April hatte bei Samuelson eine Aushilfskraft gearbeitet. Ein Veteran aus dem Libanonkrieg, wie der Geschäftsinhaber sagte – nett, aber die halbe Zeit bekifft und deshalb nicht für eine Dauerbeschäftigung geeignet.

Dov spürte ihn bei einer Teppichreinigung auf und zeigte ihm ein Foto von Susan Mills. Der junge Mann erinnerte sich an sie: Die Amerikanerin war täglich gekommen, hatte massenhaft Filme gekauft und dann wieder zum Entwickeln gebracht. Aber sie hatte früher als erwartet heimreisen müssen, denn ihr Neffe war mit dem letzten Abholausweis gekommen, um die letzten Filme abzuholen.

»Neffe? Ihr *israelischer* Neffe?«

»Ja, ein schrecklich höflicher junger Mann. Er hat sich tausendmal dafür entschuldigt, daß seine Tante die Filme nicht mehr selbst abgeholt hatte, und mir erklärt, sie habe ihn gebeten, es für sie zu tun.«

Dov holte seinen Identikit aus dem Wagen und verbrachte die nächste Stunde damit, gemeinsam mit dem jungen Mann, ein Phantombild von Susans »Neffen« zu erarbeiten. David studierte es, als Dov es ihm vorlegte. Ein durchschnittlicher, freundlicher junger Mann. »Der nette Junge von nebenan«, meinte David.

Yosef Barak hatte von neuer Kraft, von neuem Selbstbewußtsein in Annas Spiel gesprochen. Aber wenn David sie jetzt üben hörte, fiel ihm eine gewisse Befangenheit auf.

»Hast du was?« fragte er sie eines Morgens.

Sie schüttelte den Kopf. »Nein. Wie kommst du darauf?«

»Du wirkst... irgendwie beunruhigt. Ich hab' mir nur überlegt, ob du vielleicht Schwierigkeiten hast. Die Rückkehr nach großen Erfolgen in Europa kann dich deprimiert haben.«

»Unsinn, David – ich fühle mich in Jerusalem zu Hause.« Sie runzelte die Stirn. »Du weißt, daß ich mir hohe Ziele setze. Manchmal glaube ich, daß Yosef etwas vorschnell lobt.«

»Du hast also doch was?«

»Nur Konzentrationsmängel. Keine Angst, die geben sich wieder. Ich brauche nur fleißig zu üben.« Sie lächelte. »Du weißt ja: ›Üben! Üben!‹« Sie küßte ihn auf den Nacken.

Avraham rief an. »Mir ist noch etwas eingefallen, das ich dir erzählen wollte. Wir haben neulich abend viel über Gati gelacht, aber wenn ich's mir recht überlege, erscheint mir sein Auftritt bei dir irgendwie unecht. Gutman und er haben sich stets gehaßt, und soviel ich weiß, ist es nie zu einer Aussöhnung gekommen. Weshalb setzt er sich also für Gutman ein? Ich kann diese Frage nicht beantworten, aber ich möchte dir einen Rat geben. Halte dich an das alte Kabbalistenprinzip: Suche den verborgenen Grund, weil die Oberfläche stets trügt.«

Er ging zu Rafi, legte ihm den Fall dar und erläuterte ihm seine Überzeugung, daß das Schlimmste noch bevorstehe.

»Okay, Peretz ist ein Spinner. Aber ich halte seine verrückte Fälscher-Theorie jetzt für richtig. Meine Idee mit dem Forum ist gut, aber nicht umwerfend gut gewesen – die Veranstaltung ist nicht wirklich die Falle gewesen, die sie hätte sein müssen. Ein gewisser ›Freund‹, den Peretz nicht nennen will, ein Kerl, der in schwierigen Zeiten zu ihm gehalten hat, gibt ihm einen Tip, daß ein Killer seine Signatur mißbraucht und daß in der Rubin-Akademie über diesen Mörder diskutiert werden soll. Peretz geht natürlich hin, aber er fällt uns nicht auf, sondern sitzt als ganz normaler Zuhörer im Publikum.

Fünf Tage später nimmt jemand in einem dunkelblauen Kleinbus Yael Safir vom Flughafen Ben Gurion aus mit, und etwa zum Zeitpunkt ihres Todes treffe ich mit einem gewissen Ephraim Cohen zusammen, der zufällig ein Freund meines Bruders gewesen ist und jetzt beim Geheimdienst arbeitet, wie er anklingen läßt. Ephraim möchte mir einen Tip in bezug auf Peretz geben, der von einem der Techniker in dem Mossad-Überwachungswagen stammen soll.

Folglich sind wir hinter Peretz her, der ein logischer Verdächtiger ist, und wenn er nicht in Ägypten gewesen wäre, würden wir vielleicht noch jetzt versuchen, ihm ein Geständnis abzuringen. Das paßt alles viel zu gut zusammen, Rafi! Peretz wird auf das Forum hingewiesen, damit er hingeht, und danach bekomme ich den Tip, daß er dort gewesen ist.«

»Glaubst du, daß dieser Cohen…?«

»Ja, das hängt alles irgendwie zusammen. Ich sollte glauben, er sei Mossad-Agent, aber ich habe festgestellt, daß er Shin-Bet-Offizier ist. Das beweist wiederum, daß er mich mit seiner Story mit dem angeblichen Tip eines Videotechnikers bloß ködern wollte.«

»Was war mit dem Überfall im Zoo? Wie haben sie rausgekriegt, daß du ihnen auf der Spur bist?«

»Durch unsere Anfrage nach ›Hurwitz‹ – die muß Alarm ausgelöst haben. Aus meiner Sicht beweist das übrigens, daß sie auch über das informiert sind, was hier geschieht.«

Rafi setzte sich ruckartig auf. »Das ist eine unerhörte Behauptung, David!«

»Tatsächlich? Hör zu, jeder weiß von ermordeten Shin-Bet-Häftlingen. Ein Superpatriot wie Peretz rekrutiert Gewaltverbrecher für Vergeltungsschläge. Botschaftsangehörige in Washington werben amerikanische Juden als Spione in den USA an. Warum sollte nicht auch bei uns was faul sein?«

Rafi saß steif in seinem Drehsessel.

»Erinnerst du dich an die Amerikanerin, mit der ich letzten Herbst befreundet gewesen bin?«

»Die Journalistin? Ja, die hat mir nie gefallen.«

»Sie ist eine Agentin und geht mit Ministern ins Bett.«

»Was hat das mit…?«

»Sie hat mich gewarnt. Sie habe erfahren, ich sei in einen großen Fall verwickelt, und mir geraten, die Finger davon zu lassen, wenn mir mein Leben lieb sei. Aber ich denke nicht daran! Hier sind Unschuldige ermordet worden, und du kannst dich darauf verlassen, daß ich mich nicht einschüchtern lassen werde. Ich nicht, Rafi!«

»DER GERECHTE MÄRTYRER«

Big Sur. Zwei Monate zuvor…

Eben war das Gerüst weggerollt worden. Die Vergrößerer, eine Gruppe von Italienern aus San Francisco, waren damit beschäftigt, ihre Sachen zusammenzupacken.

»Sie bettelt darum«, sagte Rokowski.

»Dann laß sie betteln«, wehrte Targow ab.

»Es wirkt so erbärmlich. Ich wollte, du würdest einlenken. Nur dieses eine Mal.«

Targow, dessen Hunde zu seinen Füßen lagen, stand hochaufgerichtet da und betrachtete die große Statue. Sein zweites Modell im Maßstab 1 : 3 wirkte im Vergleich zu dieser Ausführung in natürlicher Größe fast zwergenhaft.

Er sah zu Rokowski hinüber: streng und hager, blaß und grauhaarig, ganz der Vertraute des großen Meisters. »Ich weiß genau, was sie sagt, wenn ich sie hereinlasse: ›So groß, Sascha. Das habe ich gar nicht geahnt! Aber vielleicht etwas überzogen, findest du nicht auch? Nicht anmaßend. Das wäre der Große Formgeber niemals! Aber vielleicht eine Kleinigkeit zu… zu grandios?«

»Warum stört's dich, wenn du ohnehin schon weißt, was sie sagen würde?«

»Es deprimiert mich, Tola. Im Augenblick fühle ich mich wirklich großartig.«

Mit den Hunden im Gefolge trat er langsam ans große Fenster und machte auf dem Absatz kehrt, um sein Werk erneut zu betrachten.

»Eindrucksvoll«, sagte er. »Gute Schattenwirkung, vor allem bei voller Sonne – bei kalifornischer, pazifischer Sonne. Wie wird das Licht dort drüben sein? Nicht viel anders, hoffe ich. Noch ein paar Tage Nacharbeiten, dann geht's in die Gießerei. Du kannst unsere Freunde im israelischen Konsulat benachrichtigen, Tola. Ich möchte, daß sie die Arbeit sehen, bevor sie gegossen wird.

Targow blickte erneut zu seiner wahrhaft überwältigenden Schöpfung auf. Dergleichen hatte er noch nie geschaffen; dergleichen hätte er nie in sich vermutet. Halb naturalistisch, halb abstrakt würde »Der gerechte Märtyrer« sich als schwarze Bronze-Vision auf einem Sockel aus Blaubasalt erheben: seine in den Himmel aufragende Signatur.

Um Mitternacht Faustschläge gegen die Ateliertür. Draußen stand Irina. Er erkannte ihre Art: Wütendes Trommeln wechselte mit Schluchzen ab. Targow ging zur Tür. »Gut, ich höre dich. Was willst du?«

»Ich kann nicht schlafen, Sascha. Warum bist du so grausam? Ich will sie sehen. Bitte...«

»Wenn sie fertig ist – das hab' ich dir doch gesagt.«

»Nein, jetzt! *Bitte.* Bitte...«

Mein Gott, das Weib ist unmöglich! Er öffnete die Tür einen Spalt weit. Irina stellte sofort einen Fuß hinein, und als er ihren Gesichtsausdruck sah, wußte er, daß er wieder mal auf sie reingefallen war.

»Kein Wort!« warnte er sie. »Nur ein Blick von hier aus. Dann hinaus mit dir! Zurück ins Haus! Ich bin erledigt. Ich brauche meinen Schlaf.«

Irina nickte, um ihm zu zeigen, daß sie einverstanden sei, daß sie sein Künstlertemperament akzeptiere. Daraufhin öffnete er die Tür ganz und trat zurück. Sie starrte die Statue an. Er starrte sie an.

»Sie ist so groß, Sascha. Und so...«

Er hob drohend die Faust. »Halt's Maul!«

Sie schlug beide Hände vor den Mund und bedeckte dann plötzlich ihre Augen. »O nein!«

»Was ist los?«

Irina wirkte erschrocken. »Das Gesicht!«

»Was ist damit? *Was?*«

»Das ist *er*!«

»Wer?«

»Sergeij, Sascha! Sergeij. Wie er damals ausgesehen hat. Aber leidend, so leidend, mit dem Stiefel im Nacken, sein Gesicht in den Staub gedrückt...«

Heute brachte Rokowski die Israelis her – er mußte begrüßen, vorstellen, erläutern, überreden. Er würde sämtliche Herstellungs- und Transportkosten zahlen. Aber als Gegenleistung dafür würde er einen repräsentativen Aufstellungsort verlangen.

Jerusalem. Targow war noch nie dort gewesen, aber er hatte wochenlang über Bildbänden und Stadtplänen gesessen. Er hatte eine Vorstellung von Jerusalem: Stadt der Märtyrer, Tempel, Leiden, Kreuzigungen, Träume, Erlösungen – und jetzt ein riesiger, mit Kunstwerken geschmückter Park. Er hatte den »Gerechten Märtyrer« eigens für diese Stadt geschaffen. Seine Reise dorthin – er würde sein Werk begleiten – bot ihm die Chance, mit der schmerzlichen Vergangenheit abzuschließen.

Während er nach dem Hörer tastete, drehte Anna sich von ihm weg auf die andere Seite.

»Ja?« David sah auf seine Armbanduhr. Kurz nach zwei Uhr.

»Hab' ihn!«

»Was?« Während David blinzelnd aufzuwachen versuchte, wurde ihm klar, daß er mit Peretz sprach. »Ich hab' Sie überall gesucht. Wo haben Sie gesteckt?«

»Ich hab' ihn. Einer meiner früheren Jungs. Ich hab' ihn seit Stunden vernommen. Er wird's nicht mehr lange machen.«

David setzte sich auf. »Was soll das heißen, verdammt noch mal?«

»Ich rede von dem Kerl, der die Morde verübt hat. So viel hat er zumindest gestanden. Komisch ist nur, daß er angeblich nicht versucht hat, sie mir in die Schuhe zu schieben. Scheint eher ein Mangel an Phantasie oder die Macht der Gewohnheit gewesen zu sein. Er hat unsere alte Signatur weiterverwendet, weil er nicht genug Grips hatte, um sich eine neue auszudenken.«

Nein, das stimmt nicht...

»...war gar nicht so einfach, das aus ihm rauszukriegen. Das und die Tatsache, daß er als Killer angeheuert worden ist. Aber obwohl er die Schmerzen nicht mag, Bar-Lev...« Peretz mußte die Hörmuschel zum Raum hingedreht haben, denn David vernahm jetzt ein leises Wimmern im Hintergrund. »... erträgt er sie lieber, anstatt mir zu sagen, wer hinter dieser Sache steckt und worum es dabei geht.«

»Sie sind verrückt, Peretz!«

Anna seufzte und vergrub ihren Kopf im Kissen. David stand auf, nahm den Apparat vom Nachttisch und ging damit in die Küche.

»Hören Sie mir gut zu, Peretz. Sie können diese Sache nicht allein durchziehen. Wenn er Ihnen unter den Händen stirbt, sind Sie ein Mörder! Hören Sie sofort auf und sagen Sie mir, wo Sie sind, damit wir den Fall übernehmen können.«

Eine Pause. »Das verstehen Sie nicht«, behauptete Peretz dann. »Er ist einer von meinen Jungs gewesen. Ich habe ihn ausgebildet, und jetzt hat er mich im Stich gelassen. Ich hab' das Recht, ihn dafür zu erledigen, wenn ich will.«

»Sagen Sie mir, wo Sie sind! Hier geht's um Dinge, von denen Sie nichts ahnen. Wer hat Ihnen den Tip mit dem Forum gegeben?«

»Was kümmert mich dieser Scheiß? Wollen Sie einen Tip von mir? Mei Naftoah. Am Ende der Straße befindet sich ein Restaurant.«

»Ja, das kenne ich. Wir essen oft dort.« *Dieser Irre!* »Hören Sie, Peretz, Sie sind ...«

»... den Hügel hinab bis zum drittletzten Haus. Das Dach ist eingefallen, aber ein paar Räume sind noch benutzbar. Er behauptet, sie dort ermordet zu haben. Dort müßten sich Spuren sichern lassen. Seiner Aussage nach sind die Opfer dort angeliefert, von ihm ermordet und von den Leuten, die sie gebracht hatten, wieder abgeholt worden. Alle bis auf die Amerikanerin sind sofort umgebracht worden... Hören Sie, ich muß weitermachen. Ich rufe Sie gegen sieben Uhr an, um zu fragen, was Sie gefunden haben.«

»Er lügt, Peretz! Sie sind reingelegt worden!«

Aber der andere hatte bereits eingehängt.

Vor allem nachts ist Mei Naftoah ein eigentümliches Viertel. Der Westrand Jerusalems endet plötzlich mit einer Tankstelle in orangeroter Neonbeleuchtung, einer Wohnsiedlung mit dichtester Bebauung und fünf unbeleuchteten Gebäuden auf einem Felssims, die sich düster vom Nachthimmel abheben. Unterhalb des Simses schließt sich ein Steilhang an, der in felsigen Grund mit alten Terrassen übergeht. Dort stehen die Reste eines arabischen Dorfes: einige Steinhäuser, die seit dem Unabhängigkeitskrieg nicht mehr bewohnt werden. Dahinter erheben sich die judäischen Hügel.

Im Tal lag leichter Nebel. Von den Hügeln drang das klagende Heulen von Schakalen herüber. David roch Holzrauch, der vermutlich aus einem Beduinenlager kam. Die Luft war so still, daß er hörte, wie Moshe Liederman hundert Meter hinter ihnen, wo er an der Straße Wache hielt, ein Zündholz anriß.

Dov blieb dicht hinter David. Uri war vorausgegangen, um das Haus zu suchen. Shoshana mit dem Funkgerät bildete die Nachhut. Micha, der Nachtdienst hatte, bewachte Amit Nissims Haus.

»David, ich gehe runter!« rief Uri ihnen zu. Sie sahen den Lichtstrahl seiner Taschenlampe über die alte Steintreppe zwischen den Häusern tanzen. Das dritte Haus von unten, hatte Peretz gesagt. Als Dov und er das viertletzte erreichten, sahen sie große Löcher in den Außenwänden klaffen. Sie gingen weiter und folgten Uri ins Haus darunter, dessen Dach teilweise eingestürzt war.

»Dort drinnen. Riecht nicht gerade gut.« Dov leuchtete die Ruine mit seiner Taschenlampe ab und strahlte zuletzt den Eingang an.

»Er hat von ein paar Räumen gesprochen, die noch benutzbar sein sollen«, sagte David. Dann setzte er sich in Bewegung: voller Angst vor dem, was sie entdecken würden, und wohl auch in der Hoffnung, daß sie nichts finden würden, daß Peretz sich getäuscht haben würde. Im Grunde seines Herzens wußte er, daß sie das Schlachthaus finden würden, in dem fünf Menschen kaltblütig ermordet worden waren.

Peretz rief kurz nach 7 Uhr an. Diesmal hatte er es sehr eilig.

»Ich will's kurz machen, Bar-Lev. Ich bin nur eine Minute am Apparat, deshalb brauchen Sie sich nicht die Mühe zu machen, feststellen zu lassen, woher der Anruf kommt.«

Rebecca hatte die Fachleute bereits alarmiert; im Jerusalemer Telefonnetz dauerte es jedoch mindestens vier Minuten, bis der Apparat ermittelt war.

»Okay, Sie haben recht gehabt. Wir haben dort Kleidungsstücke der Opfer gefunden.«

»Er hat also doch die Wahrheit gesagt...« Peretz' Tonfall klang jetzt fast lethargisch.

»Kann ich ihn haben?«

»Der nützt Ihnen nichts mehr. Mit ihm ist's aus. Das Verhör ist scharf gewesen.«

Ermordet!

»...auch gezeichnet. Das ist mir angemessen erschienen. Er ist eine Bestie in Menschengestalt gewesen. Hat bis zuletzt behauptet, nicht gewußt zu haben, wer seine Auftraggeber waren. Wenn er's gewußt hätte, hätte er sie vermutlich verpfiffen.« Eine Pause. »Ich muß ihn jetzt verstecken. Würde er tot aufgefunden, wüßten die anderen, daß wir ihnen auf der Spur sind. Je näher wir ihnen kommen, desto gefährlicher sind wir ihnen – und desto brutaler schlagen sie zurück. Sie und ich sind jetzt aufeinander angewiesen...«

David konnte sich nicht länger beherrschen. »Kommt nicht in Frage! Kein Bündnis! Sie sind die Bestie, Schwanzlutscher! Und ich sorge dafür, daß Sie...«

Klick!

»Er hat aufgelegt«, sagte Rebecca.

David wandte sich ruckartig ab und starrte die Wand an.

Rafis bebrillte traurige Augen glitzerten ungläubig. »Er hat die ganze Nacht damit verbracht, den Kerl zu *foltern*? Und du weißt nicht, *wer* er gewesen ist?«

»Ich weiß nicht mal, wo die beiden gewesen sind. Irgendwo an der Nordküste.«

Rafi lehnte sich zurück. »David, diese Sache läuft aus dem Ruder.«

»Das kannst du laut sagen! Ich komme mir seit einer Woche hilflos vor.«

»Peretz muß früher oder später wieder auftauchen.«

»Er *muß* gar nichts, Rafi. Für ihn gelten keine Gesetze. Er weiß, wie man in der Wildnis überlebt. Er kann sich einfach irgendwo in der Wüste einigeln. Er ist kein Spinner, sondern ein sadistischer Mörder. Das habe ich dir von Anfang an gesagt.«

»Richtig, das hast du.« Rafi nickte zustimmend. Er rieb sich die Augen hinter seiner Brille. »Gut, du weißt also jetzt, wo die Morde verübt worden sind. Was hast du jetzt vor?«

»Zeugen suchen. Hör zu, Rafi, jetzt ist's soweit: Ich möchte mir Ephraim Cohen vorknöpfen.«

Rafi schüttelte den Kopf. »Ich lasse mich auf nichts mit anderen Diensten ein, bevor du handfeste Beweise hast. Wenn wir bluffen, ziehen wir auf jeden Fall den kürzeren. Shin Bet übernimmt dann die Sache, und wir sind draußen. Dann erfahren wir nicht einmal, worum es überhaupt gegangen ist...«

Immerhin gibt Rafi jetzt zu, daß der Fall seine Wurzeln in irgendeiner verbrecherisch arbeitenden staatlichen Dienststelle haben könnte, dachte David, als er Rafis Büro verließ.

Als er mittags nach Hause kam, um sich zu rasieren und sich umzuziehen, blieb er einen Moment vor seiner Wohnungstür stehen. Er hörte Anna und Yosef miteinander reden.

Yosefs Stimme klang geduldig, während Annas gereizt wirkte.

»Ich mache mir große Sorgen«, sagte Yosef. »Und ich verstehe dich nicht. Die Stelle ist nicht wirklich schwierig.«

»Für mich ist sie schwierig«, erwiderte Anna.

»Willst du sie nicht noch mal versuchen?«

Sie spielte einige Takte, aber Yosef winkte offenbar ab.

»Was ist jetzt wieder los?«

»Du spielst Noten, keine Musik.«

»Verdammt noch mal, du...«

»Hör zu, Anna, warum hören wir nicht einfach für heute auf? Diese Anspannung schadet uns beiden.« Er machte eine Pause. »Es steht mir vielleicht nicht zu, aber ich muß dich trotzdem fragen: Hast du irgendwelche privaten Probleme? Vielleicht mit David? Oder mit sonst jemandem?«

David, der Annas beredtes Schweigen nicht ertragen konnte, schlich lautlos zur Treppe zurück. In diese Diskussion wollte er sich nicht einmischen. Heute würde er unrasiert bleiben.

Moshe Liederman entdeckte den Zufluchtsort des jungen Vagabundentrios, das in einem der verfallenen Gebäude jenseits der Schlucht hauste. Dorthin führte keine Straße; erreichbar war dieses nur wenige hundert Meter von dem Schlachthaus entfernte Versteck lediglich über einen Fußweg.

Das Haus war verfallen, aber einige Erdgeschoßräume noch bewohnbar. Liederman, der gewissenhaft vorging, kontrollierte sämtliche Gebäude in Mei Naftoah und entdeckte gegen 15 Uhr die Schlafsäcke, die Wasserflaschen und Überreste eines Feuers.

Er meldete die Entdeckung über Funk, und David rückte mit dem Rest des Teams an. Die in den Schlafsäcken gefundenen privaten Habseligkeiten ließen auf zwei Männer und eine Frau schließen. David veranlaßte, daß Shoshana bei der Bewachung Amit Nissims ablöste und die Kollegin nach Mei Naftoah schickte. Nachdem sie angekommen war, bildeten die fünf zwei Gruppen: David und Shoshana; Liederman, Uri und Dov. Sie versteckten sich in den Trümmern auf beiden Seiten des verfallenen Hauses und warteten geduldig auf den Einbruch der Dunkelheit.

Als erster tauchte einer der Männer auf – zu Davids Überraschung jedoch nicht aus Richtung Jerusalem. Er tauchte, in ein Arabergewand gehüllt, plötzlich von Westen her auf – eine geisterhafte Erscheinung aus den kahlen, einsamen Hügeln.

»Ein Araber?« fragte Shoshana leise.

David beobachtete ihn. »Israeli«, flüsterte er. »Vielleicht etwas angetörnt.«

Als diese erste Gestalt das verfallene Haus erreichte, wurde ein weiterer junger Mann und ein Mädchen – beide ähnlich gewandet – sichtbar.

Shoshana runzelte die Stirn. »Findet dort draußen eine Party statt? Woher kommen die alle, verdammt noch mal?«

Sie warteten noch zwei Stunden, bis in dem Haus Stille eintrat. Die drei hatten erneut ein kleines Feuer gemacht, dessen Holzrauch in der Abendluft hing, während die Schakale heulten. Zum Glück waren keine streunenden Hunde in der Nähe, deren Kläffen sie hätte verraten können, als David und Shoshana auf das Haus zuschlichen. David wollte die drei durch eine Blitzaktion überraschen, aber er wußte nicht, ob sie Wache hielten oder in getrennten Räumen schliefen. Und er konnte vor allem nicht beurteilen, ob sie, in die Enge getrieben, kämpfen würden.

Kurz nach Mitternacht hatten die beiden Gruppen das Haus von zwei Seiten erreicht. David hatte schon viele Einsätze dieser Art erlebt, aber er empfand jedesmal wieder die gleiche Nervosität und Angst. Nervosität, während er auf den richtigen Zeitpunkt wartete, und Angst davor, daß sie nicht schnell genug zuschlagen würden, um die instinktiv aufflackernde Gegenwehr zu unterdrücken.

Er gab das Zeichen zum Sturm. Im nächsten Augenblick brachen sie ins Haus ein. David glaubte zu spüren, wie sein Adrenalinspiegel hochschnellte.

Die jungen Leute leisteten zum Glück keine Gegenwehr. Als David den ersten jungen Mann aus seinem Schlafsack hochriß, fand Dov eine schußbereite 9-mm-Browning unter dem als Kopfkissen dienenden zusammengerollten Arabergewand. Der Junge starrte sie wütend an. Er hatte kurze Haare und trug ein T-Shirt mit der Aufschrift *Hebrew University* und Boxershorts mit ausgebleichten Streifen. Er zuckte schmerzlich zusammen, als sie ihm die Arme auf den Rücken rissen, um ihm Handschellen anzulegen. Als er danach die Augen wieder öffnete, sprach aus seinem Blick verwundeter Stolz.

Das nackte Paar auf den aufeinanderliegenden Schlafsäkken im nächsten Raum sah verwirrt zu ihnen auf. Der Junge war dunkel und bärtig, das Mädchen eine Schönheit mit feingeschnittenem Gesicht, prachtvoller Figur und langen goldblonden Haaren. Als der junge Mann nach seinen Kleidungsstücken greifen wollte, ging Uri neben ihm in die Hocke und hielt ihm seine Pistole an die Schläfe. Ihre Waffen – ein weiterer Browning und eine kleine Beretta – lagen unter ihren Jeans.

David rief nach Shoshana. Sie kam herbeigelaufen und nahm sich des blonden Mädchens an. Als David im nächsten Augenblick sein Funkgerät einschaltete, meldete Liederman, der in einiger Entfernung vor dem Haus Wache hielt, er habe eine zweite junge Frau abgefangen, die mit Lebensmitteln beladen den Fußweg heruntergekommen sei. Vor dem Eindringen ins Haus bis zur Festnahme der vier jungen Leute war kaum eine Minute vergangen.

Shoshana kam mit der Blonden zurück, die sie vor sich herschob. Die junge Frau war noch immer nackt. Sie versuchte nicht, sich zu bedecken, sondern nahm im Gegenteil eine aufreizend arrogante Pose ein.

»Sie will nichts anziehen«, sagte Shoshana.

»Nicht mal Unterwäsche?«

Als David lächelte, spuckte die Blondine vor ihm aus.

»Ungezogene Göre«, sagte David. »Okay, meinetwegen können Sie nackt mitkommen. Wir nehmen Sie auch so mit. An Ihrer Stelle würde ich wenigstens Schuhe anziehen.« Er nickte Shoshana zu, sie hinauszuführen, und wandte sich an den Bärtigen. »Wollen Sie auch nackt bleiben?«

Der Junge zitterte vor Aufregung. »Wer hat uns verraten?«

»Wer hat Ihnen die Pistolen verkauft?«

Der junge Mann drehte sich nach dem Fenster um. Als er draußen das zweite Mädchen sah, das von Liederman abgefangen worden war, ballte er die Fäuste und hatte vor Wut und Empörung Tränen in den Augen.

»Georgie hat uns verpfiffen, stimmt's? Sie muß es gewesen sein! Sie ist's gewesen, hab' ich recht?«

»Ziehen Sie sich lieber an«, forderte David ihn auf.

Bei Einzelvernehmungen der vier Verdächtigen schälte sich bald eine Story heraus. Georgie, das Mädchen mit den Lebensmitteln, war eine Amerikanerin. Da die anderen drei sie wie eine Sklavin behandelt hatten, empfand sie die Ressentiments einer Sklavin. Sie hatte Botengänge übernommen, Lebensmittel und Wasser herangeschafft – und war nach dem ersten jungen Mann verrückt. Die anderen hatten ihr nie recht getraut und glaubten jetzt, von ihr verraten worden zu sein. Was hinderte Georgie also daran, sie wirklich zu verraten?

Nach Aussage der Amerikanerin waren die anderen Dealer, Zwischenhändler. Sie kauften den Stoff von Schmugglern, die ihn aus dem Libanon herüberbrachten, und gaben ihn an Straßenhändler weiter, mit denen sie sich nachts auf den Hügeln trafen. Ihre Ware hielten sie nie im Haus, sondern stets in irgendwelchen Höhlen versteckt. Tatsächlich wußte Georgie nicht allzuviel über die drei; sie hatte sie erst vor gut einer Woche kennengelernt.

David gab ihre Namen in den Polizeicomputer ein. Das Liebespaar erwies sich als Kibbuzniks: Zvi war Fallschirmjäger gewesen und hatte Biologie studiert; Hannah war eine ausgebildete Krankenschwester, die im Vorjahr ihr Medizinstudium abgebrochen hatte. Aaron, der junge Mann, in den Georgie verliebt war, und der mit einer durchgeladenen Pistole unter dem Kopfkissen geschlafen hatte, war der einzige Sohn brasilianischer Einwanderer. Er hatte Mathematik studiert, hatte bei den Panzeraufklärern gedient und war im Libanonkrieg verwundet worden.

Desillusionierte junge Menschen, dachte David. Bei Zvi glaubte er jedoch, noch etwas anderes wahrzunehmen: eine gedankliche Verknüpfung der Begriffe Frau und Verrat. Er beschloß, sich darauf zu konzentrieren. Zvi war der einzige Hausbewohner, der sich auf einen Handel mit der Polizei einlassen würde. Hannah war zu stur dazu, und Aaron war zu stolz, um mit den Bullen zu reden.

»Wirklich eine tolle Nummer, diese Hannah«, begann David. »Wie sie sich geweigert hat, sich anzuziehen! Sie hat beinahe Feuer gespuckt.« Er lachte. »Aber mit ein paar Stunden Vernehmung kriegen wir jeden weich.«

Zvi starrte ihn wütend an.

»Wir sind keine Drogenfahnder, verstehen Sie? Mir persönlich sind Drogen scheißegal. Wer sich selbst zugrunde richten will, soll's meinetwegen tun. Und wenn jemand an einer Überdosis krepieren will – soll er doch! Braucht Israel noch mehr selbstzerstörerische Idioten? Ich bezweifle es. Und Sie?«

Er trat hinter den Jungen und legte ihm eine Hand auf die Schulter. »Zerbrechen Sie sich nicht weiter den Kopf, Zvi. Georgie hat Ihr Versteck nicht verraten. In Wirklichkeit sind wir durch Zufall auf Ihr kleines Unternehmen gestoßen.« David kam wieder nach vorn, setzte sich, starrte den Bärtigen an und schüttelte den Kopf. »Wir haben etwas anderes gesucht und Sie gefunden.« Er zuckte mit den Schultern. »Jetzt können wir Sie nicht einfach laufenlassen. Vor allem nicht, nachdem Hannah ausgepackt hat.«

Zvi musterte ihn. »Sie bluffen! Sie hat nichts gesagt.«

»Gut, wie Sie wollen. Aber Sie wissen, daß ich recht habe. Frauen halten niemals dicht.«

Wieder ein wütender Blick.

»Das ist so, Zvi. Sie bekommen auch geringere Strafen; die Gerichte neigen ihnen gegenüber zu Milde. Das setzen wir ihnen auseinander. Sind sie clever, was die meisten sind, wissen sie, was sie zu tun haben. Wenn's hart auf hart geht, denken die meisten Leute nur noch an sich selbst.«

»Scheißbulle!«

»Warum sind Sie sauer auf mich, Zvi? Ich habe nichts getan. Ich habe Sie nicht mal gesucht. Sie haben ihr vertraut, aber sie hat gesungen. Und daran soll ich schuld sein?« David schüttelte erneut den Kopf. »Georgie hat schnell nachgegeben. Warum auch nicht? Sie weiß, daß Aaron sich nichts aus ihr macht, sondern nur mit ihr bumsen will. Hannah ist da etwas anders. Sie hat Sie gern. Aber zuletzt hat sie doch die vernünftigere Entscheidung getroffen. Jetzt sind Sie an der Reihe. Sind Sie intelligent genug, sie ebenfalls zu treffen? Oder wollen Sie zuletzt der Dumme sein, an dem alles hängenbleibt?«

Mit dieser Methode bekam er Zvi schließlich so weich, daß der junge Mann Tränen in den Augen hatte.

»... vielleicht können Sie uns weiterhelfen«, schlug David ihm vor. »Sie brauchen niemanden zu verraten. Auf dem gegenüberliegenden Hang steht ein weiteres verlassenes Haus. Vor einigen Monaten sind dort ziemlich scheußliche Dinge passiert. Leute sind gekommen und gegangen – hauptsächlich nachts. Haben Sie irgendwas beobachtet? Dann sollten Sie's mir erzählen, und wir... na ja, wir könnten irgendein Abkommen treffen.«

Eine Pause, während Zvi überlegte. Er sprach anfangs nur zögernd. »Wir haben die für Bullen gehalten.«

»*Wirklich?* Weshalb?«

»Weiß ich selbst nicht. Aaron hat sie dafür gehalten. Er hat behauptet, sie bewegten sich wie Bullen.«

»Und?«

»Wir haben uns vorsichtshalber still verhalten und sie beobachtet.«

»Und dann?«

»Dann haben wir uns überlegt, daß das doch keine Bullen sein können.«

»Und was haben Sie dann getan?«

»Nichts, wir haben sie für eine konkurrierende Gruppe gehalten, die sich gelegentlich dort getroffen hat, um Geschäfte zu machen.«

»Sind Sie drüben gewesen?«

»Aaron ist einmal hingegangen. Hat es dann aber wohl mit der Angst zu tun gekriegt. Als er zurückkam, hat er gemeint, wir sollten lieber verschwinden. Aber dann... na ja, dann sind wir doch geblieben. Und die anderen sind nicht mehr zurückgekommen.«

David warf ihm einen prüfenden Blick zu. »Sie verschweigen mir irgendwas, Zvi.«

»Er ist ihnen nachgefahren.«

»Wer?«

»Aaron.«

»Wie?«

»Auf seinem Motorroller.«

»Wohin?«

»Zu einem Privathaus.«

David bemühte sich, seine Aufregung zu verbergen. »Zu welchem Haus?«

Zvi zuckte mit den Schultern. »Das müssen Sie ihn selbst fragen. Uns hat er's nicht gesagt.«

Die einfachsten, klarsten Vereinbarungen sind oft die besten. Als David mit Aaron sprach, machte er ihm unmißverständlich klar, daß es keinen Kompromiß geben werde: »Bisher weiß noch niemand, daß wir euch geschnappt haben. Wir haben die Drogenfahndung noch nicht benachrichtigt und tun's auch nicht, wenn Sie mit uns zusammenarbeiten. Wir sind bereit, euch alle vier laufenzulassen. Wir haben euch nie gesehen und wollen euch offen gesagt auch nie wiedersehen. Eure Pistolen ziehen wir natürlich ein. Als Gegenleistung zeigen Sie uns, wohin Sie den Leuten aus dem verfallenen Haus jenseits der Schlucht nachgefahren sind. Überlegen Sie sich, ob Sie mein Angebot annehmen wollen! Sie haben eine Minute Bedenkzeit...«

Das Haus 55 Lover of Zion Street: eines der besten Gebäude in dem wohl vornehmsten Wohnviertel Jerusalems. David kannte es gut; es war nur ein Block von dem ehemaligen Haus seines Vaters in der Disraeli Street entfernt. Als Junge war er Hunderte von Malen daran vorbeigekommen.

Ein elegantes dreistöckiges Haus mit zwei Eingängen und angebauter Garage. Zur Straße hin wurde das Grundstück durch ein schmiedeeisernes Gitter abgeschlossen, hinter dem eine ordentlich geschnittene Ligusterhecke Sichtschutz gewährte. Eine Tür für Fußgänger und ein Tor für Kraftfahrzeuge. Der gepflegte Vorgarten wurde von einem mächtigen Palisanderbaum beherrscht, durch dessen weitausladende Äste Mondlicht auf Blumenrabatten fiel.

David wandte sich an Aaron. »Okay, was haben Sie hier gesehen?«

»Ein Kerl ist ausgestiegen, hat das Tor aufgesperrt. Dann hat der andere den Kleinbus reingefahren. Der erste hat hinter ihm zugesperrt.«

»Wie lange haben Sie hier gewartet?«

»Ungefähr eine Minute.«

»Sie sind nicht gesehen worden?«

»Mein Motorroller ist sehr leise.«

»Und das war's? Sonst nichts?«

Aaron schüttelte den Kopf.

David starrte ihn prüfend an, packte ihn am Haar, zog seinen Kopf zu sich heran und sah ihm in die Augen. »Laß dich nie mehr mit 'ner Pistole erwischen!« Er stieß ihn zurück. Dov zog ihn aus dem Wagen und schubste ihn weg.

»Verschwindet aus Jerusalem!« rief David ihm nach. »Sag's auch den anderen. Ihr habt hier nichts mehr zu suchen. Sollten wir euch noch mal erwischen, verfüttern wir euch an die Drogenfahnder!«

Er hatte Dov in Gillo abgesetzt, war jetzt wieder in Abu Tor und suchte in der En Rogel Street einen Parkplatz. Als er endlich einen gefunden hatte, schloß er seinen Wagen ab und ging langsam zu Nr. 16 zurück. Es war kurz nach vier Uhr morgens.

Seine Erschöpfung lastete schwer auf ihm. Er war seit über vierundzwanzig Stunden auf den Beinen, hatte mit Peretz gesprochen, war in einem verlassenen Araberdorf herumgekrochen, hatte eine Bande von Dealern zum Reden gebracht und konnte jetzt nur noch ans Bett und einen langen Schlaf denken.

David blieb vor dem Eingang seines Apartmentgebäudes stehen und versuchte, sich an den Code für das elektronische Türschloß zu erinnern. Drei-drei-fünf-irgendwas...

Ein leises Geräusch hinter ihm, als werde die Schiebetür eines Wagens geöffnet. David hatte ein schlechtes Gefühl gehabt, als er der Straße den Rücken zugekehrt hatte. Als er sich jetzt umdrehte, sah er auf der gegenüberliegenden Straßenseite einen großen dunklen Kleinbus mit offener Seitentür stehen, merkte, daß er an ihm vorbeigefahren und -gegangen sein mußte, und hechtete mit einem Fluch unter die Büsche neben dem Eingang. In der nächsten Sekunde hämmerte eine Maschinenpistole los.

Der Feuerstoß zog seine Spur quer über den Hauseingang und ließ die Türverglasung zersplittern. Dann kam er tiefer zurück, steppte durchs Mauerwerk dicht über seinem Kopf. Schon beim ersten Schuß hatten die Hunde in der Nachbarschaft wild zu kläffen begonnen. Steinsplitter regneten auf David herab, als er seine Pistole zog und das Feuer erwiderte. Etwas Heißes streifte seine Wange. Ein weiterer Feuerstoß aus dem Kleinbus; dann wurde eine Gestalt auf die Straße gestoßen und die Schiebetür zugeknallt. Der Kleinbus fuhr mit quietschenden Reifen an und verschwand um die nächste Ecke in Richtung Hotel Ariel.

In den umliegenden Häusern flammten Lichter auf. David hörte, wie Fenster geöffnet wurden. Er kroch aus den Büschen, kam auf die Beine, klingelte nach Anna und berührte dann seine brennende Wange. Sein Finger war blutig, als er ihn betrachtete. Ein Steinsplitter mußte ihn verletzt haben.

»David! Was ist passiert?«

»Ich bin überfallen worden. Aber mir fehlt nichts, wirklich nicht! Tu mir einen Gefallen, Anna, und ruf Rafi an. Er soll herkommen und zwei, drei Leute mitbringen.«

Während bereits Schaulustige zusammenliefen, trat David langsam auf die auf der Straße liegende Gestalt zu, welche die Unbekannten aus dem Kleinbus gestoßen hatten. Er sah sie mit dem Gesicht nach unten auf dem Asphalt liegen; er sah die Blutflecke auf dem Hemd des Mannes und sah, daß seine Hände mit Handschellen auf dem Rücken gefesselt waren. David beugte sich über den Toten und drehte ihn um. Im ersten Augenblick erkannte er ihn gar nicht: Mit schlaffen, fast friedlichen Zügen und großen traurigen Augen sah Peretz wie jeder seit einigen Stunden tote Israeli mittleren Alters aus.

Punkt 12 Uhr rückten die fünf ständigen Angehörigen der Abteilung Serienverbrechen auf das Gebäude in der Lover of Zion Street vor. Auf Anweisung Davids nahmen Micha und Shoshana sich die Garage vor, in der sie einen dunkelblauen Chevrolet-Kleinbus entdeckten, dessen Zündschlüssel im Schloß steckte. Shoshana ließ den Motor an und fuhr rückwärts aus der Garage, aber bevor sie die Straße erreichte, liefen zwei Männer mit Shin-Bet-Dienstausweisen auf sie zu. Die beiden blockierten die Ausfahrt, und als Micha Benyamani sie aufforderte, den Weg freizumachen, stießen sie ihn beiseite, schlossen das Tor und verriegelten es.

David war inzwischen mit Uri und Dov ins Haus hineingestürmt. Im Erdgeschoß stießen sie in einem spärlich möblierten Büro auf zwei Männer und eine attraktive junge Frau. Einer der Männer, ein untersetzter Bärtiger, telefonierte gerade; der andere, ein junger Muskelprotz, flirtete mit der an ihrer Maschine sitzenden Sekretärin.

Als der Bärtige sie hereinkommen sah, rief er eine Warnung ins Telefon, legte auf und trat verächtlich grinsend vor David hin.

»Hier haben Sie nichts zu suchen, Polizist. Wir gehören zum Sicherheitsdienst.«

»An die Wand mit euch! Alle drei! Hände hinter den Kopf! Ihr seid verhaftet!«

Niemand bewegte sich. Die beiden Männer wechselten einen Blick. Die junge Frau sah sich nervös um.

»Wir sind Shin-Bet-Angehörige, Arschloch«, sagte der

Bärtige. »Sehen Sie zu, daß Sie mit Ihren Leuten verschwinden!«

»Wen nennen Sie hier Arschloch?« fragte Uri drohend.

»Tritt ihm in die Eier, wenn er Dummheiten macht, Uri.«

»Wenn Ihr Ochse tritt, schieße ich ihm den Fuß ab.« Der jüngere Mann hatte eine Pistole gezogen, der Bärtige trat vor und baute sich breitbeinig vor David auf.

»Ihre große Karriere ist soeben zu Ende gegangen, Bar-Lev. Mit uns legt sich keiner an. Vor allem keine lausigen Bullen.«

Uri ging auf ihn zu. Der Bärtige rührte sich nicht.

»Wir sind also lausige Bullen, ja?«

»Fotografieren!« befahl David. Er griff nach dem Telefonhörer.

Während er mit Rafi sprach und Dov seine Kamera schußbereit machte, drehte Uri sich plötzlich nach dem jüngeren Mann um, warf ihn blitzschnell zu Boden, entwaffnete ihn und legte ihm Handschellen an. Die Sekretärin kreischte. Der Bärtige griff nun Dov an und versuchte ihm die Kamera zu entreißen. Uri machte einen Satz und umklammerte ihn von hinten. Als auch der zweite Mann Handschellen trug und die junge Frau gehorsam die Hände hinter den Kopf gelegt hatte, fotografierte Dov die drei wie für ein Fahndungsplakat. Dann ging er hinaus, um die Muskelprotze abzulichten, die das Tor blockierten.

Ephraim Cohen kam als erster, aber Rafi, der mit einem Streifenwagen mit eingeschalteter Sirene gekommen war, folgte nur wenige Sekunden später. Zu ihrer Konfrontation kam es in der Einfahrt. David, der dafür gesorgt hatte, daß die beiden Shin-Bet-Leute Rücken an Rücken auf dem Boden saßen, hörte von der Haustür aus zu.

»Den Bus fährt sie nicht weg!« sagte Ephraim warnend.

»Aber selbstverständlich fährt sie ihn weg!« widersprach

Rafi. »Und meine Spurensicherer werden ihn sich vornehmen.«

Shoshana saß lächelnd auf dem Fahrersitz; sie hatte die Türen von innen verriegelt.

»Hören Sie, Shahar«, fuhr Cohen hörbar um Mäßigung bemüht fort, »Ihre Leute können uns nicht einfach überfallen. Wenn Sie glauben, gute Gründe zu haben, gehen Sie zu einem Richter und erwirken einen Durchsuchungsbefehl. Aber bis dahn ziehen Sie Ihre Leute ab.«

»Ich brauche keinen Durchsuchungsbefehl, wenn mein bester Abteilungsleiter überfallen wird.«

Cohen winkte lässig ab. »Meine Leute werden dauernd überfallen.«

»Wir glauben, daß das Ihre Kerle gewesen sind.«

»Das *glauben* Sie!«

»Wovor haben Sie Angst, Cohen?«

»Sie befinden sich in meinem Revier, Shahar. Verschwinden Sie gefälligst.«

»Sie haben kein ›Revier‹.«

»Nein? Na, wir werden ja sehen!«

Sie kamen herein, um zu telefonieren, nachdem sie übereinstimmend festgestellt hatten, ihre jeweiligen Bosse müßten miteinander reden.

»Wozu die Handschellen?« fragte Cohen.

Rafi nickte David, dann Uri zu, der daraufhin den beiden Männern die Handschellen abnahm. Sobald Uri zurücktrat, wollte der Bärtige sich auf ihn stürzen. Uri trat ihn gegen das Schienbein. Der andere heulte auf. Die Sekretärin kreischte.

»Sorgen Sie dafür, daß Ihre Idioten sich anständig benehmen!« verlangte Rafi. Ephraim Cohen scheuchte die drei hinaus. Während Rafi mit Superintendent Latsky telefonierte, wandte Ephraim sich lächelnd an David.

»Als wir uns letztes Mal gesehen haben, habe ich dir einen Gefallen getan.«

»Ja, du hast uns auf Peretz angesetzt.«

»Das ist ein guter Tip gewesen, David.«

»Aber warum habt ihr Peretz dann ermordet? Ist das bei euch üblich, wenn eines eurer schäbigen Unternehmen scheitert?«

Rafi winkte David beiseite.

»Beleidige ihn nicht auch noch! Du hast diese Sache falsch angepackt. Du hättest dich mit mir abstimmen müssen.«

»Das hätte ich normalerweise auch getan, Rafi, aber wenn wir einen Durchsuchungsbefehl beantragt hätten, hätten sie davon erfahren und den Bus verschwinden lassen.«

»Cohen telefoniert mit Colonel Levin. Vielleicht stecken wir tiefer in der Scheiße, als du denkst.«

»Noch sind wir in Jerusalem!«

»Na und? Dürfen wir eine Durchsuchungsaktion beim militärischen Nachrichtendienst starten? Dürfen Shin-Bet-Leute den Russenkomplex durchsuchen? Dies ist ihr Revier, David. Durch dein Eindringen hast du uns ins Unrecht gesetzt.«

»Wir haben jetzt Fotos.«

»Trotzdem brauchst du auch den Kleinbus.«

»Falls einer dieser Kerle ›Hurwitz‹ gewesen ist und von Amit Nissim identifiziert wird...«

»Von einer Achtjährigen, David?«

»Vielleicht erkennt der Mann aus dem Fotogeschäft Susan Mills' ›Neffen‹ wieder.«

»Das reicht nicht, David.« Rafi schüttelte den Kopf. »Bei diesen Leuten reicht das nicht im entferntesten.«

Superintendent Nathan Latsky beriet sich mit Rafi, während die vier Shin-Bet-Männer finstere Gesichter machten und Ephraim Cohen ungeduldig auf seine Uhr sah. Latsky gehörte zum alten kettenrauchenden Palmach-Typ, wollte im kommenden Jahr in den Ruhestand gehen und war deshalb nicht mehr sonderlich an Konflikten interessiert. David wußte, daß er kein Freund Rafis war, dessen Politik der offenen Tür seiner Vorstellung von Ordnung ebenso widerstrebte wie Rafis undisziplinierte Abteilungsleiter.

Als Colonel Levin eintraf, schlenderten Latsky und er im Garten auf und ab. David konnte nicht hören, was die beiden besprachen, aber sie schienen recht freundschaftlich miteinander umzugehen: Keinere der beiden legte es darauf an, den anderen unter Druck zu setzen; beide richteten sich auf den unvermeidbaren israelischen Kompromiß ein.

Latsky kam zurück, um mit Rafi zu sprechen, während Levin mit Cohen konferierte. Nach einigen Minuten winkte der Superintendent David zu sich heran.

»Levin sagt, daß Sie diese Außenstelle enttarnt haben«, begann Latsky. Er zündete sich eine Zigarette an. »Er sagt, daß er seine Leute jetzt abzieht.«

»Was ist mit dem Kleinbus?«

»Was soll damit sein? Den kriegen Sie jetzt bestimmt nicht mehr.«

»Ich brauche ihn aber als Beweismittel!« protestierte David.

»Auf David ist zweimal geschossen worden«, warf Rafi erklärend ein.

Latsky nickte. »Sie haben versucht, ihn zu kapern, was ihnen nicht gelungen ist. Jetzt rücken sie ihn auf keinen Fall mehr raus. Für Levin ist das eine Frage des Prinzips.

»Dann sind wir also in einer Sackgasse. Was tun wir jetzt?«

»Ich werde zum Polizeiminister gehen, der sich seinerseits an den Shin-Bet-Direktor wenden wird.«

»Und was passiert dann?«

Latsky atmete nervös aus. »Die beiden führen eine Kabinettsentscheidung herbei.«

»Bis dahin sind sämtliche Spuren aus dem Bus beseitigt.«

Der Superintendent zuckte mit den Schultern. »Was wollen Sie dagegen tun? Die Herausgabe des Busses mit Waffengewalt erzwingen? Sie haben es mit diesen Leuten aufgenommen, Bar-Lev. Sie hätten sich besser überlegen müssen, was Sie tun. Jetzt sitzen wir in der Bredouille.«

»Das Ganze ist ein Teufelskreis«, stellte David fest. »Ohne diesen Schritt hätte ich keine Beweise beibringen können.«

»Das klingt so, als hätten Sie keinen legitimen Grund dafür gehabt.« Der Superintendent betrachtete ihn mit zusammengekniffenen Augen. »Übrigens noch was anderes: Keine Fotos! Sie verlangen auch die Herausgabe Ihres Films.«

Das Polizeiministerium befand sich in einem Regierungsgebäude in Sheikh Jarrah, eine Etage über dem Wohnungsministerium. Die Räumlichkeiten reichten aus, aber sie waren nicht eben großartig. Der im Augenblick für die Polizei zuständige Minister hoffte, schon bald ein angeseheneres Ressort übernehmen zu können.

David kannte ihn nur dem Namen nach. Der Minister, dessen Eltern aus Algerien eingewandert waren, war ein gerissener, redegewandter fünfzigjähriger Ex-Strafverteidiger mit silbergrauer Mähne und perfekt manikürten Händen. Er verdankte sein Amt einer Übereinkunft, die jüngeren sephardischen Politikern einige weniger bedeutende Ministerien sicherte, wenn sie dafür die gegenwärtige Regierungskoalition aus religiösen und rechtsgerichteten Parteien unterstützten.

Der Minister saß hinter einem Diplomatenschreibtisch und starrte aus dem Fenster. Während David seinen Fall vortrug, spielte er mit einem Aluminiumlineal, das er gelegentlich so drehte, daß es die Sonnenstrahlen reflektierte. David hockte nervös in einem Besuchersessel; Rafi Shahar und Superintendent Latsky hatten es sich auf dem Ledersofa an der Wand bequem gemacht.

»Sonst noch was?« fragte der Minister. Er beugte sich erwartungsvoll lächelnd nach vorn. David schüttelte den Kopf.

»Sie haben wohl nichts dagegen, wenn ich Ihnen einige Fragen stelle?« Der Minister war durch seine Kreuzverhöre bei spektakulären politischen Prozessen zu gewisser Berühmtheit gelangt.

»Sie haben vergangene Nacht niemand in dem Kleinbus erkannt?« David nickte. »Und Sie können den Bus nicht eindeutig als das Fahrzeug aus der Garage in der Lover of Zion Street identifizieren?« David nickte erneut. »Und diese Dealer, die Sie auf freien Fuß gesetzt haben – wie sind Sie darauf gekommen, sie für zuverlässige Zeugen zu halten?«

»Ihre Aussage hat vernünftig geklungen.«

Der Minister beugte sich noch weiter nach vorn. »Aber Sie waren sich nicht ganz sicher?«

»Natürlich nicht! Wie denn auch?« Er fragte sich, worauf der Minister hinauswollte.

»Woher wissen Sie, daß dieser Major Peretz den ›Scharfrichter‹ – wie wir ihn einmal nennen wollen – tatsächlich aufgespürt hatte?«

»Er hat mir den Weg zu dem Haus erklärt und hinzugefügt, Susan Mills sei vor ihrem Tode gefoltert worden. Das sind Dinge, die nur meine Leute wissen.«

»Er kann sie auf ähnliche Weise rausgekriegt haben, wie er von den Parallelschnitten erfahren hat. Da Sie keine Leiche haben, können Sie nicht mit Bestimmtheit behaupten, dieser ›Scharfrichter‹ sei tot. Nicht einmal seine Existenz läßt sich beweisen, nicht wahr?«

»In diesem Fall läßt sich vorerst tatsächlich nichts beweisen«, gab David zu. »Aber die Häufung so vieler Einzelheiten...«

Der Minister schlug mit seinem Lineal auf die Schreibtischplatte. »Ich soll mich ans Kabinett wenden. Ich stelle Ihnen die Fragen, die dort vermutlich an mich gestellt werden würden. Wenn ich Ihre Story zerpflücken kann, können es auch Ihre Gegner. Dann unterliegen wir. Dann hat es praktisch keinen Zweck, eine Kabinettsentscheidung herbeizuführen. Sind wir uns darüber einig?«

David nickte ergeben.

»Gut. Haben Sie irgend jemanden konsultiert, bevor Sie die Dealer freigelassen haben?«

»Nein.«

»Waren Sie zu so einer Vereinbarung berechtigt?«

»Innerhalb bestimmter Grenzen.«

Der Minister wandte sich an Rafi. »Hat er seine Befugnisse überschritten?«

»Nein.«

Der Minister lächelte. »Das ist der erste Lichtblick in dieser ungewöhnlich verfahrenen Geschichte.« Er sah wieder zu David hinüber. »Sie haben gesagt, dieser Ephraim Cohen sei ein Freund Ihres Bruders gewesen. Können Sie sich irgendeinen Grund denken, weshalb er Sie in bezug auf Major Peretz hätte täuschen wollen?«

»Er hat versucht, mich zu manipulieren. Er wollte mich von der richtigen Fährte abbringen.«

»Als Teil einer Verschwörung?« David nickte. »Aber Peretz hat Ihnen den Namen des ›alten Kameraden‹, der ihm vorgeschlagen haben soll, an dem Forum in der Rubin-Akademie teilzunehmen, niemals verraten, nicht wahr?«

»Nein.«

»Sie wissen also nicht, ob er Sie beschwindelt hat.«

»Nein.«

»Sie haben keinen Beweis dafür, daß Peretz in irgendeinem Punkt die Wahrheit gesagt hat?«

»Nein.«

»Und Ihre Rekonstruktion des Unfalls basiert ausschließlich auf den unbewiesenen Aussagen eines achtjährigen Mädchens und den auf Hörensagen beruhenden Darstellungen des diskreditierten, wahrscheinlich psychotischen und jetzt toten Majors Peretz – stimmt das?«

»Ja.«

»Lassen Sie mich also drei Fragen stellen, Captain: Welche Straftat wird Ihrer Meinung nach vorbereitet? Wer hat sich dazu verschworen? Welchen Beweis haben Sie dafür, daß Angehörige der Sicherheitsdienste im Zoo und vor Ihrem Haus auf Sie geschossen haben? Ihre Antworten darauf lauten doch: ›Das weiß ich nicht‹, – ›Das weiß ich nicht‹ und ›Keinen‹. Stimmt's?«

David nickte. »So würde ich antworten müssen.«

Der Minister lehnte sich zurück und preßte das Lineal zwischen seinen Händen zu einem Bogen. »Sagen Sie mir bitte ganz ehrlich, ob Sie an meiner Stelle bei dieser Beweislage vors Kabinett treten würden?«

David zuckte mit den Schultern. »Ich bin Ermittler, kein Richter. Meine Arbeit ist immer spekulativ.«

Der Minister drückte das Lineal stärker zusammen und ließ es dann los, so daß es David wie ein winziges Katapult entgegenschnellte. Als ihre Blicke sich wieder begegneten, spürte David eine gewisse Sympathie: Der Inquisitorenblick war verschwunden.

»Lassen Sie mich ganz deutlich sagen, daß ich verständlich finde, was Sie heute mittag unternommen haben. Rein persönlich sympathisiere ich mit Ihnen. Aber wenn ich mit dieser Geschichte vors Kabinett trete, riskiere ich meinen Posten. Tut mir leid... Soviel ich übrigens gehört habe, haben Sie sich geweigert, Colonel Levin einen Film herauszugeben.«

David nickte.

»Gut. Sie und Shahar warten bitte draußen. Latsky, Sie bleiben. Ich habe noch ein paar Details mit Ihnen zu besprechen...«

»Nein, das ist doch unglaublich!« sagte Anna. »O David – wie scheußlich dir zumute sein muß!«

David lag am Spätnachmittag erschöpft auf der Couch in seinem Wohnzimmer, Anna saß auf ihrem Cellistenhocker neben ihm.

»Sie sind eigentlich noch relativ freundlich gewesen.«

»Was hat Rafi dazu gesagt?«

»Daß dies die Entscheidung, die unwiderrufliche Entscheidung des Ministers sei, an der er nichts ändern könne. Das Ganze ist mein Fehler gewesen. Ich bin hingefahren, ohne ihn zu konsultieren, weil ich gewußt habe, daß er mich anweisen würde, noch zu warten. Ich habe mich verrechnet. Ich bin überzeugt gewesen, in dem Bus ließen sich Beweise sichern, die geradewegs zu Cohen und seinen Shin-Bet-Leuten führen würden. Dann hätte ich genug gehabt, um irgend jemanden zum Reden bringen zu können. Vielleicht hat Cohen damit gerechnet. Vielleicht waren die beiden Überfälle darauf angelegt, mich in eine überhastete Aktion zu treiben, die meinen Ermittlungen letzten Endes schaden sollte.«

»Weshalb machst du dir diese Vorwürfe?«

»Der Minister hat behauptet, ich sei besessen.«

»Das stimmt.«

»Klar. Aber was sollte man als Polizeibeamter sonst sein? Meine Besessenheit, Anna, basiert auf einem alten jüdischen Grundsatz: Ein Menschenleben ist heilig. Deshalb darf kein Mörder straffrei ausgehen.«

Sie griff nach seiner Hand. »Das gehört zu den Eigenschaften, die ich am meisten an dir liebe – daß du besessen bist, daß du nicht aufgibst.«

»Diese Eigenschaft hat Judith am wenigsten leiden können.«

Anna lächelte. »Sie und ich sind eben verschieden. Was hast du jetzt vor?«

»Ich leite die Abteilung noch immer. Ich bin nicht degradiert worden. Wir sind weiter für ungelöste Serienverbrechen zuständig.«

»Und die Morde?«

»Rafi überträgt die Ermittlungen seiner Mordkommission, die natürlich nichts erreichen wird. Es wird keine weiteren Morde mehr geben, und irgendwann wird der Fall ungelöst zu den Akten gelegt werden.« David schloß die Augen. »Rafi will, daß ich Urlaub mache. Ich habe ihm gesagt, daß die Leute glauben werden, ich hätte einen Nervenzusammenbruch gehabt, wenn ich jetzt in Urlaub fahre...«

Sie starrte ihn prüfend an. »Ich weiß nicht recht, David. Irgendwie kommt mir deine Reaktion merkwürdig vor.« Anna glitt von ihrem Hocker, setzte sich auf den Teppichboden und drückte ihren Kopf an Davids Körper. »Ich kann nicht glauben, daß du so resigniert bist, wie du dich gibst. Wie fühlst du dich in Wirklichkeit?«

»Zornig und gedemütigt.« Er machte eine Pause. »Als ob ich eben ein paar Ohrfeigen bekommen hätte. Da fällt mir ein: Als Jungen haben Gideon und ich manchmal eine Ohrfeige von unserer Mutter bekommen. Aber bei mir hat sie's bald aufgegeben, weil ich nicht wie erwartet reagiert habe. Bei Gideon sind Ohrfeigen immer wirksam gewesen – sie haben ihn dazu gebracht, sich zu verhalten, wie er sich verhalten sollte. Ich habe anders reagiert; ich bin durch Ohrfeigen wütend und bockig geworden.« Er setzte sich auf. »Wie du siehst, ist dieser Fall für mich noch längst nicht abgeschlossen.«

Später rief er Dov zu Hause an.

»Du hast drei Filme verknipst, stimmt's?«

»Ja, drei.«

»Sieh zu, daß du einen behältst, auf dem die vier Kerle und die Sekretärin zu sehen sind. Morgen bringst du ihn in ein Fotogeschäft zum Entwickeln. Dort kaufst du einen neuen Film derselben Marke und legst ihn in deine Kamera ein. Wenn du Latskys Sergeant die Filme übergibst, achtest du darauf, daß er dir eine Quittung über drei Kleinbildpatronen ausstellt.«

»Klingt nicht schlecht.«

David machte eine Pause. »Die anderen sind wohl ziemlich deprimiert?«

»Shoshana droht, sie werde den Dienst quittieren. Aber das tut sie nicht. Ich hab' mit dem gleichen Gedanken gespielt, bin aber wieder davon abgekommen. Was mich wirklich erbittert, ist der Zeitpunkt. Wie konnte das passieren? Unsere Ermittlungen waren doch so gut in Gang gekommen...«

»Passiert ist alles mögliche, Dov. Ich bin dumm gewesen. Ich hätte Shoshana auftragen sollen, diese beiden Schlägertypen über'n Haufen zu fahren. Wir hätten den Kleinbus unter allen Umständen in unsere Hand bekommen müssen.«

»Glaubst du, daß Levin darin verwickelt ist?«

»Wahrscheinlich nicht.«

»David, was geht hier eigentlich vor, verdammt noch mal?«

Er antwortete nicht gleich. »Ursprünglich haben sie's nur auf Susan Mills' Filme abgesehen gehabt, glaube ich. Aber die Nonne ist standhaft geblieben und hat sich geweigert, die Filme herauszugeben. Zuletzt mußten sie sie mit Gewalt zum Reden bringen – und danach ermorden, weil sie sonst geradewegs zu uns gekommen wäre. Aber durch diesen Mord sind sie erst recht in Schwierigkeiten geraten, denn es gab noch weitere Augenzeugen. Folglich haben sie beschlossen, alle zu beseitigen. Auf diese Weise hat ein Verbrechen zum anderen geführt. Die Entwicklung hat eskaliert. Sie haben Yael Safir ermordet. Wir sind ihnen auf den Fersen gewesen. Sie mußten sich schützen, und ihr Tarnmanöver ist zuletzt zu einem alles verschlingenden Ungeheuer geworden – wahrscheinlich größer als das, was sie ursprünglich damit tarnen wollten.«

»Ja, ich verstehe. Aber das ist noch immer keine Erklärung dafür, was an dem Unfall so wichtig gewesen ist. Ich kann einfach nicht glauben, daß wir die Ermittlungen einstellen.«

»Ihr stellt sie ein.«

»Aber du nicht.«

David antwortete nicht gleich. »Als brave Polizisten tun wir mal 'ne Zeitlang, was von uns erwartet wird«, sagte er dann.

Nissim freute sich nicht, ihn wiederzusehen.

»Sie haben uns versprochen, sie nur einmal zu befragen.«

Seine Frau nickte zustimmend. »Sie können jetzt nicht mit ihr sprechen. Sie schläft schon. Seit dem Nachmittag mit Ihnen ist sie sehr nervös.«

David entschuldigte sich. Uri und er seien sehr behutsam vorgegangen. Sie hätten sich alle Mühe gegeben, die Befragung als Spiel hinzustellen. Jetzt wolle er Amit lediglich ein paar Fotos zeigen.

»Sie kann Ihnen bestimmt nicht weiterhelfen«, sagte Frau Nissim. Aber als David seine Bitte wiederholte, erklärte sie sich widerstrebend einverstanden.

Als er sich im Kinderzimmer über Amits Bett beugte, um die Kleine zu begrüßen, schlang sie ihm die Arme um den Hals und gab ihm einen feuchten Kuß. David setzte sich neben sie auf die Bettkante. Amit griff nach ihrer als Polizeibeamtin uniformierten Puppe und wiegte sie stolz.

David erklärte der Achtjährigen, er habe ihr einige Fotos mitgebracht, und sie solle ihm bitte sagen, ob sie einen der abgebildeten Männer wiedererkenne.

Er breitete die Aufnahmen auf ihrer Bettdecke aus. Amit betrachtete sie genau und war sichtlich enttäuscht, als sie keines der Gesichter erkannte. Auch als er ihr das Phantombild des ›Neffen‹ zeigte, der Susan Mills' Fotos abgeholt hatte, schüttelte sie den Kopf.

David bedankte sich, gab ihr einen Gutenachtkuß, stand auf und war schon an der Tür, als sie ihm etwas nachrief.

»Ich hab' ihn im Fernsehen gesehen!«

»Wen?« Er drehte sich um.

»Einen der Männer«, sagte Amit.

David kam zurück und ging neben dem Bett in die Hocke. »Den Polizisten?« Sie schüttelte den Kopf. »Den Mann, der sich am Bein wehgetan hatte?«

Sie lächelte ihn schelmisch an. »Nein.«

»Oh«, sagte er, »dann muß es einer der beiden gewesen sein, die ihm beim Weggehen geholfen haben.«

Amit strahlte. »Richtig!«

David setzte sich wieder auf die Bettkante. »Warum hast du mir das vorhin nicht erzählt?«

»Du hast mich nicht danach gefragt.«

»Ja, das stimmt.« Er lächelte. »Wie hat dieser Mann also ausgesehen?«

»Oh, er hat 'nen Bart gehabt.« Ihre Augen wurden groß. »Und er hat mir richtig Angst gemacht.«

Ihre Mutter kam herein. »Ich dachte, Sie seien fertig...«

»Amit erzählt mir gerade von etwas, das sie im Fernsehen gesehen hat.«

»Unsinn! Seitdem Sie sie befragt haben, zeigt sie immer wieder auf Leute auf dem Bildschirm. Sehen Sie nicht, wie aufgeregt das Kind ist? Sie müssen jetzt wirklich gehen. Und ich wäre Ihnen dankbar, Captain, wenn Sie diesmal Ihr Versprechen halten und uns nicht wieder belästigen würden.«

Die nächsten Tage vergingen ohne größere Ereignisse. Davids Leute hockten lustlos herum und wälzten alte Ermittlungsakten. Zu ihren unglösten Fällen gehörten eine Einbruchsserie in Supermärkten, die sich häufenden Diebstähle von Rassehunden und der »sanfte Vergewaltiger«, der jedoch seit Monaten untätig zu sein schien.

Rebecca Marcus nahm sorgfältig alle Fotos, Pläne und Dokumente, die sich auf den Fall bezogen, von der Pinnwand im Bereitschaftsraum. Als sie David fragte, was sie damit anfangen solle, bat er sie, ihm das Material in einem Karton zu verpacken.

Moshe Liederman meldete sich bei ihm. Er hatte in der Personalabteilung nachgefragt und erfahren, daß er wegen des ihm noch zustehenden Urlaubs sofort in den Ruhestand treten könne. Da die Ermittlungen in der Mordserie abgegeben worden waren, sah er keinen Grund, noch länger zu warten. Er hatte einige Papiere mitgebracht, die David unterschreiben sollte.

»Nur her damit«, sagte David. Er gab die gewünschten Unterschriften und wünschte Liederman alles Gute und dankte ihm für seine Hilfe.

»Ich habe Ihnen zu danken«, antwortete Liederman. »Ich möchte Ihnen etwas sagen: Ich bin über dreißig Jahre lang Polizeibeamter gewesen, aber erst die Arbeit mit Ihnen hat mir etwas Selbstachtung gegeben. Wahrscheinlich habe ich mich nie mit der Uniform anfreunden können. In ihr bin ich mir irgendwie immer wie ein Clown vorgekommen.«

»Vielleicht hätten Sie nur in Zivil arbeiten müssen, Moshe. Die Uniform taugt nicht für jeden. Sie können jetzt an Ihrem Archiv arbeiten. Tut mir leid, daß ich noch keine Gelegenheit gehabt habe, es mir anzusehen.«

»Das kommt bestimmt noch. Sollten Sie irgendwann Hilfe brauchen – inoffiziell, versteht sich –, denken Sie bitte an mich. Ich bin nicht wie Sie; ich bin nicht intuitiv begabt. Aber ich habe in dreißig Dienstjahren einiges gelernt. Ich kann gut observieren und weiß, wie man gründlich ermittelt.«

Er rief Shoshana herein. »Wenn du heute nachmittag an Amits Schule vorbeifährst, kannst du sie nach dem Mann fragen, den sie gesehen hat.«

»Ha?«

»Im Fernsehen. Den unheimlichen Bärtigen. Sie weiß schon, wen du meinst.«

Shoshana starrte ihn an.

»Du wolltest doch vorbeifahren und mit ihr sprechen, nicht wahr?«

»Klar, David, natürlich.« Shoshana lächelte. »Das heißt also, daß wir noch immer...«

Er sah auf seine Uhr. »Freitagnachmittag. Wahrscheinlich ist die Schule heute früher aus...«

Als er aufblickte, war sie verschwunden.

ANNA

Sie war nervös, das spürte er, sobald er die Wohnung betrat. Sie übte in weißen Shorts und einem weißen T-Shirt, das ihr am Rücken klebte. Als er hereinkam, hörte sie zu spielen auf.

»Was ist los?«

»Ach, ich ärgere mich über etwas, das Yosef heute nachmittag gesagt hat.«

David setzte sich. »Was hat er gesagt?«

»Nichts Besonderes. Und es ist eigentlich sein gutes Recht gewesen. Wir kritisieren einander oft. Wir haben den Mendelssohn eingeübt, weißt du, und er hat behauptet, ich spielte den Anfang des zweiten Satzes ›zigeunerhaft‹. Ich hätte ihn am liebsten umgebracht!« Sie machte eine Pause. »Vielleicht hat er recht gehabt...«

Er beobachtete Anna, während sie ihr Cello behutsam wegstellte, aufstand und in die Küche ging. Als sie zurückkam, rauchte sie eine lange schwarze russische Zigarette mit Silbermundstück.

»Du rauchst wieder?«

»Erst seit heute nachmittag. Ich bin so nervös gewesen, daß ich zum King David Hotel hinübergegangen bin und mir eine Packung gekauft habe.« Sie atmete Rauch aus. »Kein Wunder, daß viele Israelis starke Raucher sind. Hierzulande ist jeder nervös. Ich wär's auch, wenn ich nicht so verdammt diszipliniert wäre.«

Er starrte sie prüfend an. »Was ist los, Anna?«

»Das fragst du mich nun jeden Tag.«

»Irgend jemand ist aufgetaucht, stimmt's?«

Sie blieb ruckartig stehen. »Woher weißt du das, David?«

»Targow, nicht wahr? Die *Jerusalem Post* hat ein Interview mit ihm gebracht.«

Anna nickte. »Aber woher weißt du seinen Namen? Ich weiß genau, daß ich ihn nie erwähnt habe – außer ich rede im Schlaf.«

»Ich bin Kriminalbeamter, vergiß das nicht.«

Sie nahm einen langen Zug. »Der Teufel soll ihn dafür holen, daß er hergekommen ist!«

»Komm, setz dich zu mir.« Sie kam zur Couch. »Was ist denn los? Hast du ihn gesehen? Ist er hierhergekommen, um dich aufzuspüren?«

»Nein, sein Sekretär hat mich angerufen. Ein hagerer, sehr seltsamer Mann namens Anatolij Rokowski. Er hat mir bestellt, Sascha sei hier und bitte um einen Besuch. Ich habe ihm erklärt, ich würde mir's überlegen. Das habe ich getan, als du reingekommen bist.«

Dann sprudelte plötzlich alles über ein Jahr lang in ihr Aufgestaute aus ihr heraus.

»... wir haben uns geliebt. Hast du das gewußt? Die Zeit mit ihm ist zeitweise wunderschön gewesen, aber zum Schluß wurde es unerträglich. Er hat unsere Affäre dazu benützt, seine Frau zu demütigen. Ich bin nur eine von vielen jungen Frauen gewesen, die er sich ins Haus geholt hat, um ihr weh zu tun.«

Anna war aufgestanden, hatte sich eine zweite Zigarette angezündet und ging nervös auf und ab, während sie von ihrer Zeit mit Targow in Big Sur erzählte.

»... nicht daß du glaubst, Irina sei ein armes, gequältes Wesen gewesen. Sie hat vieles davon selbst arrangiert. Er hat mir einmal erzählt, ihre Verachtung sei für ihn lebenswichtig. Er ist ein hochintelligenter Mann, David. Aber er hat ständig dafür gesorgt, daß Irina von uns gewußt hat. Das hat zu schrecklichen Szenen beim Abendessen geführt – wenn die beiden sich aus nächster Nähe angebrüllt haben. Sascha ist gut zu mir gewesen; er hat mir geholfen, aber er hat mich auch benutzt. Ich bin sein Resonanzboden gewesen. Er hat sich seine Gefälligkeiten auf tausenderlei Art bezahlen lassen.«

»Wie habt ihr euch kennengelernt?«

Sie schüttelte den Kopf.

»Was ist los?«

»Das willst du nicht wirklich von mir hören.«

»Ich liebe dich, Anna. Zwischen uns darf es keine Geheimnisse geben.« Er machte eine Pause. »Hör zu, ich erzähle dir eines von meinen.«

Sie blieb stehen und lächelte erwartungsvoll. »Ich hab' gar nicht gewußt, daß du Geheimnisse hast.«

»Wie habe ich deiner Meinung nach von Targow und dir erfahren?«

»Ja, wie denn?« Sie starrte ihn an.

»Von einer alten Freundin, einer Amerikanerin. Siehst du – du bist hier nicht der einzige Mensch mit Vergangenheit.«

»Sie hat davon gewußt?«

»Sie ist eine Art amerikanischer Agentin. Eifersüchtig und eine Lügnerin dazu. Sie hat behauptet, Titanow sei vor kurzem im Westen gesehen worden. Das habe ich überprüft, und es hat natürlich nicht gestimmt.«

Anna setzte sich neben ihn und ließ den Kopf hängen. Er streichelte ihr den Nacken.

»Ich weiß, daß du wirklich geflüchtet bist, Anna. Aber du hältst irgendwas zurück. Willst du es mir nicht erzählen? Dann fühlst du dich bestimmt wohler.«

Sie hatte Tränen in den Augen. »Das kann ich nicht, fürchte ich.«

»Schuldgefühle sind etwas Dummes.«

»Lernt man das während eurer Ausbildung?«

David nickte. »Man soll den Beschuldigten dazu bringen, ›seine Story zu erzählen‹. Erzähl mir deine, Anna. Hier sitzt ein Kriminalbeamter, der dich liebt – könntest du dir einen besseren Zuhörer wünschen?«

Sie begann endlich zu erzählen.

». . . ein paar Monate später in New York, wo ich nach meiner Ankunft in den Vereinigten Staaten gelebt habe. An einem eisigen Wintertag hat mich auf der West Fifty-seventh Street in der Nähe der Carnegie Hall ein Mann auf russisch angesprochen. Er war freundlich und höflich und hat mir offen erklärt, wer er sei und was er von mir wolle. Er war von der sowjetischen Botschaft und wollte, daß ich einen Auftrag übernehme. Sollte ich mich weigern, würde mein Bruder von der Universität Moskau exmatrikuliert. Das hat er nicht drohend gesagt, sondern ganz nüchtern als betrübliche Tatsache hingestellt.

Als ich ihm erklärt habe, ich sei nicht bereit zu spionieren, selbst wenn meinem Bruder dadurch Nachteile entstünden, hat er mir versichert, Spionage sei etwas für Profis, und ich solle lediglich Auskünfte über die Einstellung einiger Emigranten liefern. Wie sich zeigte, wußte er, daß ich in der kommenden Woche zu einem Konzert nach Kalifornien fliegen würde. Dort sollte ich den Bildhauer Targow anrufen, den ich nur dem Namen nach kannte, mich ihm vorstellen, ein Treffen mit ihm vereinbaren und in bezug auf seine Aktivitäten und Pläne aushorchen.

Das war bereits alles. Dummerweise bin ich damals darauf eingegangen. Und jetzt schäme ich mich dafür. Aber damals ist mir die Sache wirklich harmlos vorgekommen. Diese Leute, die alten Emigranten – die reden ohnehin ständig über sich selbst und ihre Pläne!«

Als sie Targow dann kennengelernt hatte, war sie überrascht gewesen. Sie hatte keinen militanten antisowjetischen Aktivisten, sondern einen leidenden Künstler vor sich gehabt, der eine Gestalt aus einem der großen russischen Romane hätte sein können. An ihrem ersten Wochenende in Kalifornien wurde sie zu einer großen Party in Big Sur eingeladen – gemeinsam mit über einem halben Hundert russischer Emigranten. Targow bemühte sich sehr um sie, und Anna geriet innerhalb weniger Stunden in seinen Bann.

Sie hatte Tränen in den Augen, als sie David das alles erzählte und ihm berichtete, wie Irina sie eingeladen hatte, zu ihnen zu ziehen. Irgendwie nährte es Irinas Zorn, so glaubte sie bald entdeckt zu haben, eine junge Frau ins Haus zu holen, die ihr Mann verführen konnte. Wie Anna schnell merkte, galt Irinas Zorn ausschließlich Sascha; das Kraftfeld in diesem Hause bestand zwischen den Targows, nicht zwischen Sascha und ihr. Sie spielte in diesem häuslichen Melodram lediglich eine Nebenrolle, und je länger sie blieb, desto unfreier fühlte sie sich – desto mehr fürchtete sie, verschlungen zu werden, wenn ihr nicht rechtzeitig die Flucht gelang.

Daraufhin bat sie ihren Agenten, einen Begleiter für sie ausfindig zu machen, und fuhr nach San Francisco, um sich mit dem Kontaktmann aus der sowjetischen Botschaft zu treffen. Sie teilte ihm mit, Targow sei harmlos und sie werde keine weiteren Aufträge mehr übernehmen. Vielleicht wurde sie an diesem Tag beschattet; vielleicht wußte Stephanie Porter auf diese Weise von ihrer Verbindung zum KGB. Das spielte jetzt keine Rolle mehr. Wichtig war nur, daß sie damals erkannt hatte, daß ihre Karriere als Musikerin zu Ende war, wenn sie noch länger in Big Sur blieb.

Die letzten Wochen waren besonders schlimm. Sie spürte, daß Irina im Begriff war, eine schreckliche alte Wunde wieder aufzureißen. Den Höhepunkt erreichte diese Entwicklung, als Sascha ihr an seinem sechzigsten Geburtstag gestand – nachdem er sie zuvor scherzhaft beschuldigt hatte, eine Komsomolzin zu sein, die ihn ausspähen solle –, daß er vor vielen Jahren seinen besten Freund verraten habe. Eine schmerzliche Geschichte; er nannte keine Einzelheiten, und sie verlangte keine. Sie war zu sehr mit der Möglichkeit beschäftigt, daß er ihr auf die Schliche gekommen sein könnte.

»Das ist mir als Ironie des Schicksals erschienen, weißt du«, sagte Anna. »Ich habe den ganzen Nachmittag darüber nachgedacht. Er hatte den Mut gefunden, mir seinen Verrat zu gestehen, aber ich konnte mich nicht dazu überwinden, ihm meinen einzugestehen. Statt dessen haben wir uns geliebt, und ich habe danach für ihn auf dem Cello gespielt. Und spät nachts ist Irina in mein Zimmer gekommen, hat mich geweckt und hat mir in einer Sturzflut aus Wut, Triumph und Beschimpfungen alles erzählt.«

Sergeij Sokolow, der von Targow Verratene, war ein Schulfreund Saschas gewesen: ein Künstler wie er, weit weniger begabt, aber freundlicher, weniger verbittert und im Umgang mit der allmächtigen Kulturbürokratie gewandter. Er war bei ihrer Hochzeit Trauzeuge gewesen. Auch nachdem Sascha und Irina verheiratet waren, blieben die drei unzertrennlich und waren fast jeden Abend zusammen.

Eines Abends, als draußen ein heftiger Schneesturm tobte, hatte Irina vorgeschlagen, Sergeij solle bei ihnen auf der Couch übernachten. Am nächsten Morgen war er noch zum Frühstück geblieben, als Sascha bereits in sein Atelier – eine nur notdürftig zu beheizende Garage in einem anderen Stadtteil – gefahren war. An diesem Tag hatte ihr Dreiecksverhältnis begonnen. Irina war damals schön und unwiderstehlich gewesen; Sergeij war ihren Verführungskünsten bereitwillig erlegen. Ein Jahr der Ekstase für Irina: goldene Nachmittage mit Sergeij; silberne Nächte mit Sascha – zwei Männer, zwei Liebhaber; zwei Männer, die sie liebte. Ihr Körper jubilierte. Sie gab sich ganz ihrem Vergnügen hin.

Aber Sascha mußte irgendwann Verdacht geschöpft haben. An einem bitterkalten Wintertag war er schon am frühen Nachmittag nach Hause zurückgekehrt und hatte Irina und Sergeij auf der Couch im Wohnzimmer ertappt. Sie hörten ihn nicht hereinkommen, drehten sich nicht nach ihm um. Er nahm die Szene mit einem einzigen langen Blick in sich auf und verließ schweigend die Wohnung, um in ohnmächtigem Zorn durch die Stadt zu irren. An diesem Nachmittag schmiedete er einen schrecklichen Plan. Nachdem er seine anfängliche Enttäuschung und Verbitterung überwunden hatte, sah er in Sergeijs Verrat ein Mittel zum Zweck. Wenn er es geschickt genug anfing, konnte er Irinas Affäre beenden, sich an den beiden rächen und sich noch dazu die Ausreise in den Westen sichern.

Targow und Sokolow hatten in Moskau einen gemeinsamen Klassenkameraden, einen KGB-Offizier namens Sabolinski. *Ja, es gibt immer einen Sabolinski...*, dachte David, während Anna davon sprach, daß Sokolow und dieser Mann sich schon in der Schule nie hatten leiden können. Jetzt wandte Sascha sich an Sabolinski und bot ihm die Möglichkeit, alte Rechnungen zu begleichen. Als Gegenleistung verlangte er lediglich Reisepässe für sich und Irina, um zum Studium und zu künstlerischer Fortbildung für ein Jahr ins Ausland reisen zu können.

Der Plan war einfach und wirkungsvoll. Sascha und Sergeij übten im Gespräch oft bittere Kritik an den Verhältnissen in der Sowjetunion. Sascha würde Sergeij anzeigen und dafür sorgen, daß seine Äußerungen mitgehört werden konnten. Sergeij würde verhaftet, vor Gericht gestellt und wegen antisowjetischer Agitation verurteilt werden. Strafverschärfend würde noch hinzukommen, daß er Jude war.

»Das hat Irina mir alles am Fußende meines Bettes stehend erzählt«, berichtete Anna. »Es war meine letzte Nacht in ihrem Haus, und sie wollte, daß ich die Wahrheit erfuhr. Saschas Plan hat tatsächlich funktioniert. Sergeij ist verurteilt und in ein strenges Arbeitslager geschickt worden. Und als dann die Ausreisevisa erteilt wurden, ist Irina in ihrer Angst und Verwirrung bereit gewesen, diese Gelegenheit zu nutzen und mit Sascha in den Westen zu gehen.

Viele Jahre später, nachdem Sascha es in Amerika zu Ruhm und Reichtum gebracht hatte, hat er ihr eines Nachts alles gestanden, ihr seine Motive erklärt und sie auf den Knien um Verzeihung gebeten. Aber Irina hat ihm nicht verziehen. Was Sascha getan hatte, war in ihren Augen unentschuldbar. Ihr Ehemann sei ein gemeiner Denunziant. Außerdem seien die mit seinem Namen verknüpften KGB-Stories wahr. ›Natürlich haßt er sie jetzt‹, hat sie gesagt. ›Jetzt kann er's sich leisten, sie als Schlangen zu bezeichnen. Aber er ist die *wirkliche* Schlange.‹

Sie hat eine Zeitlang dagestanden und mich triumphierend lächelnd angestarrt. ›Hör zu‹, hat sie dann gesagt, ›ich hab' euch gesehen, wie ihr's im Atelier miteinander getrieben habt. Aber du sollst wissen, daß sich das Blatt jetzt gewendet hat. Sergeij ist wie durch ein Wunder freigekommen. Das hab' ich Sascha heute morgen erzählt – als Geburtstagsgeschenk. Es hat ihm wirklich den Rest gegeben: Er hat solche Angst davor, als Denunziant entlarvt zu werden, daß er nie wieder arbeiten können wird!‹ Und dann hat sie gelacht.«

Sie saßen einige Minuten schweigend nebeneinander. Davids Hand kraulte sanft Annas Nacken, während sie leise vor sich hinschluchzte. Als sie weitersprach, sah sie ihm nicht in die Augen. »Nachdem ich Yosef kennengelernt hatte und wir so gut zusammengespielt haben, hatte ich das Gefühl, nun beginne ein neues Leben für mich. Und als wir hierhergekommen sind, als ich diese Stadt gesehen habe, habe ich gewußt, daß ich hier leben wollte.«

Anna wandte ihm ihr Gesicht zu; er sah die Tränenspuren auf ihren Wangen. »Dann habe ich dich kennengelernt. Alles ist mir wie ein Wunder erschienen – wie du mich angesehen hast, wie wir uns verliebt haben. Fast zu gut, um wahr zu sein. Und ich habe mich ständig davor gefürchtet, was du von mir denken würdest, wenn du wüßtest, was ich Schreckliches getan habe...«

David war gerührt: In vielen Punkten entsprach Annas Darstellung genau der von Stephanie, aber die Zusammenhänge lagen ganz anders. Und er verstand auch, daß Anna ihren eigenen Augenblick der Schwäche stark übersteigert mit Targows Geschichte von Verrat, Täuschung und Schmerz gleichsetzte.

Diese Russen! dachte er. »Hör zu«, sagte er beschwichtigend, »du hast nichts verbrochen. Du hast nur zugesichert, dich mit diesem Bildhauer in Verbindung zu setzen, damit dein Bruder weiterstudieren konnte. Nichts weiter...«

»David...«

Er nahm ihr Gesicht in die Hände. »Eine Bagatelle, nichts weiter. Du fühlst dich schuldig, weil du deinen ersten Anruf bei Targow mit seinem Verrat seines ältesten Freundes gleichsetzt. Aber du hast ihn nicht verraten, Anna. Du hast im Gegenteil berichtet, er sei ganz harmlos. Was du getan hast, ist eine Bagatelle gewesen – nicht der Rede wert.«

Später liebten sie sich, aber nicht ungestüm wild wie so oft. Diesmal waren sie sanft und zärtlich zueinander. Danach hielt er sie in den Armen, bis sie einschlief.

Mitten in der Nacht spürte er ihre Unruhe.

»Was hast du?«

»Die Musik läßt mich nicht schlafen«, antwortete sie leise. »Diese Sonate... Ich kann sie nicht richtig spielen, so sehr ich's auch versuche.« In ihrer Stimme klangen Angst, Verzweiflung und Resignation an. »Ich spiele sie seit Jahren. Und jetzt... jetzt gelingt sie mir aus irgendeinem Grund plötzlich nicht mehr.«

David schwieg nachdenklich.

»Mir fallen drei mögliche Lösungen ein«, sagte er schließlich. »Du mußt dir die aussuchen, die dir am besten entspricht.«

»Welche meinst du?«

»Du kannst zu meinem Vater gehen und mit ihm darüber sprechen. Vielleicht kann er dir helfen, die Ursache deiner Blockade zu finden.« David machte eine Pause. »Oder du kannst auf das Stück verzichten. Du sagst Yosef, daß du den Mendelssohn nicht mehr magst, daß du dir etwas anderes erarbeiten willst.«

»Und die dritte Möglichkeit?«

»Das ist die schwierigste. Bleib dabei, laß dich nicht entmutigen, übe weiter, bis der Knoten endlich platzt. Dann gehört die Sonate dir. Dann beherrschst du sie, solange du lebst.«

VERGESSE ICH DEIN ...

Beim Rasieren erinnerte Targow sich an einige Zeilen aus dem Gedicht »Touristen« des israelischen Dichters Yehuda Amichai und rezitierte sie vor dem Spiegel:

> Sie schmachten nach unseren süßen Knaben
> Und sind lüstern nach unseren zähen Mädchen
> Und hängen ihre Unterwäsche
> Zum raschen Trocknen
> In kühlen, blauen Bädern auf...

Eine halbe Stunde später stieg er mit Rokowski die Stufen zur Eingangshalle des Mishkenot Sha'ananim hinunter. Die hübsche Studentin an der Rezeption rief seinen Namen.

»Guten Morgen, Mr. Targow! Ihr Taxi ist da.«

Er nickte dankend und trat durch die Glastür ins Freie. Im nächsten Augenblick stand er in gleißend hellem Licht.

Das Taxi fuhr mit aufheulendem Motor an. Die Mauern der Altstadt leuchteten.

> Vergesse ich dein, o Jerusalem,
> Laß meine Rechte ihre Kunst vergessen.

Es war früh am Morgen. Sie fuhren durch Wohnstraßen, vorbei an alten Männern, die auf Parkbänken saßen, und Kindern, die fröhlich lärmend in Parks spielten. Dann befanden sie sich auf einem modernen Boulevard, den moderne Gebäude mit Natursteinfassaden säumten. Überall Skulpturen: Werke von Arp, Calder, Picasso, Moore... Erlesene Gesellschaft! Dann hielt das Taxi am vorgesehenen Aufstellungsort.

Targow war damit einverstanden. Nein, er war davon begeistert. Er schritt den Platz ab und umkreiste ihn dann nervös. Er betrachtete den Hintergrund (ein Zedernhain) und den Zugang (ein sanft gewundener Fußweg zwischen Hecken). Rokowski, der unsicher auf dem Sockel posierte, vertrat im Augenblick den »Gerechten Märtyrer«.

Targow kniff die Augen zusammen. Er stellte sich vor, wie die Statue in einem nachmittäglichen Gewitter oder im Licht des abnehmenden Mondes aussehen würde. Ja, die schwarze Bronze war das perfekte Material. Es würde auch unter dieser heißen, grellen Sonne wirken.

»Gut«, brüllte er auf russisch, »aber wo ist der verdammte Rasen?«

»Erst müssen die Klempner kommen!« rief Rokowski zurück. »Sie müssen Bewässerungsrohre verlegen, bevor die Gärtner den Rasen pflanzen können.«

»Pflanzen!« Targow trat etwas zur Seite, so daß die Sonne durch Rokowski verdeckt wurde. »Soll das ein Witz sein? Gras dauert Wochen!«

»Sie verlegen Grassoden!« Rokowski, der allmählich heiser wurde, wirkte mehr und mehr wie eine Vogelscheuche.

Targow winkte ihn zu sich heran. Der Rasen! Die Enthüllung! Die Einladungen! Die Pressearbeit! Ihm wirbelte der Kopf.

Nachdem sie mit einem Taxi noch zu einigen anderen, sehenswerten Skulpturen gefahren waren, mußte Rokowski nach Haifa, wo der japanische Frachter, der den »Gerechten Märtyrer« transportierte, anlegen sollte. Targow, der die Befreiung von der zuweilen bedrückenden Gegenwart seines

Vertrauten genoß, machte sich erwartungsvoll auf, um Jerusalem auf eigene Faust zu entdecken.

Er besichtigte den Felsendom, vor dem er mit anderen Touristen anstehen mußte. Wie er wußte, war dieser Bau das bedeutendste religiöse Bauwerk der Stadt. Das mit kostbaren Fayencefliesen geschmückte Oktogon mit der mächtigen vergoldeten Kuppel beherrschte nicht nur den Tempelberg, sondern ganz Jerusalem.

Die Architektur war überwältigend; ihre Schönheit verschlug ihm fast den Atem. Sanftes pastellfarbenes Licht, das durch die großen und kleinen Rundbogenfenster fiel, erhellte die Rotunde und beleuchtete den Felsen. Targow stand am Geländer unter der Kuppel und blickte auf den heiligen Fels herab. Hierher war Abraham gekommen, um seinen Sohn Isaak zu opfern; von hier aus hatte der Prophet Mohammed seinen Himmelsritt angetreten.

Anna hatte sich verändert. In Kalifornien war sie blaß und mager gewesen; hier war sie geradezu erblüht. Ob das an dem Kriminalbeamten lag? Targow betrachtete ihn genauer: ein untersetzter, sonnengebräunter, sehr männlich wirkender Schwarzhaariger. Er hätte für einen römischen Legionär Modell stehen können und strahlte Kraft und Kompetenz aus. Aber seine Augen zeigten, daß er auch sensibel war. Ein Suchender, entschied Targow, ein Mann, der sich eine Aufgabe gestellt hat. Ja, er muß sie beeinflußt haben; er liebt sie richtig und entzündet ein Feuer in ihr, das selbst ihre Wangen erglühen läßt.

»... so brillant, ihr Juden! Relativitätstheorie. Psychoanalyse. Der – ich wage es kaum auszusprechen – Marximus.« Er sah zu Anna hinüber, die leise lächelte. »Jetzt seid ihr Experten auf Gebieten wie Bewässerung, Urbarmachung und Archäologie. Ihr stellt eine Armee auf, baut neuartige Waffen und gewinnt wider Erwarten der gesamten Weltöffentlichkeit alle eure Kriege.«

Er sah sich in dem Restaurant um, das um diese Zeit fast leer war. Als er sich wieder umdrehte, stellte er fest, daß der Kriminalbeamte ihn nachdenklich musterte. »Aber trotz all eurer Tugenden – ganz unfehlbar seid ihr nicht.« Er legte seine Gabel weg. »Das zeigt beispielsweise dieses Essen. Schrecklich!« Sie lachten, während er seinen Teller wegschob.

»Was muß ich übrigens tun«, fragte er den Kriminalbeamten später, »um hier jemanden zu finden?«

»Das hängt davon ab, wen Sie suchen. Ich selbst benütze das Telefonbuch.«

»Auf diese Weise finden Sie Verbrecher? Erstaunlich!« Targow lächelte dem Kriminalbeamten zu. »Es handelt sich um alte Freunde aus Rußland, die vor kurzem angekommen sein dürften. Könnte ich sie finden, wenn ich wollte?«

»Geben Sie mir ihre Namen, möglichst auch die Geburtsdaten. Ich bin gern bereit, sie für Sie ausfindig zu machen.«

»Ich möchte Sie nicht weiter belästigen. Ich dachte, es gäbe irgendeine Auskunftsstelle.«

»Die Jewish Agency. Oder das Ministerium für die Eingliederung von Einwanderern. Aber es macht mir wirklich keine Mühe, unser Polizeicomputer...«

»Hilfe, keine Computer! Ich käme nie auf die Idee...«

In den Augen des Kriminalbeamten blitzte Neugier auf. »Auf der anderen Seite leben wir, wie Sie wissen, in einem sehr kleinen Land. Wir kennen uns alle. Deshalb brauchen Sie bloß herumzufragen.«

Anna entschuldigte sich, um zu telefonieren. Targow zahlte und ging mit dem Kriminalbeamten hinaus. Während sie in der Sonne warteten, entstand eine peinliche Pause. Das grelle Licht tat Targows Augen weh. Staubbedeckte Olivenbäume ragten mit dunklen knorrigen Stämmen in den leuchtendblauen Himmel hinauf.

»Hören Sie«, begann Targow, »ich möchte nicht väterlich wirken, aber Sie sind gut für sie. Das erkenne ich. Sie blüht hier auf. Sie hat einen starken Mann wie Sie gebraucht.«

»Danke, daß Sie das sagen«, antwortete der Kriminalbeamte. »Es freut mich, daß Sie ...«

»Halt, da kommt sie wieder! Sie will mir die Stadt zeigen. Sie kommen doch mit?«

Der Kriminalbeamte schüttelte den Kopf. »Ich finde, daß Sie eine Zeitlang Russisch sprechen sollten.« Er küßte Anna auf die Wange und schüttelte Targow die Hand. Targow fiel wieder sein forschender Blick auf. »Bitte rufen Sie mich an, wenn ich irgendwas für Sie tun kann.«

»Wird gemacht«, versprach Targow ihm.

Der Aufstieg zum Ölberg war mühsam. Anna nahm ihn an der Hand und führte ihn einen steilen Schotterweg zwischen den Mauern hinauf, die die alten Grabstätten schützten. Targow rang nach Luft. In Big Sur joggte er regelmäßig durch die Wälder, aber hier war die Hitze unerträglich. Als sie oben ankamen, blickte er übers Tal zu dem im Sonnenglanz liegenden Tempelberg hinüber.

»Warum?« fragte Anna.

Targow drehte sich langsam nach ihr um.

»Ich dachte, ich sei am Ende, leer, ausgebrannt. Dann ist mir plötzlich mein bestes Werk gelungen. Vielleicht mein letztes ...«

Sie schüttelte den Kopf. »Ich kenne dich, Sascha. Du bist nicht dreizehntausend Kilometer weit gereist, nur um an einer Denkmalsenthüllung teilzunehmen.«

Er warf ihr einen prüfenden Blick zu, den sie ertrug, ohne zu blinzeln oder den Kopf zu senken. »Ja«, gestand er ein, »das mit der Skulptur ist nur ein Teilaspekt.«

»Und der Rest?«

»Ich muß eine alte Schuld begleichen.«

»Worauf lastet sie?«

Er breitete die Arme aus. »Worauf denn schon? Auf meinem Leben!«

»Dein Besuch hängt also nicht mit mir zusammen?« fragte Anna ihn später, als sie im Hinterzimmer eines Teehauses in der schwülen Altstadt saßen. Draußen unterhielt ein Jongleur einige wenige Schaulustige. Auf der anderen Seite der für den Durchgangsverkehr gesperrten Gasse spielte ein schäbiger Geiger für die Touristen eine Rhapsodie.

»Ganz und gar nicht. Aber ich bin sehr froh, dich zu sehen.«

»Sag mir, warum du hergekommen bist.«

Er antwortete nicht gleich. »Vielleicht möchte ich etwas zu meiner Erlösung tun. Letztes Jahr habe ich an meinem Geburtstag geträumt, ein Mann habe auf mich geschossen – und mich verfehlt.«

»Und?«

»Vielleicht trifft er nächstes Mal besser. Das hätte dann Folgen. Ja, davon bin ich überzeugt.«

Sie starrte ihn an. »Tut mir leid, Sascha, aber ich habe keine Ahnung, wovon du redest.«

»Das ist auch besser. Hör zu, ich bin hier und habe viel zu erledigen. Daß ich dich gesehen habe, hat mich am meisten gefreut. Du hättest meine Tochter sein können. Mein Gott, wie ich mir wünsche, ich hätte...«

Als er später nervös in seinem Apartment auf und ab ging, rief Rokowski an. Der Frachter würde mit drei Tagen Verspätung einlaufen. Aber es gab noch schlechtere Nachrichten: Irina war nach Israel unterwegs.

»Was?«

»Sie kommt übermorgen an. Im Hotel hat ein wirres, ziemlich langes Telegramm von ihr gelegen. Ich wollte sie anrufen, um ihr das auszureden, aber Bianca hat gesagt, sie sei schon abgereist. Sie ist irgendwo in New York und deshalb unerreichbar.«

»Diese Hexe!« *Sie wird alles kaputtmachen.*

»Es wird dir kaum möglich sein, sie abzuwimmeln.«

»Okay, wenn sie kommen, mir lästigfallen und sich in meinem Glanz sonnen will – meinetwegen. Aber zuvor habe ich noch einen vertraulichen Auftrag, der ausgeführt sein muß, bevor sie ankommt. Du mußt Sokolow aufspüren, Tola, ohne daß jemand merkt, daß du in meinem Auftrag handelst. Sobald du ihn gefunden hast, rufst du mich an und gibst mir seine Adresse durch. Aber du nimmst unter keinen Umständen Kontakt mit ihm auf oder erzählst Irina davon, verstanden? Wenn sie kommt, hältst du sie mir vom Leib. Von mir aus kannst du sie knebeln und fesseln.«

Kurzes Schweigen, während Rokowski, der eigenartige Aufträge gewöhnt war, über eine Lösung nachdachte.

»Vielleicht würde ihr eine Reise durch Galiläa Spaß machen«, meinte er schließlich.

»EIN MANN, DEM UNRECHT GESCHEHEN IST«

Alle im Russenkomplex wußten, daß die Abteilung Serienverbrechen in Ungnade gefallen war. Kollegen, die David um seine Favoritenstellung bei Rafi beneidet hatten, begrüßten ihn mit geheucheltem Mitgefühl, während wahre Freunde ihm bei Begegnungen auf dem Flur versicherten, er sei schäbig behandelt worden.

Eines Tages hörte er auf der Herrentoilette, wie über ihn gesprochen wurde. Zwei Drogenfahnder mittleren Alters bearbeiteten die Kaffeemaschine gleich gegenüber der Tür.

»Er ist ein Klassefahnder«, sagte der erste, »aber er hat die fixe Idee, uns alle retten zu müssen.«

»Richtig«, stimmte der zweite zu, »er begnügt sich nicht mit einfachen Ermittlungen. David muß *verstehen.*«

Er beobachtete seine Leute aufmerksam. Jeder von ihnen reagierte auf seine Art. Uri Schuster machte isometrische Übungen, während er mürrisch ins Leere starrte. Micha stürzte sich auf unerledigte Akten, ohne wirklich etwas zustande zu bringen, während Dov seinem Groll dadurch Luft machte, daß er aggressiv durch die Gänge stapfte, als suche er Streit. Nur Shoshana schien das alles nichts auszumachen. Sie wirkte gedankenverloren wie eine Kriminalbeamtin, die mit einem schwierigen Fall beschäftigt ist.

Sie verfolgt irgendeine Spur, dachte David. Er beschloß, sie in Ruhe zu lassen. Shoshana sollte selbst entscheiden, ob sie diese Spur aufgeben oder damit zu ihm kommen wollte.

Drei Tage nach Davids Ablösung ließ Rafi ihn zu sich kommen, schickte Sarah Dorfman mit einem Auftrag weg, stand auf und schloß die Tür seines Dienstzimmers.

»Du bist wütend auf mich. Das sehe ich dir an. Du findest, ich hätte mich energischer für euch einsetzen sollen.« Das stimmte natürlich nicht, aber David schwieg. Sein Vater hatte ihn gelehrt, Schuldbewußten Gelegenheit zu geben, ihre Schuld zu bekennen. »Aber du scheinst zu vergessen, daß solche Loyalität auf Gegenseitigkeit beruhen muß. Hättest du erst mich konsultiert, hätte ich euch bis aufs Messer verteidigt. Aber du hast eigenmächtig gehandelt und bist zu weit gegangen. Ich habe mein Bestes für euch getan. Tut mir leid, daß du dich im Stich gelassen fühlst.«

Rafi zündete sich seine Pfeife an und murmelte, daß er Anna und David zum Abendessen einladen wolle.

Da er dafür kein genaues Datum genannt hatte, hing diese Einladung ein wenig in der Luft und erleichterte nicht gerade die Situation.

Als David am nächsten Abend nach Hause kam, stand ein seltsamer Blumenstrauß auf der Fensterbank: bizarre Orchideen mit länglichen, gewellten, von rosa Adern durchzogenen Blütenblättern.

»Von Rafi«, erklärte Anna ihm. »Er hat sogar die Vase mitgeschickt.«

Am Samstagmorgen fuhr er in aller Frühe nach Haifa und erreichte das Haus der Raskovs gegen 10 Uhr. Der moderne, weitläufige Bungalow lag im besten Viertel Carmels, von dem aus man einen wunderbaren Blick über den Hafen hatte.

Ein drusisches Dienstmädchen öffnete ihm die Tür. Joe oder Judith waren nirgends zu sehen.

»Ich bin Captain Bar-Lev«, stellte David sich auf arabisch vor.

Die junge Frau nickte. »Warten Sie bitte hier. Hagith kommt sofort.«

David sah sich um, während er wartete. Der Rasen war wunderbar gepflegt, und in der Doppelgarage standen zwei chromblitzende Mercedes – eine Limousine und ein Cabrio. Im offenen Kofferraum des Cabrio lagen Tennisschläger und ein Sack Golfschläger.

Hagiths Gesicht erinnerte David an Gideon, aber ihre Gesten hatten Ähnlichkeit mit denen Judiths. Auf der Fahrt nach Tiberias sprachen sie über die Schule, ihre Lehrer und ihre Freundinnen. Wie durch stillschweigende Vereinbarung sparten sie Einzelheiten ihres häuslichen Lebens ganz aus.

»Anna und ich möchten, daß du uns besuchst«, sagte David. »Für eine Woche oder auch länger, wenn du willst – und deine Mutter einverstanden ist.« Hagith gab keine Antwort. »Hast du keine Sehnsucht nach Jerusalem? Erinnerst du dich überhaupt noch daran? Du bist schon fast ein Jahr nicht mehr dort gewesen.«

»Ja, ich erinnere mich«, antwortete sie. Dann brach sie in Tränen aus.

»Was hast du, Liebling?« Er bremste und hielt am Straßenrand. »Warum weinst du? Habe ich was Falsches gesagt? Sag's mir bitte, damit ich dir helfen kann.«

»Ich möchte so gern kommen«, schluchzte sie. »Du und Großvater fehlen mir sehr.«

»Du fehlst uns auch. Deswegen brauchst du nicht gleich zu weinen.«

»Aber Joe läßt mich nicht zu euch.«

»Was soll das heißen? Warum nicht, Liebling?«

»Er hat Angst, daß ich von Leuten entführt werden könnte, die es auf sein Geld abgesehen haben.«

Dieser gemeine Schweinehund! David beherrschte sich mühsam. »Hör zu, Hagith, was Joe meint, spielt überhaupt keine

Rolle. Gar keine! Dein Besuch in Jerusalem geht deine Mutter und mich an – und sonst keinen Menschen auf der Welt!«

»Ich kann ihn nicht leiden!« stieß sie plötzlich hervor. »Er hat Mundgeruch.« Sie warf sich schluchzend über Davids Schoß. Er streichelte ihr langes Haar, während er ihr erklärte, daß er sie lieben und ihr Daddy bleiben werde, wo sie auch lebe. Und zugleich konnte er ein gewisses Triumphgefühl nicht unterdrücken. *Sie kann Joe Raskov nicht leiden! Sie ist noch immer meine Tochter!* Plötzlich fühlte er sich so wohl wie seit Wochen nicht mehr.

»Ich habe über Anna und ihre Probleme mit der Mendelssohn-Sonate nachgedacht«, sagte sein Vater.

»Ja?«

»Mendelssohn ist ein jüdischer Komponist gewesen.«

»Und ...?«

»Und das könnte bedeutsam sein. Sie hat Schwierigkeiten mit einem Juden.«

»Glaubst du, daß sie Schwierigkeiten mit mir hat, Vater?«

»Möglicherweise. Das ist natürlich nur eine Überlegung, David, aber vielleicht wäre es nützlich, wenn ihr euch mal damit befassen würdet.«

Als er aufblickte, stand Shoshana an der Tür seines Dienstzimmers und lächelte.

»Da bist du ja endlich!« sagte er.

»Ich weiß, daß du auf mich gewartet hast.«

Er bot ihr einen Stuhl an. Sie nahm Platz und verschränkte die Arme.

»Vor neun Tagen hast du mich weggeschickt, um Amit Nissim nach der Schule abzufangen. Du weißt, was das Resultat war: Sie hat mir den unheimlichen Bärtigen nicht genauer beschreiben können als dir. Ich habe mir überlegt: Okay, sie weiß irgendwas; sie ist erst acht Jahre alt, aber sie ist unsere einzige Augenzeugin. Deshalb habe ich sie jeden Tag von der Schule abgeholt, um sie zu fragen, ob sie den unheimlichen Bärtigen wiedergesehen habe. Bisher hat sie stets bedauernd den Kopf geschüttelt.

Aber vor zwei Tagen hat sie plötzlich gesagt: ›Ich hab' den anderen gesehen! Während einer Fernsehdiskussion, die sie sich angesehen hat, um uns vielleicht helfen zu können. Nicht den unheimlichen Bärtigen, sondern den dritten, ebenfalls bärtigen Mann, der den Verletzten weggeschleppt hat. Ich habe mir Archivaufnahmen der Teilnehmer der Diskussionsrunde besorgt, ein kleines Album zusammengestellt und es heute nachmittag Amit vorgelegt. Sie hat sich alle angesehen und dann auf einen Mann gezeigt. Wie du weißt, ist sie bisher eine ausgezeichnete Zeugin gewesen, die sich nie geirrt hat...«

Shoshana legte ihr Album auf seinen Schreibtisch. David blätterte darin: Parteivorsitzende, ehemalige Minister, bekannte Persönlichkeiten aus Wirtschaft und Wissenschaft. Als er bei einem Archivfoto von General Yigal Gati angelangt war, schnalzte Shoshana die Zunge.

David sah auf. »Er?«

Ihre Augen blitzten. »Genau!«

Er lehnte sich zufrieden lächelnd zurück. Endlich paßten einige Mosaiksteinchen zusammen. »Weißt du, Shoshana, du bist jetzt doch eine verdammt gute Kriminalbeamtin geworden.«

»Danke. Und wir gehen jetzt damit zu Rafi, nehme ich an, weil dies natürlich nicht mehr unser Fall ist. Wie ich höre, hält die Mordkommission nichts von unseren bisherigen Ermittlungen. Dov sagt, daß sie den Unfall völlig unberücksichtigt läßt. Folglich werden die Kollegen auch das hier außer acht lassen, vermute ich.«

Er berührte die Narbe an seiner Wange. »Der Teufel soll sie holen!«

»Richtig! Das soll er!« Sie lachte. »Was tun wir jetzt?«

David beugte sich nach vorn. »Ich möchte, daß du dich nach unserem alten Freund Gutman, dem Thora-Dieb, erkundigst. Er sitzt jetzt schon eine Weile. Vielleicht hat der Staatsanwalt nichts dagegen, wenn du ihn zu einem kleinen Spaziergang aus dem Loch holst.

»Gutman?« Shoshana kniff die Augen zusammen.

»Ja. Glaubst du nicht, daß ihm frische Luft guttäte?«

»Besteht irgendeine Verbindung zwischen ihm und General Gali?«

»Red mit dem Staatsanwalt, Shoshana. Wir brauchen den alten Gutman. Setz deinen weiblichen Charme ein, um ihn rauszuholen.«

Am Spätnachmittag brachte sie Gutman in den Unabhängigkeitspark, an dessen Westrand David in der Nähe der Jean-Arp-Statue wartete. Gutman war seit seiner Verhaftung gealtert. Er hatte Gewicht verloren, war blasser und blinzelte wie jemand, der kein Tageslicht mehr gewöhnt ist.

»Ah, Sie!« Er zog die Augenbrauen hoch, als er David sah. »Und dafür haben Sie mich freigelassen?«

»Sie sind nicht freigelassen«, stellte David richtig.

»Oh? Wieder Gestapo-Methoden, was?« Gutman riß die Augen auf. »Holt den alten Juden aus Bergen-Belsen, laßt ihn atmen und schickt ihn dann rasch zur ›Entlausung‹.«

David wußte, daß Gutman ein gerissener alter Gauner war, dessen Gerede über frühere Verfolgungen rein rhetorisch gemeint war. Trotzdem beunruhigten ihn die Parallelen zu den Nazis. Aus dem Munde von Arabern waren sie schlimm genug, aber wenn Juden sie gebrauchten, sollten sie bewußt kränken und erzürnen.

»Nennen wir es eine kurze Haftverschonung.«

»Wie verdammt kurz wird sie sein?«

»Das hängt von Ihnen ab.«

»Muß ich dazu Gedankenleser sein?«

»Also gut, Jacob, wir machen einen kleinen Spaziergang.«

David machte Shoshana ein Zeichen, ihnen zu folgen, und bewegte sich mit Gutman die King George Street in Richtung Oberrabbinat entlang.

»Wie geht es Ihrem Vater?« Gutman hatte seinen Tonfall gemäßigt, als habe er beschlossen, sich eine Zeitlang wie ein normaler Mensch zu benehmen.

»Sie hätten mir sagen sollen, daß Sie ihn kennen.«

»Und Sie in Verlegenheit bringen?«

»Das hätte mich nicht in Verlegenheit gebracht.«

»Ist wohl lustig, Freunde Ihres Vaters zu verhaften?«

Wieder der aggressive Tonfall; David ignorierte ihn. »Sie haben mich erkannt. Wodurch?«

»Ich habe Sie als kleinen Jungen gekannt. Seither habe ich Sie noch mehrmals gesehen. Die Leute drehen sich auf der Straße nach Ihnen um: ›He, da geht der junge Bar-Lev, ein netter Junge!‹ Sehen Sie, David, Sie sind noch nicht alt genug. Später wird Ihr Gesicht sich verändern. Dann kommt Ihre wahre Polizistenmentalität zum Ausdruck.«

Sie kamen an Steins Buchladen vorbei. Vor ihnen schützten Sandsackbarrieren den Eingang der Jewish Agency. Reihen von Stacheldraht glitzerten in der Sonne.

»Ich bin seit Jahren nicht mehr mit Ihrem Vater zusammengekommen. Auch mit den meisten anderen nicht.«

»Mit den ›Jägern‹, meinen Sie?«

Gutman warf ihm einen prüfenden Blick zu. »Was hat er Ihnen darüber erzählt?«

»Nichts. Darüber hat er nie gesprochen.«

»Hat er denn nichts über mich gesagt?«

»Doch. Er hat Sie als Mann bezeichnet, dem Unrecht geschehen sei.«

Der Alte nickte. »Aber Sie haben gewußt, daß ich ein ›Jäger‹ gewesen bin?«

»Das hat mir Yigal Gati erzählt. Er ist eines Tages bei mir gewesen.«

»Hmmm, wie interessant! Erzählen Sie mir mehr davon.«

»Er ist mir nicht sonderlich sympathisch. Ein Mann mit viel Durchsetzungsvermögen.«

»Das ist er schon immer gewesen. Ein guter Kommandeur, aber völlig gefühllos.«

»Ja«, sagte David, »ich weiß, was Sie meinen. Ein erstklassiger israelischer Scheißkerl.«

Gutman blieb plötzlich stehen und drehte sich nach David um. Aus seinem Blick sprachen Angst und Mißtrauen. »Was versuchen Sie mir zu erzählen?«

»Daß Gati Ihnen nicht nützen kann. Daß er nicht der Mann ist, der Ihnen aus Ihrem Schlamassel helfen kann.«

»Wer ist also mein Mann? *Sie?*«

»Immer mit der Ruhe. Kommen Sie, wir gehen in den Park. Dort ist's kühler.«

David sah sich nach Shoshana um, bevor er Gutman von der King George Street wegführte. Sobald sie die Bäume erreichten, blieb der Verkehrslärm Jerusalems hinter ihnen zurück.

»Was wollen Sie also für mich tun? Wollen Sie mich freikriegen?«

»Ausgeschlossen. Vielleicht läßt sich das Strafmaß herabsetzen. Aber dafür müssen wir einen Handel abschließen.«

»Einen Handel? Ein Tauschgeschäft? Ihr Kamel gegen meinen Teppich – in dieser Art?«

»Wie wär's mit Ihrem Geld gegen meine Thora?« David sah Gutmann zum ersten Mal grinsen.

Er wußte, daß der kritische Punkt ihres Gesprächs erreicht war. Gutman konnte auspacken, falls er wirklich etwas wußte. Oder er konnte beschließen, eisern zu schweigen, so daß weitere Überredungsversuche vergeblich sein würden.

Sie kamen an einer jungen Mutter in roter Bluse vorbei, die

einen Kinderwagen schob. Dann kam ihnen ein an Krücken gehender großer, braungebrannter, athletischer Beinamputierter entgegen: ein Veteran aus dem Libanonkrieg mit seiner Freundin an seiner Seite.

»Ich möchte Ihnen die Sache mit der Thora erklären.«

»Ich höre.« David deutete auf eine Bank und nahm neben Gutman Platz. Shoshana lehnte in ihrer Nähe an einem Baum.

»Ich möchte, daß Sie mich nicht mißverstehen. Ich hab's nicht wegen des Geldes getan. Daraus hab' ich mir nie was gemacht.«

»Woraus sonst?«

»Aus Orthodoxen und ihrer dämlichen *Halacha*. Wie sie dieses Land mit ihren Religionsgesetzen unterjocht haben. Ich verabscheue sie! Die Knesset sollte sie verbieten. Die Rabbis entlassen. Ihnen die Käppchen wegnehmen und die verdammten Schläfenlocken abschneiden – und sie des Landes verweisen, wenn's ihnen nicht paßt!« Er schüttelte den Kopf. »Neunzehnhundertzweiundsiebzig hat einer von ihnen, ein Mistkerl mit schwarzem Anzug und schwarzem Hut, meine einzige Tochter Miriam totgefahren. Er war ein Diamantenhändler, zweiundfünfzig Jahre alt. Sie war neunzehn, hatte Urlaub vom Militär, eine rothaarige junge Schönheit.

Der Kerl hat sie mitten auf der Malkhe Yisrael überfahren und nicht mal gehalten, um nach ihr zu sehen. Er ist weitergefahren, weil er Angst um seine kostbaren Diamanten hatte, und als er gefaßt und vor Gericht gestellt worden ist, haben ein Dutzend seiner Freunde ausgesagt, er sei zum Zeitpunkt des Unfalls in ihrer Talmud-Gruppe gewesen. Der Staatsanwalt ist ein junger Besserwisser gewesen, der sich nicht genügend vorbereitet hatte. Dann ist das Urteil gesprochen worden. ›Im Zweifel für den Angeklagten‹, hat der Richter gesagt. Keine Strafe; keine Entschädigung. Der Scheißkerl hat den Gerichtssaal grinsend verlassen!

Ihr Vater hat Ihnen erzählt, mir sei Unrecht geschehen. Ja, mir ist Unrecht geschehen. *O ja, mir ist Unrecht geschehen!*«

Gutman rutschte auf seinem Platz hin und her. Er hatte Tränen in den Augen. David sah zu Shoshana hinüber; sie starrte verlegen zu Boden.

»Ihr Vater hat immerhin versucht, mir zu helfen. Er hat mir erklärt, ich müsse das Geschehene überwinden und mein Leben weiterleben. Ich hab's versucht, aber es hat nicht geklappt. Meine Frau war tot. Ich hatte keinen Menschen mehr auf der Welt. So bin ich auf meinen kleinen Racheplan gekommen. Vielleicht ziemlich mitleiderregend für einen ›Jäger‹, aber für einen Mann meines Alters nicht ganz schlecht...«

Er wischte sich die Tränen aus den Augen und setzte sich auf, als wolle er beweisen, daß er stark sei. »Ich habe angefangen, mit Judaika zu handeln, um das Zeug in die Diaspora zu exportieren. Vor allem Schriftrollen. Die habe ich praktisch verschenkt. Das war vielleicht etwas kläglich, aber trotzdem befriedigend. Jeder Verkauf ist eine kleine Befriedigung gewesen, hat mein Herz ein bißchen leichter gemacht.« Der Alte lachte. »Jetzt wollen sie mich lynchen. Ein Thora-Dieb – für den gibt es keine Gnade! Nehmen wir einmal an, ich würde sagen: ›Ich bereue, ich tu's nicht wieder.‹ Was tut der Richter dann? Verurteilt er mich statt zu fünf nur zu vier Jahren? Ich weiß, daß ich dorthin komme und dort sterben werde.«

David warf ihm einen prüfenden Blick zu. Gutman packte aus, das war soweit in Ordnung. Aber es konnte noch längst nicht alles sein.

»Sagen Sie mir doch, Sie großer Detektiv, warum Gati sich Ihrer Meinung nach so für mich eingesetzt hat?«

»Weil Sie etwas über ihn wissen.«

Ein gerissenes Lächeln. »Ziemlich clever, mein Junge. Ja, Sie sind wirklich clever.«

»Erzählen Sie mir davon?«

»Vielleicht.« Der Alte machte eine Pause. »Komisch, mir gefällt's eigentlich, daß er sich so um mich bemüht. Daß er mir diesen Staranwalt Abramsohn geschickt hat – ja, das ist nett gewesen. Abramsohn hat mir geraten, ganz ruhig zu bleiben, dann werde sich alles von selbst regeln. Damit meint er, daß ich den Mund halten soll. Aber ich weiß nicht, ob das richtig ist. Ich könnte im Gefängnis vergiftet werden. Oder jemand kommt nachts in meine Zelle und schneidet mir die Kehle durch. Sie werden vor nichts zurückschrecken, um mich zum Schweigen zu bringen, weil sie nicht wissen, wieviel ich weiß. Dabei weiß ich wirklich nicht allzuviel. Ich habe nur gehört, daß es irgendeinen Unfall gegeben hat.«

David starrte ihn an. »Was für einen Unfall?«

»Irgendeinen. Woher soll ich wissen, was für einen, verdammt noch mal? Aber ich weiß, daß die anderen sich deswegen Sorgen machen.«

»Wer sind die anderen?«

»Oh, zum Beispiel Gati. Vielleicht Abramsohn. Vielleicht auch andere Leute. Das ist eben das Problem. Ich weiß nicht, was die Sache mit dem Unfall zu bedeuten hat.«

»Wo haben Sie davon gehört?«

»Irgendwo.«

»Das genügt nicht, Jacob. Wir wissen bereits von dem Unfall. *Wer? Wo?* Das müssen Sie mir sagen.«

»Zunächst einmal brauche ich Ihnen gar nichts zu sagen, mein Junge. Aber nehmen wir mal an, ich täte es. Was passiert dann? Die anderen hören, daß ich sie verpfiffen habe, und beschließen, uns beide zu erledigen. Mir macht das nichts aus, aber Sie sind Doktor Bar-Levs Sohn. Ich könnte mir nie verzeihen, ihm diesen Schmerz bereitet zu haben.«

David nickte schweigend. Er wußte, daß es ein Fehler gewesen wäre, den Alten zu drängen. So saßen sie eine Zeitlang nebeneinander, bis Gutman sich schließlich räusperte.

»Was aus unserer Gruppe von ›Jägern‹ geworden ist... hmmm, das ist eine interessante Geschichte. Wir gingen längst wieder anderen Dingen nach, aber in unseren Herzen war trotzdem etwas zurückgeblieben. Nicht gerade Schuldgefühle, eher das schreckliche Bewußtsein, kaltblütig gemordet zu haben, wie wir es getan hatten. Deshalb hat Ihr Vater uns zu regelmäßigen Treffen eingeladen, bei denen wir Gelegenheit hatten, auch darüber zu sprechen. Ich habe mich auf diesen ersten Donnerstag jedes Monats gefreut.

Aber nachdem wir alles schon hundertmal durchgesprochen hatten, haben wir andere Themen diskutiert. Israel. Sein Schicksal. Was getan werden müßte. Kurz nach dem Jom-Kippur-Krieg ist es dann zu der sogenannten ›Spaltung‹ gekommen.

Ich behaupte keineswegs, es habe nicht schon früher Meinungsverschiedenheiten gegeben. Gati und ich haben uns beispielsweise nie ausstehen können. Aber diese neue Sache hatte mit der Reaktion jedes einzelnen auf seine Vergangenheit zu tun. Ihr Vater und die meisten von uns sind der Meinung gewesen, unsere damaligen Taten gehörten der Vergangenheit an. Eine kleinere Gruppe unter Gatis Führung hatte die Idee, wir sollten als Rächer auftreten und notwendige Schmutzarbeit übernehmen. Wir waren also aufgeteilt in ›Jäger‹, die ein normales Leben führen, und ›Jäger‹, die weiterjagen wollten.

Nach der Spaltung haben sich unsere Wege getrennt. Aber es hat weiterhin gelegentliche Kontakte durch Pendler zwischen den beiden Gruppen gegeben. Max Rosenfeld, der einer von ihnen gewesen ist, hat in meinem Haus in der Hananya Street gewohnt.

Max ist vor zweieinhalb Monaten an Leberkrebs gestorben, und ich habe ihn fünf Tage vor seinem Tod im Krankenhaus besucht. Er hat mich um seinen Besuch gebeten, weil er etwas sehr Wichtiges über Gati und die anderen wisse, das er weitergeben wolle. Aber er ist schon sehr krank gewesen. Er hat keine Einzelheiten erwähnt, sondern nur von diesem Unfall gesprochen. Gati sei deswegen besorgt; die anderen hätten alle Angst und bemühten sich verzweifelt, ihn nicht bekanntwerden zu lassen. Außerdem hat er mir erzählt, die anderen hätten Papiere Ihres Vaters aus Herman Blumenthals Garage gestohlen. Er hat gesagt, damit hätten sie ihre Spuren verwischen wollen, um Sie erledigen zu können.«

»*Mich?*« fragte David erstaunt. »Mich persönlich?«

»Ja, genau Sie, mein Junge. Avraham Bar-Levs Sohn, den großen Detektiv. Mehr weiß ich nicht, ehrlich nicht! Ich hab' nicht mehr daran gedacht, weil mir das nichts bedeutet hat. Aber nach meiner Verhaftung habe ich Gati mitgeteilt, ich wüßte bestimmte Dinge, bräuchte Hilfe und würde bei der Polizei auspacken, falls ich sie nicht bekäme. Ich hab' damit gerechnet, daß der berühmte Gati es schaffen würde, mich freizukriegen. Jetzt sehe ich, daß er's nicht kann – und der berühmte Abramsohn auch nicht. Deshalb frage ich mich jetzt: Was steht dir bevor? Wirst du hinter Gittern sterben? Oder bringt Ihre hübsche junge Kollegin dort drüben mich jetzt zur Entlausung, weil ich ausgepackt habe ...?«

David fuhr vom Park aus direkt zu seinem Vater. Diesmal ohne telefonische Voranmeldung. Der Alte umarmte ihn nur flüchtig. Er hatte einen stachligen Zweitagebart.

»Was ist los? Du siehst unglücklich aus.«

»Ich bin nicht wegen einer Therapie hier.«

»Ich bin auch kein Therapeut mehr.« Eine Pause. »Weshalb bist du gekommen?«

»Welche deiner Unterlagen sind gestohlen worden?«

»Keine. Das habe ich dir gesagt.«

David warf einen Blick auf die gerahmten Fotos: Gideon in Luftwaffenuniform lächelnd; seine Mutter mit traurigen Augen und fast vorwurfsvollem Blick.

»Hör zu, Vater, ich weiß, daß du nicht die Wahrheit gesagt hast. Blumenthal hat den Einbruch nie angezeigt. Das habe ich überprüft. Und Rosenfeld hat Gutman auf dem Totenbett anvertraut, Gati und seine Gruppe hätten Teile deiner Patientenkartei gestohlen. Welche Teile? Unterlagen über die ›Jäger‹? Das wäre verständlich, denn Rosenfeld hat davon gesprochen, sie wollten ihre Spuren verwischen. Aber er hat auch behauptet, diese Leute wollten mich erledigen.« Schweigen. »Welche deiner Unterlagen könnten ihnen die Möglichkeit dazu gegeben haben?«

Avraham wandte sich ab. »Tut mir leid...«

»Schon gut! Was ist gestohlen worden?«

»Einige Unterlagen über die ›Jäger‹, aber das hatte nichts zu bedeuten. Was wir damals getan haben, ist schon seit vielen Jahren aktenkundig.«

»Was noch?«

»Das betrifft dich nicht!«

»Verdammt noch mal, Vater, gib endlich Antwort! Ich muß alles wissen. Ich bin nicht nur dein Sohn, sondern auch Kriminalbeamter...«

»Ha! Willst du *mir* gegenüber den großen Zampano rauskehren?«

»Ich verlange, daß du die Wahrheit sagst. Ohne Verdrehungen und Auslassungen.«

Im nächsten Augenblick erzitterten die Fensterscheiben vom Überschallknall eines israelischen Düsenjägers.

»Würdest du mich verhaften? Wirklich?« Avrahams Stimme klang eingeschüchtert.

David sprach ebenso leise. »Ja, wenn's sein müßte«, bestätigte er.

Der Alte zuckte zusammen. In dem kleinen Raum war es schwülwarm. David wischte sich den Schweiß von der Stirn.

»Sie haben auch meine Unterlagen über Gideon gestohlen«, gab Avraham nach langem Schweigen zu.

»*Weshalb?*«

»Das weiß ich nicht. Vielleicht wollten sie mich damit erpressen, mich daran erinnern, daß ich bereits einen Sohn verloren habe.«

»Eine Warnung?«

»Ja, wahrscheinlich.« Avraham seufzte schwer. »Wenn sie die Akte gelesen haben, wissen sie, daß ich mir selbst Vorwürfe gemacht habe.«

»Weshalb denn? Gideon ist erwachsen gewesen. Er hat seine Entscheidung selbst getroffen.«

»Aber was hat ihn dazu gebracht? Das weiß ich nicht. Er ist mein schwierigster und verwirrendster Patient gewesen, weißt du. Nach seinem Tode habe ich den Glauben an die Psychoanalyse verloren. Ich hatte fünfunddreißig Jahre lang Menschen beraten. Als er dann Selbstmord verübt hat, habe ich mich gefragt, ob meine ›Wissenschaft‹ vielleicht nur Betrug sei.«

»Du hast vielen Menschen geholfen. Das weißt du selbst.«

»Wenn ich mich umsehe, bin ich auf allen Seiten von Krankheit umgeben.«

»Tut mir leid, daß ich dich so angefahren habe. Manchmal schieße ich ein bißchen übers Ziel hinaus.« Er machte eine Pause. »Es ist gar nicht so leicht, den großen Detektiv zu spielen. Diese Rolle ist manchmal sogar schwerer als die von Dr. Avraham Bar-Levs Sohn.«

Der Alte lächelte. »Nein, du hast recht gehabt. Ich hätte dich nicht belügen dürfen.« Er legte David eine Hand auf die Schulter. »Du stehst einer mächtigen Koalition gegenüber, David. Gelingt es dir nicht, sie zu zersprengen, befürchte ich schlimme Folgen für uns alle.«

»Das hast du bereits gewußt, David. Du hast schon früher davon gesprochen, du seist auf Peretz gehetzt worden.«

Anna lag mit hinter dem Kopf gefalteten Händen auf dem

Bett. David stand am Fenster und starrte auf Jerusalem hinaus.

»Peretz, ja«, sagte er. »Aber jetzt glaube ich, daß mehr dahintersteckt. Nehmen wir einmal an, die anderen hätten es darauf angelegt, ein Serienverbrechen zu begehen, mit dessen Aufklärung ich hätte betraut werden müssen. Nehmen wir einmal an, sie hätten diese Morde nur verübt, damit ich mit den Ermittlungen betraut werde.«

»Aber wozu hätten sie das tun sollen? Was hätten sie davon gehabt, David?«

»Vielleicht haben sie geglaubt, ich würde aufgrund irgendeines persönlichen Unvermögens scheitern, so daß für sie der Weg zur Durchführung ihres eigentlichen Vorhabens frei gewesen wäre.« Er drehte sich nach ihr um. »Ich frage mich, ob...«

»Ja?«

»Ich frage mich, ob sie das getan haben, um später...« Er schüttelte den Kopf. »Ich weiß, daß das eine verrückte Idee ist, Anna, aber könnten sie's nicht getan haben, um mich später irgendwie *benutzen* zu können...?«

Er rief Yehuda Merom im Verteidigungsministerium an. »Hast du Zugriff zu den Krankenblättern meines Bruders?«

»Kein Problem...«

Als Yehuda jedoch nachmittags zurückrief, klang seine Stimme durchaus nicht zuversichtlich.

»Tut mir leid, David, aber ich kann dir das Gewünschte doch nicht besorgen.«

»Die Unterlagen sind verschwunden?«

»Ja, größtenteils. Sie tauchen bestimmt wieder auf. Vermutlich sind sie nur falsch eingeordnet worden.«

»Der psychologische Teil?«

»Ja. Aber woher weißt du das, David?«

»Sein Absturz liegt schon fast zwei Jahre zurück. Werden

die Personalakten gestorbener und gefallener Soldaten nicht vor dem Zugriff Unbefugter geschützt?«

»Das sollten sie normalerweise sein.«

»Aber sie sind's nicht wirklich, stimmt's, Yehuda? Du hast Zugang zu ihnen, folglich sind sie auch anderen zugänglich. Alle möglichen Leute können den fehlenden Teil entfernt haben. Und das hätte niemand gemerkt, weil die Unterlagen toter Offiziere keinen mehr interessieren.«

David war überrascht. Israelische Generäle umgaben sich im allgemeinen nicht mit Luxus, wenn sie in den Ruhestand traten. Sie tendierten eher zu schlichten Bauernhäusern oder dem geliebten Kibbuz ihrer Jugendjahre. Yigal Gati bewohnte jedoch ein Penthouse im exklusivsten Teil des wiederaufgebauten Jüdischen Viertels: in dem von Moshe Safdie entworfenen Komplex mit Blick auf die Klagemauer.

Er wandte sich vom Fenster ab. Der General, der mit kleinen Schlucken ein Glas Mineralwasser trank, beobachtete ihn von einem grauen Ledersofa aus. Der große, fast unmöblierte Wohnraum hätte kahl gewirkt, wenn nicht die Vitrinen mit den von unsichtbaren Leuchten angestrahlten archäologischen Funden gewesen wären. David betrachtete sie: eine erlesene Sammlung von Kostbarkeiten aus vorchristlicher Zeit.

Gati, der sich nicht dazu äußerte, wie er zu diesen Museumsstücken gekommen war, wartete geduldig, bis David sie betrachtet hatte und Platz nahm.

»So, dann ist also nichts zu machen? Das habe ich befürchtet. Armer Gutman! Ich hatte gehofft...« Seine Handbewegung sollte andeuten, daß er verstehe, daß der Gang der Gerechtigkeit nicht aufzuhalten sei.

»Trotzdem«, sagte David, »sind unsere Ermittlungen noch keineswegs abgeschlossen. Der Fall Gutman hat sich als komplexer erwiesen als ursprünglich angenommen.«

»Oh? Ich dachte, Sie hätten die Thora bei ihm gefunden?«

»Ja, aber inzwischen interessieren uns nicht nur die Schriftrollen.«

»Was denn sonst?«

»Bestimmte Aussagen Gutmans. Er ist ein merkwürdiger Kerl: eben noch bei klarem Verstand, dann fast wieder geistig verwirrt. Er betrachtet uns abwechselnd als Freunde und Peiniger. In seinen paranoiden Phasen sagt er manchmal die merkwürdigsten Dinge.«

»Zum Beispiel?«

»Na ja, er deutet an, wichtige Informationen zu besitzen.«

»Sind Sie hergekommen, um mir das zu erzählen?« Gati betrachtete ihn mit dem kühl abschätzenden Blick, mit dem er David bei seinem unerwarteten Besuch in Abu Tor begutachtet hatte. »Los, sagen Sie schon, was Sie zu sagen haben!«

David nickte. »Ich weiß, weshalb Sie mich besucht haben, obwohl Sie Gutman nie haben ausstehen können.«

»Weshalb bin ich zu Ihnen gekommen?«

»Sie hatten Angst, er könnte auspacken.«

Gati zuckte mit keiner Wimper. »Was hätte er sagen können, dieser verrückte alte Mann?«

»Er hat uns genug über Sie erzählt. Unter anderem auch die Tatsache, daß Sie erkannt worden sind, als Sie sich nach einem bestimmten, der Polizei nie gemeldeten Unfall entfernt haben.«

Gati lachte spöttisch. »Seitdem seine Tochter überfahren worden ist, hat Gutman diese Macke mit Unfällen.« Er musterte David wieder aufmerksam. Nach längerem Schweigen schüttelte er dann den Kopf. »Sie bluffen. Und Sie wissen genau, daß ich Sie durchschaue.« Er stand auf, trat an das riesige Fenster, blickte hinaus und drehte sich nach seinem Besucher um. »Sagen Sie mir endlich: Was wollen Sie?«

»Ich möchte Sie ohne Ihre Maske sehen«, antwortete David prompt.

»Ein ehrlicher Mann. Nicht wie Ihr Vater. Der ist immer etwas... ausweichend gewesen.«

»Und mein Bruder? Erinnere ich Sie an ihn?«

»Nein, ganz und gar nicht. Er war völlig anders. Äußerst begabt, wahrscheinlich der beste Offizier, der mir je unterstanden hat. Aber er hat sich wie ein Feigling umgebracht. Nicht, daß ich etwas gegen Selbstmord hätte..., aber eine einzige Kugel hätte es auch getan. Wer dabei ein wertvolles Kampfflugzeug zerstört, kann nicht mehr auf meine Sympathie zählen. Ich habe keinen Respekt vor grandiosen Gesten, die von – ganz ehrlich gesagt – doch ziemlich widerwärtigen persönlichen Defekten ablenken sollen.«

Gati hatte die letzten Sätze mit erhobener Stimme hervorgestoßen. Jetzt stand er abwehrbereit da, als erwarte er, daß David sich auf ihn stürzen werde.

»Wissen Sie, was mir an Ihnen auffällt, General?«

»Nein.«

»Sie stehen gern vor Fenstern, wenn Sie reden.«

Gati nickte grinsend. »Keine schlechte Beobachtung. Allerdings hätte ich von ›dem besten Kriminalbeamten Israels‹ etwas mehr erwartet.« Er zuckte mit den Schultern. »Da ich schon einmal hier stehe, möchte ich gleich ein paar Worte zur Aussicht sagen.« Er kehrte David den Rücken zu und starrte aus dem Fenster, wie er's schon in Abu Tor getan hatte.

»Sehen Sie sich die Klagemauer dort unten an! Manchmal stehe ich stundenlang hier und beobachte sie. Dieser erbärmliche Ort! Und seine mitleiderregenden Besucher! Alte Männer, die sich im Gebet wiegen. Touristen, denen die Tränen kommen. Aber sehen Sie sich den Tempelberg darüber an! Das ist ein Ort! Wir haben ihn 1967 erobert, wir haben mit jüdischem Blut dafür bezahlt. Und dann haben wir ihn wie komplette Idioten zurückgegeben. Können Sie sich das vorstellen? Wir haben dieses wertvolle Gelände *zurückgegeben!*«

Er kam vom Fenster zurück und ließ sich aufs Sofa fallen.

»Ich frage Sie: Was für ein Volk sind wir, daß wir unseren Tempelberg aufgeben und gegen eine vermoderte Kellerwand eintauschen? Sehen Sie, David, wenn ich vor dem Fenster stehe, während ich lange Reden halte, ist das nur die Reaktion eines verbitterten alten Patrioten auf einen wirklich widerwärtigen Anblick.«

Der Mann war verrückt. David mußte fort. Er beugte sich nach vorn, bevor er weitersprach.

»Ich will ganz ehrlich sein, General. Ich bin nicht wegen Gutman gekommen. Das ist nur eine Ausrede gewesen. Ich bin wegen bestimmter persönlicher Papiere hier, die meinem Vater gestohlen worden sind. Sie haben sie, und ich verlange sie zurück.«

Zum ersten Mal seitdem David das Penthouse betreten hatte, sah er Gati zittern. Dieses kurze Beben ging fast augenblicklich vorüber, aber dieser Moment der Schwäche bekräftigte Davids Verdacht. Er wußte jetzt bestimmt, daß Amit Nissims Identifizierung einwandfrei gewesen war – und daß Max Rosenfeld auf seinem Totenbett Jacob Gutman die Wahrheit gesagt hatte.

Anna arbeitete jetzt jeden Tag an der Mendelssohn-Sonate. David hörte sie üben, als er die Treppe heraufkam und die Wohnungstür aufschloß.

»Klingt schon besser«, meinte er. Sie schüttelte den Kopf. »Na ja, nicht hoffnungslos.«

»Nein, nicht ganz hoffnungslos«, bestätigte sie.

Annas trauriges Lächeln, mit dem sie das sagte, bewog ihn dazu, sie wieder in die Arme zu nehmen.

Sie machte sich Sorgen wegen Targow. »Er ist aus einem bestimmten Grund hier. Er sagt mir nicht, worum es sich handelt, aber ich glaube, daß die Denkmalsenthüllung nur ein Vorwand für etwas anderes ist.«

»Sokolow?«

»Ja. Aber nicht nur, um ihn wiederzusehen ... Er hat einen Plan. Irgend etwas Kompliziertes, glaube ich.«

»Er würde doch nicht etwa versuchen, Sokolow etwas anzutun? Um seinen damaligen Verrat zu tarnen?«

»Nein, nein, dazu hat er zu starke Schuldgefühle. Ich befürchte eher, er könnte sich etwas antun. Du hast ihm gefallen, David, sogar sehr gefallen. Das hat er mir mehrmals erklärt. Aber ansonsten drückt er sich rätselhaft aus. Er spricht von Erlösung, von Wiedergutmachung, von der Begleichung alter Schulden. Er hat irgend etwas vor, glaube ich. Vielleicht etwas Gefährliches. Ich frage mich, ob Jerusalem wirklich guten Einfluß auf ihn hat. Er ist von dem Gedanken des Märtyrertums besessen. Er sieht hier nichts anderes, spricht von nichts anderem ...«

DER DRAHT IN DER FLASCHE

»Du haßt mich«, stellte Targow fest. »Das ist ganz natürlich.«

Der alte Mann schüttelte den Kopf.

»Aber das ist unmöglich, Sergeij! Du mußt mich hassen. Du *mußt* es tun. Du mußt einfach!«

Er wirkt irgendwie geschrumpft, dachte Targow, während sie einander jetzt schweigend musterten. Das Zimmer war klein und sparsam möbliert: neue Einwanderermöbel in einem Raum ohne Charakter, in einem stillosen einfachen Wohnblock, in einer kahlen Gegend südwestlich der Stadt. Alle Wohnungen waren hier gleich; außer den Nummern an den Wohnungstüren war das einzige Unterscheidungsmerkmal die auf den Balkonen hängende Wäsche. Draußen wurde es rasch dunkel. Die einzige Lichtquelle war eine nackte schwache Glühbirne an der Decke.

Targow zog seinen Stuhl nach vorn. Er wußte, daß er sich mit diesem Mann auseinandersetzen mußte. Aber Sergeij starrte ihn lediglich an, weigerte sich, auf eine Auseinandersetzung einzugehen, hockte faltig, runzlig, verschrumpelt auf seinem Stuhl und wirkte, so ungern Targow sich das eingestand, fast... ja, fast widerwärtig.

Sein welliges schwarzes Haar, seine Künstlermähne war verschwunden. Die meisten seiner Zähne fehlten, und sein Mund, jener Mund, der damals so leidenschaftlich Irinas Hals geküßt hatte, erinnerte ihn an einen mißratenen Versuch, Lippen aus Ton zu formen.

Am meisten erschrak Targow jedoch vor Sergeijs Augen,

in denen alles Leben erloschen zu sein schien. Sergeij starrte ihn mit toten Augen an, aus denen nichts sprach – kein Schmerz, nicht einmal Verachtung.

»Hör zu, alter Freund. Wir wissen beide, was geschehen ist. Jeder von uns weiß, was er dem anderen angetan hat, und sieht die Unverhältnismäßigkeit. Ich komme zu dir und biete dir die Möglichkeit, diese alte Rechnung zu begleichen und dich dabei an unserem gemeinsamen Feind zu rächen. Aber du schweigst. Du machst dir nicht einmal die Mühe, meinen Vorschlag abzulehnen. Mein Auftauchen muß dich doch irgendwie berühren! Oder du mußt dir zumindest Gedanken über meinen Plan machen…«

Wieder Schweigen und dieser unversöhnlich starre Blick, der zu sagen schien, alles sei unwichtig, weil Leben und Tod gleich seien.

»Ich erinnere mich jetzt…« *Endlich redet er!* »…daß du schon immer eine Vorliebe für ausgeglichene Unregelmäßigkeiten gehabt hast. In der Malerei, in der Bildhauerei, vor allem in der Architektur. Auf unseren Spaziergängen durch Moskau hast du oft auf irgendein Gebäude gezeigt und ausgerufen: ›Sieh nur, Sergeij Sergeijewitsch! Diese Schönheit! Diese subtile Symmetrie!‹ Daran erinnere ich mich gut…« Er lächelte. »Und heute… nun ja, dein Geschmack ist gleichgeblieben.«

»Ich warte noch auf deine Antwort.«

»Wie lautet deine Frage genau?«

»Tust du's?«

»Ich hätte nichts dagegen«, antwortete Sergeij. »Aber es würde nichts bringen.«

»Doch!«

»Vielleicht für dich. Aber nicht für mich.« Er zuckte mit den Schultern. »Erzähl mir jetzt von deiner Arbeit, Sascha…«

Erst gegen Ende erkannte Targow, wie geschickt er geködert worden war. Dieses gelegentliche Nicken, das sparsame Lächeln – nur kleine Aufmunterungen, die jedoch genügt hatten, um ihn prahlerisch berichten zu lassen. Targow merkte zu spät, daß sein Bericht angeberhaft geklungen haben mußte. Aber weshalb interessierte Sergeij sich eigentlich für seine Erfolge? Was bezweckte er damit? Worauf hatte er es wirklich abgesehen?

Targow merkte, daß er den anderen unausstehlich zu finden begann. Er fragte sich: Willst du dich wirklich in die Hände dieses verschrumpelten alten Mannes mit toten Augen, häßlichen Zahnstümpfen und einem gräßlich entstellten Mund begeben?

»Du brauchst mich, um dich an mir zu laben...« *Wovon redet der Kerl eigentlich?* »Wäre ich umgekommen, hättest du mich rasch vergessen. Aber ich habe eingesperrt und erniedrigt weitergelebt und dich auf diese Weise zu größeren Triumphen angestachelt. Ohne mich wärst du ein mittelmäßiger Künstler geblieben, Sascha. Hast du jemals darüber nachgedacht?«

Nein, das hatte er nicht, aber er erkannte jetzt, wie böse Sergeij in den Lagern geworden war. »Hast du mir deshalb die Postkarte geschickt – um mir das mitzuteilen? Du hast mich erwartet, stimmt's? Du hast gewußt, daß ich eines Tages kommen würde.«

Sergeij zuckte mit den Schultern. »Ich habe damit gerechnet. Aber es hätte keinen Unterschied gemacht, wenn du nicht gekommen wärst.«

Seine Augen seien sehr schlecht geworden, sagte er; er habe siebzig Prozent seiner Sehfähigkeit eingebüßt. Trotzdem könne er noch arbeiten – allerdings in anderem Stil und in weit größeren Dimensionen.

»Hast du ein Atelier?« Targow sah sich um.

»Ich brauche keines. Ich arbeite nicht mehr mit den Händen. Statt dessen entwerfe ich jetzt konzeptuelle Kunst. Die Arbeit erledigen die Planierraupen.«

Konzeptuelle Kunst? Planierraupen? Was soll das wieder heißen, verdammt noch mal?

»Ich bin erst ein Jahr hier, aber ich habe schon einen Großauftrag bekommen. Er ist in der Wüste Negev ausgeführt worden.« Sergeij stand auf. »Komm, ich zeige ihn dir!« Er führte Targow ins Schlafzimmer, in dem sich ein aufgeschlagenes Bett und mehrere offene Koffer mit säuberlich geordneten Kleidungsstücken befanden.

Von der Decke hing eine nackte Glühbirne herab. Sergeij griff nach ihr, schaltete sie ein und versetzte sie dann an ihrer Schnur in pendelnde Bewegung. Sie beleuchtete in einem seltsamen Wechsel aus Licht und Halbschatten die an den Wänden befestigten Pläne und Fotos.

»Was ist das?« Targow erkannte zunächst nur einen gewaltigen Graben, der ein fast quadratisches Viereck bildete.

»Eine Erdskulptur.«

»Wirklich? Bemerkenswert. Aber was stellt sie dar?«

Sergeij drehte sich nach ihm um. »Nichts. Sie stellt nichts dar, sie bedeutet nichts.«

»Du bist also unter die Abstrakten gegangen?«

Ein schwaches Lächeln. »So könnte man's nennen. Keine zierlichen Ballerinen oder ähnlichen Touristenschund mehr. Dazu sind meine Augen zu schlecht geworden.« Er warf Targow einen listigen Blick zu. »Das überrascht dich, was? Und natürlich auch die Abmessungen. Es ist wirklich *sehr* groß.« Targow hatte den Eindruck, als genieße Sergeij einen heimlichen Triumph.

»Wie bist du darauf gekommen?«

»In den Lagern gibt's keine Künstlerateliers, obwohl manche Häftlinge hübsche Dinge aus Pfeifenreinigern, alten Schachfiguren und anderen behelfsmäßigen Mitteln herstellen. Ich habe anders gearbeitet. Ich habe mir Skulpturen ausgedacht. Und diese hier«, fügte er stolz hinzu, »ist tatsächlich ausgeführt worden! Hier im Heiligen Land!«

Targow betrachtete die Fotos. Er sah Lastwagen, Planierraupen und Arbeiter, die den riesigen Graben aushoben. Das Gebilde war ein nicht ganz gleichseitiges Viereck mit einem Kreis in der Nähe des Mittelpunkts. Einfach, geometrisch, abstrakt – und nach Sergeijs Aussage bedeutungslos. Targow konnte kaum glauben, daß dieser verhutzelte gebrochene Mann neben ihm für solche gewaltigen Erdbewegungen verantwortlich gewesen sein sollte.

»Es muß *irgendwas* bedeuten.«

Sergeij griff nach dem Kabel und hielt die Glühbirne an. »Warum *muß* es das? Weshalb?«

»Aber es bedeutet etwas, stimmt's?«

Kurz bevor Sergeij das Licht ausknipste, bildete Targow sich ein, ihn flüchtig boshaft lächeln zu sehen.

»Ich möchte, daß du's endlich begreifst. Wir sind Opfer des Apparats. Die Männer, mit denen wir uns abgegeben haben, sind schlecht gewesen. Sie haben uns beide verletzt, und wir müssen uns jetzt an ihnen rächen.«

Sergeij gähnte. »Das hast du mir alles schon erzählt.«

»Aber ich verspreche dir, daß es funktioniert: Ich werde für meine schreckliche Tat bestraft, und du hast das Vergnügen, das Instrument der Rache zu sein. Danach sind wir befreit – du von deiner Bitterkeit, ich von meinen Schuldgefühlen. Eine Privatangelegenheit, von der nur wir wissen. Die Weltöffentlichkeit wird darin etwas ganz anderes sehen.«

»Ja, natürlich: Der berühmte emigrierte Künstler wird neben seiner Statue zu Ehren jüdischer Regimekritiker in der Sowjetunion ermordet. Wer außer dem KGB käme für eine so schändliche Tat in Frage? Diese Untat muß ihn allgemein verhaßt machen.«

»Du verstehst also, was ich meine?«

»Natürlich verstehe ich das! Und was wäre damit erreicht? Zwei Tage später würde bereits kein Hahn mehr danach krähen. Schämst du dich nicht, Alexander Nikolaijwitsch, mit diesem Vorschlag zu mir zu kommen? Ausgerechnet mich aufzufordern, dich von deinem Schmerz zu befreien?«

Targow war verwirrt. Ihr Gespräch nahm nicht den geplanten Verlauf. Er war der Berühmte, der Starke, der mit einem verblüffenden, originellen, wunderbar ausgedachten und ausgewogenen Plan nach Israel gekommen war. Aber irgend etwas war schiefgegangen; er hatte die Gefühle seines alten Freundes falsch eingeschätzt, und nun war es dem halbblinden Sergeij irgendwie gelungen, die Oberhand zu gewinnen.

»Fragst du dich nicht, wie's sein muß?«

»Was?«

»Dir hier gegenüberzusitzen.«

»Ich...«

»Du weißt nur, was *du* fühlst, Sascha. Überlegst du dir überhaupt nicht, wie mir zumute sein muß?«

»Ja, natürlich«, sagte Targow rasch. »Sag's mir bitte. Ich möchte es wissen.«

Sergeij nickte. »Wie in der alten Geschichte von Komroff. Ein Sträfling wird nach langer Haft entlassen. Er kehrt in die Welt zurück, in die er jedoch nicht mehr paßt. Er wird exzentrisch, verwandelt sein Zimmer in eine Gefängniszelle und beginnt Drahtstückchen zu sammeln, die er einsperrt, indem er sie zusammenbiegt und in eine Flasche steckt. Als die Flasche eines Tages voll ist, beschließt er, sie zu zerschlagen. Aber die Drahtstückchen nehmen nicht wieder ihre alte Form an. Statt dessen bilden sie ein Geflecht in Form ihres alten Gefängnisses, der Flasche, aus dem sie in gewisser Beziehung ›befreit‹ worden waren.«

Es war nicht leicht zu arrangieren. Rokowski mußte betteln. Die Direktorin des Mishkenot Sha'ananim hatte von exaltierten Gästen schon viele seltsame Wünsche gehört, aber daß jemand ein Privatflugzeug verlangte, um in den Negev hinausfliegen und eine »Landschaftsskulptur« besichtigen zu können, von der weder sie noch ihre Mitarbeiter je gehört hatten, und daß dieses Flugzeug noch dazu dort landen können sollte – das war fast nicht zu begreifen.

Andererseits war Alexander Targow ein berühmter Bildhauer, der das Recht hatte, jedes zeitgenössische israelische Kunstwerk zu besichtigen – und sei es noch so obskur. Die Direktorin versprach, ihr Bestes zu tun. »Hier in Israel haben wir ein Motto: Nichts ist unmöglich!«

»Während ich weg bin«, wies er Rokowski an, »bringst du Irina zu ihm. Laß die beiden allein, bleib draußen im Wagen sitzen. Aber sieh auf die Uhr – ich will wissen, wie lange sie bei ihm gewesen ist.«

Es *mußte* etwas bedeuten. Sonst wäre die Erschaffung dieser Erdskulptur sinnlos gewesen. Sergeij hatte ihn darauf aufmerksam gemacht, hatte Wert darauf gelegt, daß er sie sah. Aber weshalb? Und *was* bedeutete sie?

Targow veranlaßte den Piloten dazu, das Erdwerk mehrmals zu überfliegen. Es war riesig: mit jeweils mindestens fünfhundert Meter langen Seiten. Ein gewaltiges Trapezoid mit einem etwa im Mittelpunkt angeordneten Kreis. Es sah genau wie auf den Plänen und Fotos aus, aber in der Nähe des Kreises waren jetzt einige Krater zu erkennen.

Absichtlich hinzugefügte Veränderungen oder durch den Wind bewirkte Schäden? Falls letzteres zutraf, wußte Targow, daß Sergeijs Werk keinen Bestand haben würde. Aber vielleicht war das der springende Punkt: es sollte nicht dauerhaft sein, sondern verfallen und dadurch die unerbittlichen Kräfte der Zeit ausdrücken.

Targow ließ die Maschine landen. Auf dem Sand war es so heiß, daß ihm fast schwindlig wurde. Der Pilot lieh ihm einen Buschhut, gab ihm eine Feldflasche Wasser mit und wartete dann im Cockpit, während Targow einen Rundgang um das riesenhafte Gebilde machte. Der Marsch dauerte fast eine halbe Stunde, ohne irgendwelche neuen Erkenntnisse zu bringen.

Als er sich eben dem Mittelpunkt zuwenden wollte, um den Kreis zu inspizieren, hörte er ein anschwellendes Donnern und Pfeifen, hob den Kopf und sah einen einzelnen Düsenjäger durch die hitzeflimmernde Luft auf sich zurasen. Ein außergewöhnlicher Anblick, weil die Maschine im Tiefflug heranraste – keine fünfzehn Meter über dem Sand.

Das Röhren war ohrenbetäubend. Targow hielt sich die Ohren zu und ging in dem tiefen Graben an der Außenseite des Erdwerks in Deckung. Der Düsenjäger raste über ihn hinweg, zog hoch, stieß erneut herab, beschleunigte im Steigflug mit eingeschaltetem Nachbrenner und verschwand mit einem donnernden Überschallknall im Dunst.

Targow, dem die Ohren dröhnten, hastete schweißüberströmt zu dem Sportflugzeug zurück.

»Nach Jerusalem!« brüllte er den erstaunten Piloten an. Aus der Luft hatte er ein letztes Mal Gelegenheit, Sergeijs Landskulptur zu betrachten. Er schüttelte wütend den Kopf, weil er sie noch immer nicht enträtseln konnte.

Irina wollte noch am selben Abend nach Kalifornien, wenn es Rokowski gelang, einen Flug für sie zu buchen.

»Er ist *schrecklich*, Sascha. Ein böser kleiner Mann mit blicklosen Augen und gräßlichen Zahnstummeln. Wenn ich mir vorstelle, wie ich mich in all diesen Jahren nach einem Wiedersehen gesehnt habe... Seine Tragödie hat ihn keineswegs geadelt: Sie hat ihn im Gegenteil zu einem verkrüppelten alten *Zeck* gemacht. Vielleicht ist das die Lehre, die aus seinem Fall zu ziehen ist – daß wir letzten Endes das Gesicht des Ungeheuers tragen müssen, das in uns lebt.«

»Das klingt eher nach Abscheu als nach einem gebrochenen Herzen, Irina.«

»Ich verabscheue ihn! Jetzt will ich fort.«

»Willst du nicht wenigstens bis zur Enthüllung bleiben?«

Sie schüttelte den Kopf. »Ich weiß, daß du mich nicht dabeihaben willst. Ich warte lieber zu Hause auf dich. Unser gemeinsames Leben könnte jetzt anders werden, Sascha. Wir könnten einander verzeihen. Wenn wir das täten, hätten all unsere Leiden vielleicht doch einen Sinn gehabt.«

Dieses Erdkunstwerk hatte *irgend etwas* an sich: etwas Quälendes, etwas Unstimmiges. Sergeij hatte damit geprahlt; dann hatte er verschlagen, boshaft gegrinst, bevor er plötzlich das Licht ausgeknipst hatte. Er hat mir irgend etwas vorenthalten – oder zumindest so getan –, und ich bin wie ein Dummkopf darauf reingefallen, dachte Targow. Ich bin hingeflogen, weil ich geglaubt habe, die wahre Bedeutung müsse in der Natur zu erkennen sein, und ich bin fast von diesem jungen Idioten, der mich wahrscheinlich gar nicht gesehen hat, mit seinem Donnervogel niedergemacht worden.

Aber sie *mußte* etwas bedeuten. Weshalb hätte Sergeij sie sonst entworfen? Und das Ausheben dieser Gräben, der Bau dieser Wälle mußte ein Vermögen gekostet haben. Wer war der Sponsor? Und seit wann stehen für einen besseren Holzschnitzer wie Sergeij Sokolow nach seiner Entlassung aus sowjetischer Haft israelische Planierraupen bereit, damit er seine »konzeptuelle Kunst« verwirklichen kann?

Das war eine Aufgabe für Rokowski. Tola sollte den Geldgeber aufspüren, und er würde Sokolows Überwachung selbst übernehmen.

GIDEON

»Siehst du, hier ist das Schloß herausgebrochen worden.«

David und Dr. Hermann Blumenthal standen auf der Schwelle der Garage hinter Blumenthals Haus in der Abravanel Street. David nickte. Er sah die Meißelspuren im Holz des Garagentors und roch den Modergeruch alter Akten, die in Kartons verpackt fast die Hälfte der Garage ausfüllten.

»Das alles sind doch nicht etwa Unterlagen meines Vaters?«

Dr. Blumenthal schüttelte den Kopf. »Die Papiere gehören teils mir, teils anderen Kollegen. Unsere jeweiligen Namen stehen auf den Kartons. Da ich keinen Wagen, aber eine Garage habe, ist hier ein Lagerraum für eine ganze Generation Psychoanalytiker entstanden.«

David hatte Dr. Blumenthal, den Mentor und ältesten Freund seines Vaters, schon immer gern gehabt. Mit seinen lebhaften Augen, dem freundlichen Gesicht und der wildgelockten weißen Mähne erinnerte er etwas an einen Albert Einstein ohne Schnurrbart.

»Sie sind zum Zeitpunkt des Einbruchs nicht zu Hause gewesen?«

»Meine Frau und ich sind bei unseren Enkeln in New York gewesen. Auch nach unserer Rückkehr ist mir das herausgestemmte Türschloß nicht gleich aufgefallen. Dann habe ich die Bescherung entdeckt: Die Unterlagen waren in der ganzen Garage verstreut. Ich habe alle Betroffenen angerufen. Wir haben ein Wochenende damit verbracht, wieder Ordnung zu schaffen. Da niemand etwas vermißte, haben wir auf eine Anzeige verzichtet. Deshalb hat mich die Auskunft deines Vaters um so mehr überrascht.«

»Ihnen ist sicher auch aufgefallen, wie seltsam er geworden ist?«

»Ja, natürlich. In den eineinhalb Jahren seit Gideons Tod... Und du meinst, daß Gideons Akte fehlt?« Dr. Blumenthal schüttelte verwirrt den Kopf. »Ich hatte auch eine Akte über ihn angelegt. Ob sie wohl...« Er trat auf die Kartonstapel zu, nahm den obersten Karton weg und begann in dem darunterliegenden zu wühlen.

»*Sie* hatten eine Akte Gideon?«

Dr. Blumenthal nickte. »Er ist eine Zeitlang mein Patient gewesen.« Er sah zu David auf. »Das ist ganz normal. Man behandelt seine Kinder nie selbst. Hätten meine Kinder Hilfe gebraucht, hätte ich sie zu einem Kollegen geschickt... Ah, da haben wir sie schon!« Der Arzt hielt einen altmodischen marmorierten Schnellhefter mit Gummibändern über den Ecken hoch. »Aber jetzt mußt du mir sagen, worum es geht, David. Auch wenn er tot ist, kann ich dir sonst keine...«

»Ja, ich verstehe.«

Das Haus war mit schweren deutschen Stilmöbeln aus den dreißiger Jahren eingerichtet. Nachdem David erläutert hatte, was ihn in bezug auf Gideon so neugierig gemacht hatte – die rätselhaften Äußerungen seines Vaters und die Tatsache, daß der psychologische Teil aus Gideons Personalakte beim Militär verschwunden war –, erklärte Dr. Blumenthal sich bereit, offen zu sprechen.

»Gideon ist nicht oft bei mir gewesen – vielleicht zwei Dutzend Mal in vier, fünf Jahren. Ich habe ihn keineswegs behandelt; wir haben uns nur gelegentlich getroffen, um miteinander zu reden. Er fürchtete, homosexuell zu sein. Er fühlte sich zu anderen Männern hingezogen, lehnte diese Gefühle jedoch ab und wollte von ihnen geheilt werden.

Wir haben darüber gesprochen, ob er sich einer Therapie unterziehen sollte, aber Gideon hat gesagt, das sei unmöglich. Wenn die Luftwaffe davon erfahre, müsse er den Dienst quittieren. Er liebte jedoch die Fliegerei und wollte sie um keinen Preis aufgeben. Ich habe mir große Mühe gegeben, ihn zu beruhigen. Er fühlte sich nämlich auch zu Frauen hingezogen – aber da er ein so schöner junger Mann war, war er häufig männlichen Annäherungsversuchen ausgesetzt, denen er zu erliegen drohte.«

Dr. Blumenthal konsultierte erneut seine Unterlagen. »Zuletzt ist er wenige Monate vor seinem Absturz bei mir gewesen. Ich erinnere mich noch, wie beunruhigt und deprimiert er gewesen ist, denn er hatte sich schließlich doch mit einem Mann eingelassen. Er hatte schreckliche Angst davor, daß diese Geschichte bekannt werden und zu seiner Entlassung führen könnte. Und trotzdem schien er nicht die Kraft zu haben, das Verhältnis zu beenden. Ich hatte den Eindruck... nun ja, ich kann mich getäuscht haben.«

»Welchen Eindruck haben Sie gehabt?«

»Daß Gideon fürchtete, von diesem Mann erpreßt werden zu können. Nicht finanziell, das glaube ich nicht. Und ich bin davon überzeugt, daß die Sache nichts mit Spionage zu tun gehabt hat.«

»Womit sonst?«

»Ich bezweifle, daß er das selbst gewußt hat. Er ist sich nur wie in einer Falle vorgekommen. Er hat das Gefühl gehabt, er könnte irgendwann dazu gezwungen werden, etwas gegen seinen Willen zu tun.«

»Das verstehe ich nicht. Was hat er gesagt?«

»Ich habe nicht Protokoll geführt, David. Meine Notizen halten nur fest, was ich glaube, zwischen den Zeilen gehört zu haben.«

David nickte verständnisvoll.

»Aber hier finde ich eben etwas anderes. Weitere Notizen.« Blumenthal schüttelte den Kopf, und David hatte den Eindruck, daß er dabei schmerzlich zusammenzuckte. Der Arzt hielt ihm eine Seite seiner Aufzeichnungen hin. »Lies die unterste Zeile.«

David kniff die Augen zusammen. Blumenthals krakelige Handschrift war schwer zu entziffern. Schließlich brachte er heraus: »Behandlung? Problem der Bloßstellung. *Unorthodoxe Lösung?*«

»Was bedeutet das?«

»Damals habe ich's noch nicht gewußt – daher das Fragezeichen. Aber jetzt...« Er schüttelte erneut den Kopf. »Das wäre eine mögliche Erklärung für...«

»Wofür?«

»Für die Tatsache, David, daß dein Vater überhaupt eine Akte Gideon angelegt hatte. Das scheint mir die ›unorthodoxe Lösung‹ gewesen zu sein, von der dein Bruder gesprochen hat. Nehmen wir einmal an, er wäre in seiner Not mit seinen Problemen zu deinem Vater gegangen. Nehmen wir weiterhin an, Avraham hätte versucht, ihn zu behandeln – eine unmögliche Aufgabe, die nur mit einem Mißerfolg enden konnte!

Die Behandlung ist fehlgeschlagen. Gideon hat Selbstmord verübt. Deine Mutter ist krank geworden und gestorben. Dein Vater, der die Schuld für diese Entwicklung bei sich gesucht hat, hat unter starken Schuldgefühlen gelitten. Er hat sein bisheriges Leben aufgegeben, sein schönes Haus verkauft und auf die Ausübung seines Berufs verzichtet, um in Armut zu leben und sich dem Studium des jüdischen Mystizismus zu widmen. Wenn du sein Verhalten seit Gideons Tod aus diesem Blickwinkel betrachtest, erscheint es plötzlich erklärlich.«

David nickte. »Das gilt auch für den Diebstahl dieser Unterlagen. Wer einen Teil der Personalakte meines Bruders entwendet hat, mußte auch an den Aufzeichnungen meines

Vaters interessiert sein.« Er machte eine Pause. »Daß Gideon bei meinem Vater in Behandlung gewesen ist, kann nur jemand gewußt haben, der ihm sehr nahe gestanden hat. Das haben nicht einmal Sie gewußt, nicht wahr?«

»Nein.«

»Folglich muß es Gideons Liebhaber gewesen sein – dieser Mann, von dem er fürchtete, er werde ihn dazu zwingen, etwas gegen seinen Willen zu tun...«

Als Dr. Blumenthal ihn später zum Gartentor begleitete, erkundigte David sich noch, weshalb Gideon sich nicht in seine Behandlung begeben habe. »Er muß doch gewußt haben, daß Sie Ihre ärztliche Schweigepflicht ernst nehmen. Von Ihnen hätte die Luftwaffe nichts erfahren.«

»Ja, das hat er gewußt, aber er hatte Angst, regelmäßige Besuche bei mir könnten auffallen. Außerdem hat er gefürchtet, deine Mutter könnte davon erfahren.«

»Was ist zwischen den beiden vorgegangen?«

»Mutter und Sohn? Ah!« Dr. Blumenthal lächelte. »Die Antwort darauf hätte die Therapie geben müssen – ein weiterer Grund, aus dem der Behandlungsversuch deines Vaters fehlschlagen mußte.«

»Er ist Soldat gewesen«, erklärte er Anna, »und meine Mutter hat ihn dafür geliebt. Die schneidige Uniform, der akkurate Haarschnitt, das energische, glattrasierte Kinn. Er war ihr geliebter Krieger-Sohn mit den kräftigen, sonnengebräunten Armen und Beinen. Und er hat – auch wenn ich das nicht gern eingestehe – einen faschistischen Einschlag gehabt. Er hat in der Nahkampfausbildung geglänzt und sich im Glanz des israelischen Kriegsapparats gesonnt. Helmvisier, Pilotenkombination, der Männlichkeitskult, muskulöse Körper, blankgeputzte Springerstiefel, zackige Ehrenbezeugungen – der ganze Korpsgeist der Luftwaffe. Du hast gefragt, warum er nicht weggelaufen ist. Wohin hätte er gehen sollen? Zypern? England? Amerika? Ohne sein Flugzeug, ohne den Kult ist er nichts gewesen, und das hat er recht gut gewußt. Tatsächlich ist ihm nur der Weg gen Himmel geblieben... und dorthin ist er geflogen.«

Rafi ließ David zu sich kommen. Er wirkte sichtlich verlegen. Superintendent Latsky hatte der Kriminalpolizei einen Auftrag erteilt und nachdrücklich angeregt, diese Sache von der Abteilung Serienverbrechen bearbeiten zu lassen.

»Worum geht's denn?« fragte David.

»Eigentlich um eine Art Straßenraub.« Rafi hob den Kopf, wich seinem Blick aus und sah angelegentlich zu Sarah Dorfman hinüber. »Kleine Banden aus drei, vier, manchmal fünf Jugendlichen. Einer von ihnen, der einen Hamburger oder ein Eis ißt, nähert sich einem gutgekleideten Touristen, stolpert gegen ihn und bekleckert ihn dabei mit Senf oder Eis. Wortreiche Entschuldigungen und der Versuch, das widerliche Zeug abzuputzen. Dann tauchen weitere Jugendliche auf und spielen die Hilfsbereiten. Drei oder vier machen sich über den Armen her, als wollten sie seine Kleidung säubern, und klauen ihm dabei Uhr, Reisepaß und Brieftasche. Der Tourist ist so empört über seine verdorbene Kleidung, daß er erst viel später merkt, daß er völlig ausgenommen worden ist.«

David starrte ihn an. »Das ist doch nicht dein Ernst!«

»Es ist ein Serienverbrechen, David. Allerdings ein etwas aus dem sonstigen Rahmen fallendes, das gebe ich zu.«

»Rafi, das ist nichts Neues. Arabische Jugendliche arbeiten seit Jahren mit diesem Trick. Das ist mindere Straßenkriminalität.«

»Ja, natürlich. Aber der springende Punkt ist, daß Latsky sie eingedämmt sehen will. Das Büro des Oberbürgermeisters hat sich beschwert, und das Fremdenverkehrsministerium sagt, daß sie uns Freunde kostet.«

»Aber wozu Kriminalbeamte einsetzen? Dafür genügt eine Verstärkung der Polizeistreifen!« Er fühlte Verbitterung in sich aufsteigen.

»Ich habe den Eindruck, daß Latsky es auf dich abgesehen hat, David. Er hat deinetwegen Schwierigkeiten mit dem Minister bekommen. Deshalb...« Rafi zuckte mit den Schultern.

»Hast du's auch auf mich abgesehen?«

»Natürlich nicht!« Rafi breitete die Hände aus. »Als Latsky davon angefangen hat, habe ich ihm sofort gesagt, das sei nichts für uns, aber er hat nicht nachgegeben. Er ist ein beleidigter alter Mann, der nicht den Mut hat, dich zum Rapport zu bestellen und dir einen Anschiß zu verpassen. Deshalb wählt er die alte Bürokratenmethode: den Untergebenen demütigen, indem man ihm eine degradierende Aufgabe zuweist.«

»Hör zu, Vater, ich will dich nicht in Verlegenheit bringen, dich nicht zur Preisgabe von Berufsgeheimnissen veranlassen oder dir Vorwürfe wegen irgendwelcher Ereignisse in der Vergangenheit machen. Nur zwei Fragen. Ohne überflüssige Erklärungen und auch ohne Entschuldigungen. Einverstanden?«

Avraham nickte. »Das klingt vernünftig.«

»Wer ist Gideons Liebhaber gewesen?« David stieß diese Frage hervor.

»David...« Die Stimme seines Vaters klang schmerzlich berührt.

»Kennst du seinen Namen?« Avraham wandte sich ab. »Wir haben all diese Dinge stets unausgesprochen gelassen, Vater. Vielleicht wird's Zeit, einmal offen darüber zu reden.«

Als Avraham sich wieder umdrehte, erinnerte sein Gesichtsausdruck – eine Mischung aus Angst und Erleichterung – David an Gutmans Gesicht bei seiner Verhaftung.

»Es war sein alter Schulfreund Ephraim Cohen.«

Cohen! »Weißt du das bestimmt?«

»Gideon hat es mir selbst gesagt.« Avraham runzelte die Stirn. »Und die Frage Nummer zwei?«

David fürchtete sich fast, sie zu stellen. Aber er wußte, daß es kein Zurück mehr gab.

»Unter welchem Druck hat Gideon gestanden? Er hat gefürchtet, er könnte zu irgend etwas gezwungen werden, nicht wahr? Wozu?«

Avraham verzog angewidert das Gesicht. »Ich nehme an, daß er mit der Drohung, ihre Affäre könnten seinen Vorgesetzten gemeldet werden, unter Druck gesetzt worden ist. Aber ich habe keine Ahnung, was Cohen von ihm verlangt haben könnte.«

»Aber Gideon hat es nicht getan, stimmt's?«

»Nein, er hat es nicht getan. Er hat es vorgezogen, Selbstmord zu verüben, glaube ich.«

»Um der Schande zu entgehen? Ich glaube, daß er damit fertig geworden wäre. Ich glaube, daß er stark genug gewesen wäre, um...«

Sein Vater unterbrach ihn. »Die Schande hätte er ertragen – aber keinen Verrat, David. Ich vermute, daß Cohens Drohung ihn so tief verletzt hat, daß er nicht weiterleben wollte.«

»Du hast nie mit ihm darüber gesprochen?«

»Nein. Wie hätte ich das können?«

»Du hättest mit Cohen darüber sprechen können.«

Avraham schüttelte den Kopf. »Gideon war tot. Was wäre dadurch gewonnen gewesen?«

Eine lange Pause, bevor David weitersprach. »Danke, Vater. Ich weiß, wie schmerzlich das alles für dich gewesen sein muß. Ich werde versuchen, dich nicht wieder damit zu belästigen.«

Er setzte Micha auf Ephraim Cohen an. »Wir wissen, daß er Shin-Bet-Angehöriger ist, aber das ist schon fast alles.«

»Was wollen wir über ihn wissen?«

»Alles. Seine militärische Laufbahn. Familienstand und Privatleben. Irgendwelche schwachen Punkte, die du ausfindig machen kannst. Vor allem in bezug auf Gerüchte über Liebesaffären.«

»Ein schwieriger Job, David. Der Kerl ist Shin-Bet-Angehöriger. Wie kann ich ihm nachschnüffeln, ohne daß er es merkt?«

»Sieh zu, was du rauskriegen kannst. Vielleicht kommst du an seine Personalakte heran. Aber du mußt mit privaten Kontakten auskommen, Micha. Unser polizeilicher Nachrichtendienst darf auf keinen Fall eingeschaltet werden! PN und Shin Bet arbeiten eng zusammen und tauschen ständig Informationen aus. Zwischen ihnen herrscht größere Loyalität als zwischen dem Nachrichtendienst und uns.«

»Also«, sagte Micha zwei Tage später mit einem Blick in seine Notizen, »wir haben es hier mit einem ziemlich erfolgreichen Aufsteiger zu tun. Ephraim Cohen: zweiunddreißig Jahre alt, geboren im Kibbuz Giv'at Haim. Absolvent des Oxford Balliol College; danach zwei Jahre Arabistik-Studium in Harvard. Vorbildliche Karriere beim Militär: Jagdflieger, danach in General Gatis Stab, später Nachrichtendienst der Luftwaffe. Vor sechs Jahren ist er zum Allgemeinen Sicherheitsdienst übergewechselt. Verheiratet mit Dr. Shira Aloni, die ebenfalls aus einem Kibbuz stammt und jetzt an der Hebräischen Universität Botanik-Professorin ist.

Die Cohens haben zwei Kinder, einen Jungen und ein Mädchen. Sie wohnen in einem hübschen Apartment in der Arlosoroff Street genau gegenüber der Van Leer Foundation. Cohen ist als anglophil bekannt: Er kleidet sich englisch und spricht akzentfreies Upper-class-Englisch. Außerdem spricht er fließend Arabisch. Über seine politische Einstellung habe ich nicht viel in Erfahrung bringen können. Er scheint nicht religiös zu sein und keiner bestimmten Shin-Bet-Fraktion anzugehören. Im Grunde genommen, David, haben wir's hier mit einem typischen Angehörigen der jungen, weltlichen israelischen Elite zu tun: wohlhabend, vermutlich zum liberalen Flügel der Arbeiterpartei tendierend, ehrgeizig, fleißig, hervorragend ausgebildet und mit erstklassigen Verbindungen. Falls er irgendeine schwache Stelle hat, ist sie mir entgangen. Auf seltsame Weise erscheint er...«

»Was wolltest du sagen?«

Micha kniff die Augen zusammen. »Ein bißchen zu vollkommen, wenn du weißt, was ich meine. Fast zu gut, um wahr zu sein.«

»Na, Rafi«, fragte David, »hat Latsky einen weiteren schmuddeligen kleinen Job für uns gefunden?«

Rafi lachte. »Latsky macht sich praktisch in die Hose.«

»Warum denn? Wir haben doch...«

»Nein, nicht deswegen. In einem ausgetrockneten Bachbett bei Kafr Aqab ist ein Toter entdeckt worden. Er war so gut versteckt, daß wir ihn nie gefunden hätten, wenn einige Beduinen nicht zufällig dort vorbeigekommen wären. Die Geier sind lange vor uns dagewesen, aber unsere Spurensicherer haben noch einige Fingerabdrücke abnehmen können. Der Ermordete ist im Hafen von Haifa als übler Schläger bekannt gewesen. Aus seiner Personalakte beim Militär geht hervor, daß er wegen tätlichen Angriffs auf einen Vorgesetzten zu drei Jahren Haft verurteilt worden war. Dann ist er plötzlich freigekommen.«

»Einer von Peretz' Jungs. Der ›Scharfrichter‹. Wie ist er gestorben?«

»Langsam und qualvoll.«

»Er ist natürlich markiert gewesen.« David gab sich keine Mühe, seine Befriedigung über diese Entwicklung zu verbergen.

»Da Peretz' Aussage dir gegenüber damit bewiesen ist, hat der Minister sich die Sache anders überlegt. Meinen Glückwunsch, David.« Rafi grinste. »Du bist ab sofort wieder mit den Ermittlungen betraut.«

Anna beschrieb ihm *toska* – eine melancholische Sehnsucht, von der sie manchmal beim Spielen befallen wurde: eine wehmütige, tiefgehende Sehnsucht nach ihrem Vaterland.

Sie lächelte, während sie David erklärte, daß *toska* ein Gefühl sei, dem kein im Exil lebender Russe entrinnen könne.

»Targow leidet sehr darunter«, sagte sie. »Ich glaube, daß er daran sterben könnte, wenn er sich gehen ließe.« Nach einer Pause fügte sie hinzu: »Manchmal habe ich fast den Verdacht, David, daß er deswegen hergekommen ist.«

»Um zu sterben?«

Sie nickte. »Um hier in Jerusalem zu sterben.«

Ein schönes altes Wohnhaus in der Deutschen Kolonie. Eine alte Dame in grüner Kittelschürze und mit zu einem Nackenknoten, aus dem sich einzelne Strähnen lösten, zusammengefaßten weißen Haaren, empfing David an der Haustür.

»Moshe Liederman? Ja, er ist da, junger Mann. Drei Treppen hinauf und den Flur entlang.«

Alte Holzstufen knarrten unter seinen Füßen. Im Dachgeschoß roch es nach Mottenpulver und muffigen, selten gelüfteten Räumen. Am Ende des Korridors stand die Tür zu einer Dachkammer halb offen.

Liederman, der einen abgewetzten grauen Pullover trug, saß über einen alten Schreibtisch gebeugt. Er hielt eine Zigarette zwischen den Fingern, während er Zeitungsausschnitte las. Als er Davids Schritte hörte, hob er überrascht den Kopf.

»Captain Bar-Lev!« Er wollte aufstehen.

»Bleiben Sie sitzen, Moshe.« David sah sich um. Die Dachkammer stand voller Regale mit Büchern und Ordnern. »Das ist also Ihr Archiv. Darf ich mich setzen?«

Liederman räumte den zweiten Stuhl ab. Zeige- und Mittelfinger seiner rechten Hand wiesen Nikotinflecken auf.

»Das ist wirklich eine Ehre... Aber Sie hätten mir sagen sollen, wann Sie kommen. Ich hätte ein bißchen aufgeräumt und ein paar Flaschen Bier gekauft.«

David sah sich erneut um. »Nun erzählen Sie mir mal, was Sie hier alles haben. Und was Sie rauszukriegen versuchen?«

Liederman war zunächst vorsichtig, als fürchte er, David gegenüber den Eindruck zu erwecken, vom Holocaust besessen zu sein. Aber dann schilderte er ihm den Umfang seines Archivs: eine große Sammlung polnischer Zeitungsausschnitte auf polnisch und jiddisch aus den Jahren 1938 bis 1944 sowie hektografierte Untergrundzeitungen und Flugblätter, die nach dem Verbot der jüdischen Presse erschienen waren. Sein Archiv dokumentierte die Vernichtung des polnischen Judentums, und Liederman hatte den von seinem Vater geerbten Grundstock über Jahre hinweg durch Käufe aus Nachlässen sowie auf Flohmärkten und bei Trödlern ergänzt.

»Und welchen Zweck verfolgen Sie damit?«

»Ich lese darin und suche eine Antwort.«

»Eine Antwort worauf?«

»Wie es dazu kommen konnte, daß diese eigenständige Kultur so plötzlich und vollständig vernichtet wurde. Ich weiß natürlich, was damals geschehen ist. Die Historiker haben uns alles genau erklärt.« Liederman machte eine Pause. »Vielleicht lese ich darin, nur um den Verlust zu fühlen. Vielleicht nur«, fügte er hinzu, »um zu fühlen.«

»Hören Sie, Moshe, ich möchte Sie bitten, einen Auftrag für mich zu übernehmen. Ich kann Ihnen nicht versprechen, daß er nützlich ist, aber er kann möglicherweise eine weitere Tragödie verhindern. Sie haben mir erzählt, daß Sie sich darauf verstehen, Leute zu beschatten, und gern gründliche Arbeit leisten.«

Liederman lächelte zustimmend. »Ja, das tue ich am liebsten.«

»Dann macht Ihnen mein Auftrag bestimmt Spaß«, sagte David. »Ich möchte, daß Sie einen bestimmten Shin-Bet-Offizier beschatten. Er heißt Ephraim Cohen...«

»Shoshana, erinnerst du dich an das kleine Album mit Teilnehmern an Fernsehdiskussionen, das du für Amit zusammengestellt hast? Ich möchte, daß du ein zweites für sie vorbereitest – diesmal mit ›unheimlich aussehenden Bärtigen‹.

Uri wohnte im Norden Jerusalems in der Le'a Goldberg Street im Vorort Neve Ya'acov. David fuhr am Samstagnachmittag hinaus, suchte zwanzig Minuten lang die richtige Adresse, stand dann endlich vor Schusters Erdgeschoßwohnung und lernte bei dieser Gelegenheit Uris Frau kennen.

»Sie müssen Captain Bar-Lev sein«, sagte die mollige Brünette mit dem freundlichen Lächeln. »Uri ist dort unten.« Sie zeigte zur Kellertreppe.

David stieg in den Keller hinunter und folgte dem zwischen vergitterten Kellerabteilen hindurchführenden Gang. Er kam an der Waschküche vorbei und roch die trockene heiße Luft der Trockner, das Aroma von Waschmitteln und den Schweiß der auf ihre Wäsche wartenden Hausbewohner. Als er schon umkehren wollte, um Frau Schuster um genauere Anweisungen zu bitten, hörte er keuchende Atemzüge und ein lautes Ächzen.

»Uri?«

David bewegte sich auf die Geräusche zu und blieb an der Tür eines niedrigen, fensterlosen Kellerraums stehen. Die nackten Betonwände waren feucht. Uri, der ein ärmelloses Trikot trug, trainierte mit alten Eisenhanteln. Auf seinen behaarten Schultern standen Schweißperlen, und als er David erkannte, wirkte er plötzlich verlegen, als geniere er sich, bei dieser Beschäftigung ertappt worden zu sein.

Uri frottierte sich ab, während sie miteinander sprachen.

»Ich möchte, daß du den Kleinbus findest.«

»Unmöglich! Den haben sie längst beseitigt.«

»Saubergemacht, umgespritzt, umgemeldet, versteckt. Aber verschrottet? Nein, das wäre auch für sie zu verschwenderisch.«

»Wie soll ich...?«

»Autolackierereien. Werkstätten. Tankstellen. Das Fahrzeug muß gewartet und betankt werden. Und wir sind hier nicht in New York – luxuriöse amerikanische Kleinbusse sind einigermaßen selten. Ich habe dir die Aufnahmen mitgebracht, die Dov von den vier Kerlen und dem Mädchen gemacht hat.« Er drückte sie Uri in die Hand.

»Hmmm, damit sieht's schon anders aus. Okay, David. Vielleicht...«

»Wenn du ihn gefunden hast, tust du überhaupt nichts, sondern benachrichtigst mich nur.«

»Ich will dich nicht kritisieren, David«, sagte Rafi. »Aber baust du deine Ermittlungen nicht allzu sehr auf der Aussage einer Achtjährigen auf?«

»Sie ist schon fast neun.«

»Laß die Witze!«

»Okay, wenn Amit nicht gewesen wäre, wüßten wir nichts von Gati und hätten nie erfahren, daß vier unserer Opfer an der Unfallstelle gewesen sind. Sähe ich sie wirklich als unsere Starzeugin vor Gericht, müßte ich zugeben, daß auf diese Weise keine Verurteilung zu erreichen wäre. Aber ich sehe sie nicht in dieser Rolle. Für mich ist sie eine Augenzeugin, eine bisher sehr zuverlässige Zeugin, die mich vielleicht auf die Spur eines weiteren Mannes aus diesem Kleinbus bringen kann. Wenn sie endlich einmal identifiziert sind, weiß ich auch, worum es in diesem Fall geht. Und vielleicht kann ich ihn dann lösen und die Dreckskerle verhaften, die geglaubt haben, ein paar zusätzliche Morde verüben zu dürfen, um dumme Polizisten täuschen zu können.«

»Ist Gideon wirklich so verwundbar gewesen?« fragte Anna. »Aus deinen Schilderungen habe ich den Eindruck gewonnen, er sei eine Art Eisprinz gewesen.«

»Richtig, aber in seinem Innersten ist er verunsichert gewesen. Mir hat das Herz weh getan, als ich mit Dr. Blumenthal gesprochen habe. Ich habe mir gewünscht, wir hätten ein besseres Verhältnis zueinander gehabt. Ich habe mir gewünscht, er hätte sich mir anvertraut. Aber wer die hiesigen Verhältnisse kennt, muß verstehen, daß Gideon das nicht gewagt hat.«

»Yosef ist auch schwul.«

»Yosef ist Künstler. Wenn er zum Reservedienst muß, gibt er Konzerte auf Militärstützpunkten. Für Piloten gelten andere Gesetze. Und Israel ist anders als Amerika. Was dort bereits als selbstverständlich gilt, wird hier erst allmählich akzeptiert. Wer sich in Israel zu seiner Homosexualität bekennt, muß damit rechnen, allgemein geschmäht zu werden.«

»Hättest du ihm geholfen, David?«

»Ich bilde mir ein, daß ich's getan hätte.« Er schüttelte betrübt den Kopf. »Aus seiner Sicht hat er in einer schrecklichen Klemme gesessen.«

»Deshalb hat er Selbstmord verübt.«

»In seinem damaligen Zustand muß er das für die einzig mögliche Lösung gehalten haben. Cohen hat etwas von ihm verlangt und ihm mit Bloßstellung gedroht, wenn er sich nicht füge. Gideon mußte damit rechnen, nicht mehr fliegen zu dürfen...«

»Aber ist das nicht ein Bluff gewesen? Cohen war schließlich ebenfalls an dieser Affäre beteiligt. Und er war sogar verheiratet! Wäre die Schande für ihn nicht noch größer gewesen?«

»Das klingt logisch, Anna. Aber die Sache war keine Partie Poker, bei der Gideon seinen Gegenspieler kühl abschätzend beobachtet hätte. Es ist nicht darum gegangen, ob Cohen seine Drohung wahrmachen würde oder nicht. Mein Vater hat den entscheidenden Punkt angesprochen: Gideons engster, ältester Freund, den er vielleicht sogar geliebt hat, hatte ihm mit Verrat gedroht. Was sollte er tun? Cohens Erpressung nachgeben und den illegalen Auftrag ausführen? Oder sich umbringen, weil er ihn nicht ausführen wollte und die angedrohten Konsequenzen nicht hätte ertragen können? In dieser emotionalen Krise war die Frage, ob Cohen bluffte oder nicht, beinahe nebensächlich.«

»Aber worin hat dieser illegale Auftrag bestanden, David?«

»Genau das kriege ich noch raus!« versprach er ihr.

DIE ENTHÜLLUNG

Sergeij lebte nun frei und gewissermaßen im Ruhestand in dieser herrlichen, sonnenüberglänzten Stadt – und benahm sich wie ein gelangweilter alter Rentner in Minsk. Er verließ nur selten das Haus, um eine auf russisch gedruckte Tageszeitung zu kaufen und damit in einen öden Vorstadtpark zu gehen. Dort las er sie, ließ sie auf der Parkbank liegen und ging in seinen häßlichen Wohnblock zurück. Er sah sich nicht um, betrachtete keine Gebäude, nahm nichts Schönes auf und holte niemals tief Luft.

Targow verbrachte drei Tage damit, ihn zu beschatten. Als ihm das zu langweilig wurde, beauftragte er Rokowski mit der Observierung.

»Hör zu«, erklärte Targow ihm, »er ist ein kleiner Mann, der ein kleines Leben führt. Keiner, der sich riesige Gebilde ausdenkt, die in der Wüste geschaffen werden sollen.«

»Die Pläne stammen von ihm. Davon habe ich mich überzeugt.«

»Wer hat dafür gezahlt?«

»Das weißt du doch: eine amerikanische Gruppe, eine Art Kunststiftung.«

»Warum hat gerade er den Auftrag bekommen?«

»Vielleicht aus Mitleid.«

»Vielleicht dies, vielleicht jenes. Hier stimmt irgendwas nicht, Tola! Ich verlange Tatsachen. Du mußt für mich rauskriegen: Weshalb Sokolow? *Weshalb?*«

Die Enthüllung sollte in drei Tagen stattfinden. Die Klempner hatten die Wasserrohre installiert, die Grassoden waren verlegt worden, und jetzt waren Pflasterer dabei, den Fußweg um den Sockel herum anzulegen, damit Besucher den »Gerechten Märtyrer« besichtigen konnten, ohne den Rasen betreten zu müssen.

»Gezahlt zu haben scheint eine Art Militärfonds«, berichtete Rokowski. Targow und er befanden sich auf der ersten ihrer täglich dreimal vorgenommenen Besichtigungen des Aufstellungsorts.

Targow verzog unwillig das Gesicht. »Du hast mir von einer Stiftung erzählt.«

»Ein Gemeinschaftsunternehmen. Beide Seiten haben einen bestimmten Anteil übernommen. Die Stiftung hat den Entwurf bezahlt, das Militär ist für die Kosten der Ausführung aufgekommen. Das Werk heißt ›Kreis im Quadrat‹.«

»Wieviel?«

»Zehntausend für Sokolow. Was die Ausführung gekostet haben mag, ist unmöglich abzuschätzen.«

»Zehntausend Dollar? Unmöglich!«

»Das ist eine Tatsache, Sascha.«

»Aber etwas anderes ist keine. Versuchst du, mir das beizubringen?«

Rokowski nickte. »Irgendwas an der Sache ist faul.«

»Was?«

»Schwer zu sagen. Vielleicht trügt mich mein Gefühl auch. Die Pläne sind sehr genau gezeichnet worden – wie Baupläne, auf den Zentimeter genau, als seien die Abmessungen wichtig, und mit genau einzuhaltenden Winkeln. Auch die Orientierung in Nord-Süd-Richtung mußte genau eingehalten werden.«

»Um Himmels willen, Tola! Was bedeutet das alles?«

Rokowski zuckte mit den Schultern. »Vielleicht hat Sokolow die Pläne gar nicht selbst gezeichnet.«

»Vielleicht hat er nur die Idee gehabt und einen technischen Zeichner mit der Ausführung beauftragt...« *Wie komme ich dazu, für ihn Partei zu ergreifen?*

»Ich habe mit dem für das Projekt verantwortlichen Ingenieur gesprochen. Er hat mir versichert, Sokolow habe niemals mit ihm gesprochen oder sein Kunstwerk in der Wüste Negev besichtigt.«

Targow setzte sich in Bewegung. Er begriff überhaupt nichts mehr. Diese Sache war einfach zum Verrücktwerden.

»Okay, nimm dir einen Leihwagen!« rief er Rokowski über den frisch bewässerten Rasen hinweg zu. »Keine Flugzeuge mehr. Diesmal fahren wir. Gleich nach dem Mittagessen geht's los!«

Holperige Straßen entlang, über trügerische Sandflächen, durch hitzeflirrendes Ödland. Als sie schließlich erschöpft, mit brennenden Augen und ausgedörrten Kehlen ankamen, schüttelte Targow den Kopf.

»Sieh dir das an, Tola! Mitten in der Wüste ist das Ding wertlos, völlig unnütz. Oh, ich kenne die Theorien, die man in Kunstzeitschriften liest: daß die Schwierigkeiten, das Werk zu erreichen, Teil seines Wesens sind; daß diese Unzugänglichkeit vom Künstler gewollt ist, bla-bla-bla... Aber Sokolow der Kleinbildhauer! Solche großartigen Ideen hat er noch nie gehabt! Ich sage dir: *Die Israelis vergeuden kein Geld.* Irgend jemand soll hier hinters Licht geführt werden.«

»Gut. Was wollen wir also unternehmen?«

»Du holst als erstes die Polaroid heraus und fotografierst das verdammte Ding von allen Seiten. Seine Form bedeutet irgend etwas, sage ich dir. ›Kreis im Quadrat‹ – daß ich nicht lache! Ich habe diese Anordnung schon einmal gesehen, aber weil ich schon an Altersschwachsinn leide, kann ich mich nicht daran erinnern, wo...«

Sokolows Miene drückte nachdenkliche Verachtung aus. »Ach, du bist's«, sagte er, ohne die Tür freizugeben.

»Entschuldige, Sergeij, aber hast du jemand anders erwartet? Irina ist heimgereist. Hat sie sich denn nicht verabschiedet? Du Ärmster!«

Sergeij, den das Futteral in Targows Hand zu faszinieren schien, trat von der Tür zurück. »Ist das ein Strafinstrument?« fragte er. »Ich habe es ernst gemeint, Sascha. Ich weigere mich, an deiner egoistischen kleinen Farce mitzuwirken.«

»Ich habe es dir trotzdem für den Fall mitgebracht, daß du dir die Sache anders überlegst.«

»Bestimmt nicht!«

»Woher willst du das so sicher wissen? Vielleicht liefere ich dir einen neuen Grund, mich umbringen zu wollen.«

»Wann begreifst du endlich, daß meine süßeste Rache daraus besteht, jeden Morgen aufzuwachen und zu wissen, daß du beim Aufwachen daran denkst, was du getan hast?«

»Ich bin nicht hier, um über Rache zu reden, Sergeij. Die Enthüllung findet morgen statt. Ich lade dich dazu ein. Ich möchte, daß du mein Ehrengast bist.«

»Damit ich nicht mit deinem lächerlichen Gewehr irgendwo in den Büschen liege. Ich soll zu deiner Rechten sitzen und dich gemeinsam mit den Honoratioren beklatschen.«

»Du sitzt in der Klemme, Sergeij Sergeijewitsch!«

»Nicht ich, Alexander Nikolaijwitsch! Ich habe keine Schuld auf mich geladen.«

»Ich bin zweimal im Negev gewesen, um dein Erdkunstwerk zu besichtigen. Du hast es nicht entworfen. Du hast als Strohmann gedient. Für wen? Und warum? Sag's mir lieber freiwillig. Denn ich verspreche dir, Sergeij: Dieser Betrug wird aufgedeckt!«

Endlich ein betroffener Blick. Der gerissene alte *Zeck* hatte

Angst. Aber er sagte nichts, sondern schluckte nur trocken und wandte sich ab. »Ich weiß nicht, was du meinst«, brachte er schließlich heraus.

»Vielleicht macht dich das hier nachdenklich.« Targow zog einen Umschlag aus der Jackentasche und legte ihn auf das Schränkchen neben der Tür. »Da ich weiß, daß du nie draußen gewesen bist, kannst du nicht wissen, was inzwischen vorgegangen ist. Hier sind meine Fotos. Ich rate dir, sie genau zu betrachten und mit deinen eigenen zu vergleichen, sobald du dich von deinem kleinen Schreck erholt hast. Du wirst einige interessante Veränderungen finden. Dort draußen scheint es... nun ja, es scheint Erosionen gegeben zu haben. Ja, gewisse Erosionen, die ganz bestimmt nicht der streng geometrischen Vision entsprechen, die du in jahrelanger strenger Lagerhaft gehabt hast.«

Auf der Straße trat Targow rasch an den Leihwagen, in dem Rokowski auf ihn wartete.

»Er hat jetzt Angst. Vielleicht ist er durcheinander genug, um etwas zu unternehmen. Du wartest hier und fährst ihm nach. Ich nehme mir ein Taxi zum Mishkenot.«

Sie saßen allein in dem Luxusrestaurant hinter dem Gästehaus, in dem der Künstler einquartiert war. Anna, die unglücklich wirkte, sprach von der unerklärlichen Entfremdung zwischen ihr und ihrem Cello.

»Du mußt die Freundschaft erneuern«, schlug Targow vor.

»Leichter gesagt als getan.«

»Der Kriminalbeamte – vielleicht ist er schuld daran.«

Sie schüttelte den Kopf. »David würde alles tun, um mir zu helfen.«

Targow überlegte kurz. »Es gibt eine Zeichnung von Balthus. ›Der Gitarrenspieler‹. Sie ist sehr erotisch.«

»Natürlich.« Anna lächelte.

»Ein Mann sitzt auf einem Hocker und zupft an den Genitalien einer Frau, die wie eine Gitarre über seinen Knien liegt. Er bringt sie zum Klingen. Das solltest du mit deinem Cello tun. Du mußt es lieben, als… als hättest du einen kleinen Seitensprung vor.« Sie kicherte. »Ganz im Ernst: Ich frage mich, ob es richtig gewesen ist, daß du hier seßhaft geworden bist. Diese Hektik. Diese Rücksichtslosigkeit. Diese Paranoia. Alles das muß einem aufs Gemüt schlagen.«

»O, Sascha, du verstehst mich falsch«, sagte sie. »Ich möchte in keiner anderen Stadt leben. Und ich habe keinen Seitensprung vor, falls du darauf anspielen wolltest.«

Er grinste und wurde dann wieder ernst. »Ich habe mehrmals mit Sokolow gesprochen, aber unsere Begegnungen sind unbefriedigend gewesen. Er weigert sich, mich zu verachten; er will weder verzeihen noch sich rächen. Aber ich will dir das nicht erzählen, um dich damit zu belasten. Ich habe jahrelang mit meiner Schuld gelebt und werde sie noch einige Zeit länger ertragen.«

»Warum erzählst du mir dann davon, Sascha?«

»Weil hier etwas sehr Merkwürdiges vor sich geht. Sokolow ist hier in etwas verwickelt, das nicht ganz koscher ist. Er behauptet, der Urheber einer einfallslosen, aber monumentalen Landschaftsskulptur zu sein, die im Negev errichtet worden ist. Aber ich bin mir ganz sicher, daß er nichts damit zu tun gehabt hat, obwohl er offiziell als ihr Schöpfer gilt.«

Anna schüttelte den Kopf. »Ich verstehe nicht, warum du mir das erzählst.«

»Das Ding ist ein Betrug. Ich dachte, daß dein Freund, der Kriminalbeamte, sich dafür interessieren würde.«

»David bearbeitet eine Mordsache, Sascha, die ihn kaum schlafen läßt.«

»Ja, natürlich. Tut mir leid. Kommt er wenigstens zur Enthüllung?«

»Wir kommen natürlich beide.«

»Ich verspreche dir, daß ihr staunen werdet...« Er hatte Tränen in den Augen.

Rokowski, der sonst so kühl und ironisch war, wirkte erregt, fast wie im Fieber. Er lief in Targows Apartment im Mishkenot auf und ab und rauchte mit fahrigen Bewegungen eine Zigarette.

»Er ist in Bewegung gekommen, kann ich dir sagen! So habe ich ihn noch nie erlebt. Aufgeregt. Äußerst erregt. Wie eine gespannte Feder, die sich zu entrollen beginnt.«

Targow lächelte. »Der zusammengedrückte Draht hält also nicht mehr die Flaschenform.«

Rokowski starrte ihn an. »Wie bitte?«

»Nichts, Tola. Ich bin abgeschweift. Wohin ist er so eilig unterwegs gewesen?«

»Er ist mit einem Bus zum Zion Square gefahren, dort ausgestiegen und wie ein Dämon die Ben Yehuda entlanggehastet. An der Kreuzung in der Nähe des großen Kaufhauses hat er sich umgeschaut, als fürchte er, beschattet zu werden.«

»Er hat dich nicht gesehen?«

»Er kennt mich doch nicht. Außerdem ist er halbblind. Aber er ist wütend und ängstlich gewesen. Ich sage dir, Sascha, irgend etwas auf unseren Polaroid-Fotos hat wie ein kräftiger Tritt in seinen Hintern gewirkt.«

»Wohin ist er...?«

»Zu der Stiftung, die sein Künstlerhonorar gezahlt hat. Er ist die Treppe hinaufgestürmt und hat nicht mal angeklopft. Ich habe draußen gestanden und mir die Auseinandersetzung angehört. Er ist fuchsteufelswild gewesen. Der andere Mann hat versucht, ihn zu beschwichtigen.«

»Was hat er gesagt?«

Rokowski blieb stehen und breitete die Hände aus. »Du weißt, daß ich kein Hebräisch spreche. Aber Sokolow beherrscht es auch nicht sonderlich. Er ist häufig ins Russische verfallen. Auf diese Weise habe ich genügend mitgekriegt. Er hat ein Zusatzhonorar verlangt.«

»Über die zehntausend hinaus? Unglaublich!«

»Vielleicht nicht so unglaublich, weil er auszupacken gedroht hat.«

»Aha! Dieser Betrug...«

»Die Sache stinkt. Sokolow hat die Pläne unterschrieben und ist dafür bezahlt worden. Aber jetzt hat sich irgendwas geändert, und er glaubt, mehr beanspruchen zu können.«

»Hat er was erreicht?«

Rokowski zuckte mit den Schultern. »Das weiß ich nicht. Jedenfalls hat er sich endlich beruhigt und ist sichtlich erschöpft abgezogen. Ich bin im Bus mitgefahren und habe festgestellt, daß er offenbar nach Hause wollte. Als ich mich dann nach einem Taxi umgesehen habe, bin ich von einem Mann angehalten worden, der sich als Kriminalbeamter ausgewiesen hat.«

»*Was?*«

»Ich sage dir, Sascha – diese Sache ist ernst. Der Kriminalbeamte wollte wissen, wen ich beschatte und warum. Als er meinen amerikanischen Paß gesehen hat, ist er freundlicher geworden. Er hat gesagt, wir seien ihm beim Verlassen des Gebäudes aufgefallen, und wollte wissen, in welchem Büro Sokolow gewesen sei. Ich hab es ihm natürlich gesagt. Er hat mich laufen lassen, und mir ist erst später klar geworden, daß er den anderen beschattet haben muß – den Kerl, mit dem Sokolow sich dort getroffen hat.«

Targow schlug sich erstaunt und völlig verwirrt mit der flachen Hand an die Stirn.

Die Enthüllung fand mittags statt. Die Sonne brannte unbarmherzig nieder, aber die Israelis hatten auf dem Podium große Sonnenschirme aufgestellt.

Der Oberbürgermeister von Jerusalem war da und hielt eine schmeichelhafte Rede. Zu den übrigen Ehrengästen gehörten mehrere Minister, der Direktor des Israel-Museums und die Führungsspitze der russischen Emigrantengemeinde, deren sabbernden Umarmungen Targow sich nicht entziehen konnte.

Targow war nervös. Würde Sergeij sich die Sache anders überlegen? Der Plan, den er sich in Kalifornien so kühl ausgedacht hatte, erschien ihm jetzt irrsinnig. In Wirklichkeit bin ich ein großer Feigling, dachte er. Ich bin fast einundsechzig und habe noch immer Angst vor dem Tod. Irina hat recht: Ich möchte wie Trotzki sein. Aber selbst Trotzki wäre zusammengezuckt, wenn er die Stunde seines Todes gewußt hätte.

Dazu kam noch etwas anderes: »Der gerechte Märtyrer« wirkte gar nicht mehr so wundervoll oder auch nur gerecht wie im kalifornischen Atelier. Hier unter freiem Himmel erschien er geschrumpft, irgendwie unbedeutend. Jerusalem war eine großartige Stadt voller großartiger Kunstwerke. Der Märtyrer war gut, aber kein Meisterwerk, und beherrschte seine Umgebung keineswegs.

Wieder eine Illusion zerplatzt! Nicht anders als die von einem heiligen Sergeij oder die von sich selbst als einem Mann, der der tödlichen Kugel lächelnd entgegensehen konnte. Jetzt wollte er diese Zeremonie nur noch lebend überstehen.

»... und so gilt unser inniger Dank Alexander Targow, der diese meisterhafte Bronzeskulptur zur Erinnerung an das Märtyrertum unserer jüdischen Brüder in der Sowjetunion gestiftet hat. In Zukunft soll sie der Sammelpunkt sein, an dem wir demonstrieren wollen. In Zukunft wollen wir von hier aus rufen: ›Laßt mein Volk ziehen...!‹«

Targow dankte bescheiden. Dann enthüllte die Frau des Oberbürgermeisters das Denkmal, indem sie an einer Schnur zog. »Der gerechte Märtyrer« zeigte sich in seiner ganzen geschickt gemachten Mittelmäßigkeit. Höflicher Applaus. Targow zog die Schultern hoch. *Wenn er schießen will, tut er's jetzt.* Aber der Schuß blieb aus, der Beifall verklang, und die Gäste begannen auseinanderzugehen.

Anna küßte ihn auf beide Wangen. Der Kriminalbeamte schüttelte ihm kräftig die Hand. Rokowski führte ihn zu dem Wagen, mit dem sie zum Empfang beim Oberbürgermeister fahren würden.

Als die Limousine anfuhr, schüttelte Targow langsam den Kopf: Er hatte überlebt, und Sergeij Sokolow hatte sich, was vielleicht noch besser war, ebenfalls als Feigling erwiesen.

Am nächsten Morgen wurde in aller Frühe gegen seine Tür gehämmert. Draußen stand die Mishkenot-Direktorin, aus deren Miene Empörung und Verzweiflung sprachen.

»Eine unglaubliche Tat, Mr. Targow! Eine Entweihung. Mir fehlen die Worte, um unsere Beschämung zu schildern. Daß so etwas hier passieren konnte – das ist nicht unsere Art, versichere ich Ihnen! Aber der Schaden wird repariert«, fügte sie streng hinzu. »Und der Schuldige wird zur Verantwortung gezogen, das verspreche ich Ihnen!«

»Welcher Schuldige? Wovon reden Sie überhaupt, verdammt noch mal?«

»Ich kann's einfach nicht verstehen«, murmelte die Direktorin. »Heute nacht hat irgendein Verrückter auf Ihre Statue geschossen. Er hat sie leider auch getroffen, so daß dem Märtyrer jetzt die Nase fehlt.«

Targow war sekundenlang sprachlos. Dann begann er zu lachen. »Haben Sie Gogol gelesen, Madam? Dann würden Sie alles verstehen. Die Nase, müssen Sie wissen, ist ein Organ, von dem wir Russen ständig besessen sind.«

BÜRO NR. 304

Als Shoshana David meldete, Amit Nissim habe Rabbi Mordeohai Katzer als den »unheimlich aussehenden Bärtigen« identifiziert, nahm das Mosaik allmählich klare Formen an.

Am Morgen nach Amits Aussage rief er die Abteilung für Serienverbrechen zusammen. Nachdem er Rebecca Marcus an der Tür postiert hatte, damit sie auf keinen Fall gestört wurden, griff er nach einem Stück Kreide und trat an die Wandtafel, die Dov im Bereitschaftsraum angebracht hatte.

Ins obere Tafeldrittel zeichnete er ein Rechteck mit drei großen Kreisen. Darunter kam ein kleineres Rechteck, dem im untersten Drittel ein größeres Rechteck folgte.

David zeigte auf das obere Rechteck. »Der Kleinbus«, erläuterte er. Dann deutete er auf die Kreise. »Die drei Männer, die geflüchtet sind.« Als nächstes war das kleinere Rechteck an der Reihe. »Der Einsatzleiter.« Zuletzt deutete er auf das untere Rechteck. »Die Einsatzgruppe – die Kerle, die die eigentliche Schmutzarbeit erledigt haben.«

Dov und Shoshana grinsten. Micha und Uri rutschten auf ihren Stühlen hin und her. David trat erneut an die Tafel.

»Okay, tragen wir also ein, was wir wissen.« In den linken Kreis schrieb er »Gati«, in den rechten »Katzer«. Nachdem er die Kreise einen Augenblick angestarrt hatte, malte er ein Fragezeichen in den mittleren. In das Kästchen für den Einsatzleiter kam der Name »Cohen«, und als Einsatzgruppe wurden die vier Männer bezeichnet, die sie in dem Haus in der Lover of Zion Street angetroffen und fotografiert hatten.

Er deutete auf Gati. »Pensionierter Luftwaffengeneral. Mit den Entwicklungen in unserem Land nicht zufrieden. Findet unser System widerwärtig und verweichlicht. Kalt, weltlich, elitär. Ein gescheiterter Politiker mit grandiosen Vorstellungen davon, wieder ein ›Jäger‹ zu sein und vielleicht eine Todesschwadron zu führen, um die notwendige Schmutzarbeit zu erledigen.«

Dann zeigte er auf Ephraim Cohen. »Ehemaliger Offizier des Nachrichtendienstes der Luftwaffe, früher im Stab General Gatis, jetzt Shin-Bet-Offizier und Leiter der Außenstelle Lover of Zion Street. Hat versucht, uns auf Peretz zu hetzen. Verbindungsmann zwischen Gati und der Einsatzgruppe, die den ›Scharfrichter‹ angeworben, den Kleinbus gefahren und die Opfer nach Mei Naftoah gebracht hat.«

David wandte sich wieder dem Rechteck zu und zeigte auf Katzer. »Religiöser Eiferer und rassistischer Demagoge mit Verbindungen zu jüdischen Terroristengruppen. Hat die Annexion der jordanischen Westbank, die Schaffung eines fundamentalistischen theokratischen Staats, die Vertreibung der Araber und einen ›Heiligen Ausrottungskrieg‹ für den Fall gefordert, daß wir erneut angegriffen werden. Viel zu primitiv für Gati. Die beiden passen eigentlich nicht zusammen, aber sie sind zusammen gewesen. Wir wissen, daß unser nüchterner, eleganter General außer Dienst und unser verschwitzter, Unruhe stiftender Rabbi zu einem bestimmten Zeitpunkt an einer bestimmten Kreuzung aus Cohens Kleinbus gestiegen sind.«

Er klopfte mit einem Fingerknöchel gegen das Fragezeichen. »Und ein unbekannter Dritter, von dem wir nur wissen, daß er sich verletzt hat und davongehumpelt ist. Dieser Unbekannte ist das Verbindungsglied. Sobald wir ihn gefunden haben, können wir abzuschätzen versuchen, was die drei vorgehabt haben. Aufgrund unserer bisherigen Erkenntnisse können wir annehmen, daß diese drei Kerle eine

Art rechtsextreme Verschwörung ausgebrütet haben. Zumindest deswegen können wir sie belangen, aber mir wäre es noch lieber, wenn wir ihnen ein Mordkomplott nachweisen könnten.«

Uri saß am Steuer des neutralen Dienstwagens. Sie waren eben an der großen roten Calder-Skulptur am Holland Square vorbeigefahren und nach Westen zu dem Dorf Ein Kerem an der Stadtgrenze Jerusalems unterwegs. Uri hatte nur vier Tage gebraucht, um den Kleinbus ausfindig zu machen. David war immer noch sprachlos darüber. »Wie hast du das bloß geschafft?« erkundigte er sich.

»Ich hab' mich an deinen Rat gehalten«, sagte Uri, »und mit Tankstellen angefangen. Schon bei der zweiten in der Nähe der Lover of Zion Street bin ich fündig geworden. Der Tankwart hat den Wagen gekannt, weil die Kerle dort regelmäßig auf Rechnung getankt haben. Als ich Dovs Aufnahmen vorzeigte, hat der Tankstellenbesitzer Yoni – das ist der kräftige Bursche, der Dov mit der Pistole bedroht hat – als den Mann identifiziert, der jede Woche vorbeigekommen ist, um die Sammelrechnung zu bezahlen. Aber in letzter Zeit ist der Bus dort nicht mehr gesehen worden – seit unserer Aktion nicht mehr. Deshalb war mir klar, daß sie die Kiste irgendwo versteckt haben müssen.

Als nächstes habe ich Werkstätten angerufen und nach einem blauen Chevrolet-Kleinbus gefragt. Nach rund zwei Dutzend Fehlversuchen bin ich auf einen schmuddeligen kleinen Betrieb in Romema gestoßen. Dort hat der Bus ein paar Tage lang gestanden. Ich bin hingefahren und habe die Bilder vorgezeigt. Der Chef hat Yoni erkannt und sogar seinen Namen gewußt.« Uri blickte zu David hinüber. »Er hat ihn als Igal Hurwitz gekannt.«

»Der angebliche Polizeibeamte, der die Namen aller Augenzeugen notiert hat.«

Uri nickte. »Richtig! Schade, daß die kleine Amit sich nicht an ihn erinnern konnte, aber das macht nichts – ich hab' jedenfalls gewußt, daß ich auf der richtigen Spur bin. Ich habe den Chef beiseite genommen, ihn zur strengsten Geheimhaltung verdonnert und ihm erklärt, ich sei als Sonderfahnder zur Aufklärung von Korruptionsfällen bei der Jerusalemer Polizei unterwegs. Das hat ihn natürlich interessiert – schließlich ist die Polizei allgemein verhaßt. Ich habe behauptet, Hurwitz stehe unter dem Verdacht der Bestechlichkeit, und der verschwundene amerikanische Kleinbus werde als Beweismittel benötigt. Das hat gewirkt! Hurwitz hat sich für einen billigen Unterstellplatz interessiert, und der Werkstattbesitzer hat ihn an einen Freund verwiesen, dem in Ein Kerem ein halb verfallenes arabisches Bauernhaus gehört.«

Sie erreichten das Dorf, den Geburtsort Johannes des Täufers, und fuhren an einer Töpferei, einem Lederwarengeschäft, einer guten Kunstgalerie, einem ungarischen Restaurant und einem Gasthaus vorbei, das als Treffpunkt für Kunstinteressierte galt und für seinen Naturkost-Lunch am Sabbat berühmt war.

An diesem Spätnachmittag waren die Dorfstraßen fast menschenleer. Uri fuhr eine schmale Schotterstraße hinauf, die in Richtung Jerusalemer Forst zurückführte. Sie kamen an mehreren Bauernhäusern vorbei, die in Landsitze umgebaut worden waren, und folgten einem abzweigenden Weg zu einem weiteren, das noch auf die Sanierung wartete.

»Der Kerl, dem es gehört, hat noch nicht genug Geld für den Wiederaufbau«, erläuterte Uri. »Ich habe mich nach ihm erkundigt. Er ist wahrscheinlich sauber. Aber ich bin nicht bei ihm gewesen, um unsere Freunde nicht zu warnen.«

Er parkte den Subaru neben einem knorrigen alten Olivenbaum. Das Dach und Teile der Wände des Wohngebäudes vor ihnen waren eingestürzt. David stieg aus und folgte Uri zu der in den Hang hineingebauten Scheune. Das zweiflüglige Holztor dieses besser erhaltenen Gebäudes war mit einem massiven Vorhängeschloß gesichert.

»Rechts neben dem Tor ist ein Spalt.« Uri drückte David eine Stabtaschenlampe in die Hand. »Hier – damit kannst du dich selbst überzeugen.«

David entdeckte den Spalt und leuchtete hinein. Der verchromte Kühlergrill des Chevrolets war nur eine Armlänge von ihm entfernt.

»Wir müssen rein.«

Uri nickte. »Ich habe Werkzeug mitgebracht.«

Während er zu dem Subaru zurückging, sah David sich um. Die Scheune war von der Straße aus nicht einzusehen, aber von hier aus bestand Sichtverbindung mit der Franziskanerkirche St. Johannes auf dem Hügel unmittelbar hinter Ein Kerem. Ein dort mit einem Fernglas postierter Mann hätte die Scheune beobachten können.

Uri kam mit einem Hydraulik-Wagenheber und einer Rohrzange zurück. Er stellte den Wagenheber unter den rechten Torflügel, entfernte mit der Rohrzange die Splinte aus den Angeln, hob das Tor mit dem Hydraulikheber etwas an und suchte sich einen flachen Stein, den er eine Fußlänge vom Tor entfernt auf den Boden legte. Dann kniete er vor dem Scheunentor nieder und umfaßte mit beiden Händen seinen unteren Rand.

»Mal sehen, was das viele Krafttraining wert ist...«

Er holte tief Luft, schloß die Augen und konzentrierte sich. Dann atmete er aus, zog den Torflügel aus den Angeln und setzte ihn gewaltig stöhnend auf den Stein.

Das Scheunentor stand jetzt etwa dreißig Zentimeter weit offen.

»Kommst du da rein?« fragte Uri. »Ich jedenfalls nicht!«

David zwängte sich durch den Spalt. Als er hindurch war, reichte Uri ihm die Taschenlampe. David schaltete sie ein und machte sich daran, den Kleinbus zu inspizieren.

Das Fahrzeug füllte den Innenraum der Scheune fast vollständig aus. David gelang es, sich in den Wagen zu schlängeln und über die Rückenlehne des Fahrersitzes ins Fahrgastabteil zu klettern. Er leuchtete mit seiner Taschenlampe herum, sah unter die Sitze und inspizierte sogar die Aschenbecher, ohne irgend etwas zu finden. Aber damit hatte er gerechnet: Cohen hatte den Wagen bestimmt gründlich reinigen lassen, bevor er hier abgestellt worden war.

Natürlich bestand die Möglichkeit, daß dabei irgend etwas übersehen worden war, aber das konnten nur die Fachleute der Spurensicherung feststellen. David konnte sie anfordern und hoffen, daß es ihnen gelingen würde, Pulverspuren oder Spuren von Peretz' Blut zu finden. Aber die Chancen dafür waren gering, und etwaige Beweise hätten lediglich Cohens Leute belastet, an denen David nicht sonderlich viel lag. Er hatte es auf Gati, Katzer und den bei dem Unfall verletzten unbekannten Dritten abgesehen – und ganz besonders auf Ephraim Cohen.

Jetzt saß er hinten in dem Kleinbus und versuchte sich vorzustellen, wie der Unfall passiert war. Zwei der drei Männer hatten vermutlich dort Platz genommen, wo er jetzt saß; der dritte hatte ihnen gegenübergesessen. Der Fahrer, der unter dem Namen Igal Hurwitz aufgetreten war, hatte sie kreuz und quer durch Jerusalem gefahren. Ein sicheres Haus auf Rädern. Eine Vorsichtsmaßnahme, damit sie nicht gesehen werden konnten. Aber dann: Schneidermans Lastwagen war mit ihrem fahrbaren geheimen Konferenzraum zusammengestoßen. Plötzlich hatte es Augenzeugen gegeben.

David öffnete die seitliche Schiebetür, zwängte sich hindurch, schloß sie von außen und untersuchte sie im Licht seiner Taschenlampe. Das Blech war glatt, nicht ausgebeult, und die Lackierung wies nicht den geringsten Kratzer auf. Das ließ darauf schließen, daß Cohens Leute die gesamte Schiebetür ausgewechselt hatten.

Als er wieder ins Freie kam, machte Uri ihn auf die Sichtverbindung zum Kirchturm aufmerksam.

»Ja, ich weiß«, wehrte David ab, »aber dort oben könnte man einen Monat sitzen, ohne etwas zu sehen. Falls sie den Bus wegfahren, sind sie bestimmt clever genug, nachts zu kommen.«

»Was machen wir jetzt? Ist das hier 'ne Sackgasse?«

David schüttelte den Kopf. »Wir brauchen die beschädigte Tür, Uri. Wahrscheinlich liegt sie noch dort herum, wo sie ausgewechselt worden ist.«

Am nächsten Morgen lud er Micha zum Kaffee in einer bei Polizeibeamten beliebten Kneipe in der schmalen Rivlin Street ein. Als sie bestellt hatten und an einem ruhigen Nebentisch saßen, fragte David ihn, ob er bereit sei, einen kleinen inoffiziellen Auftrag zu übernehmen.

»Klar. Du kennst mich doch, David. Was soll ich tun?«

»Für einen Fachmann wie dich wäre das Vorhängeschloß an der Scheune bestimmt leicht zu öffnen.«

Michas Rechte, mit der er seine Kaffeetasse hielt, zitterte ein bißchen. »Und was tue ich, nachdem ich das Tor geöffnet habe?«

»Du verbindest eine Sprengladung mit der Zündung des Wagens. Nichts Großes, damit wir uns richtig verstehen. Wir wollen nicht, daß sie jemand die Beine abreißt. Nur eine kleine Ladung, die als Warnung dient. Wie ich gewarnt werden sollte, als sie mich zweimal als Zielscheibe benützt haben.«

Michas Hand zitterte plötzlich nicht mehr. »Ja, das würde mir gefallen, glaub' ich.«

»Wie wär's mit heute abend?«

»Heute abend hätte ich Zeit.«

David stand auf. »Such dein Zeug zusammen, dann fahren wir heute nach Dienst hinaus.«

»Micha meint, daß er einfach zu vollkommen ist, daß er irgendwo eine schwache Stelle haben muß.«

»Falls er eine hat, ist sie schwer zu finden, Captain. Für Beziehungen mit Männern gibt's jedenfalls keine Beweise.«

»Und mit Frauen?«

Liederman zuckte mit den Schultern. »Falls er welche hat, ist er verdammt vorsichtig. Aber vielleicht hat er gar keinen Bedarf. Seine Frau ist zum Anbeißen, wie wir früher gesagt hätten.«

Die beiden standen auf der Aussichtsplattform auf dem Ölberg. Es war ein hochsommerlich heißer Tag. Entlang der letzten Kehre der Zufahrtsstraße parkten klimatisierte Touristenbusse. Die von ihnen heraufbeförderten Touristen liefen durcheinander, fotografierten und bewunderten die Aussicht. Mehrere von ihnen standen an, um ein räudig aussehendes Kamel zu besteigen, das mit Schaum vor dem Maul in einem kleinen Häufchen trockenen Kamelmists stand.

»Er fährt einen BMW und arbeitet in der Shin-Bet-Nebenstelle neben der Brandeis-Schule. Um nicht aufzufallen, habe ich mich dort nicht lange rumtreiben können. Aber ich habe ihn einige Male auf der Heimfahrt observiert. Abends geht er oft mit seiner Frau aus: zu Parties, in Restaurants, einmal zum dänischen Ballett. An einem Abend ist er allein weggefahren. Ich habe die Überwachung aufgegeben, als klar war, daß er nach Tel Aviv wollte.«

»Vielleicht hat er dort einen Freund.«

»Schon möglich. Als wir Peretz beschattet haben, sind wir fünfzehn Mann gewesen. Allein in Tel Aviv...«

»Ja, ich verstehe«, sagte David.

Liederman zündete sich hinter schützend vorgehaltenen Händen eine Zigarette an. Tief unter ihnen glitzerte die goldene Kuppel des Felsendoms.

»Neulich hat er sich merkwürdig aufgeführt«, berichtete der Alte weiter. »Er ist scheinbar ziellos durch die Stadt gelaufen und hat dann plötzlich angefangen, sich mißtrauisch umzusehen, so daß ich zurückbleiben mußte. Im nächsten Augenblick war er verschwunden. Mir war klar, daß er in dem Bürogebäude 28 Histadrut Street verschwunden sein mußte. Ich habe also gewartet und ihn zwanzig Minuten später tatsächlich aus dem Gebäude kommen und rasch weggehen sehen.

Da ich das Gefühl hatte, er habe noch immer sämtliche Antennen ausgefahren, bin ich ihm nicht gefolgt. Statt dessen habe ich mich in dem Gebäude umgesehen. Viele Büros, kleine Firmen, Schmuckhändler, Import- und Exportfirmen. Auf der Treppe bin ich einem alten Mann begegnet, der wie in Trance herumgeirrt ist. Eine Minuter später habe ich einen großen, auffällig hageren Mann im Korridor herumlungern sehen. Aus irgendeiner Eingebung heraus habe ich die beiden beobachtet und dabei festgestellt, daß der Hagere den Alten beschattet hat, was sehr einfach war, weil der andere halbblind war. Ich bin den beiden nachgegangen...«

»Moshe, bitte – kommen Sie endlich zur Sache!«

»Ich hatte das Gefühl, hier müsse es irgendeinen Zusammenhang geben. Irgend etwas sagte mir, daß die beiden – Cohen und der alte Mann – in die Histadrut Street gekommen waren, um dort miteinander zu reden... Jedenfalls bin ich dem Alten und seinem Verfolger nachgegangen und mit ihnen mit einem Bus nach Talpiot gefahren. Dort sind wir ausgestiegen, und der Alte ist auf einen dieser neuen Einwandererwohnblöcke zugestolpert. Der Hagere hat umkehren wollen, aber ich habe ihn aufgehalten, meinen Dienstausweis vorgezeigt, seinen Ausweis verlangt, festgestellt, daß er Amerikaner war, und ihn in meinem miserablen Englisch gefragt, wie er dazu komme, den Alten zu beschatten. Sein Name – Rokowski – hat mich auf die Idee gebracht, es mit Polnisch zu versuchen, und ab dann haben wir uns besser verständigen können.«

»Rokowski? *Anatolij Rokowski?*«

»Ja, so ähnlich. Kennen Sie den etwa, Captain?«

»Nicht persönlich«, sagte David. »Bitte weiter! Was hat er gesagt?«

»Na ja, nach einigen Ausflüchten hat er zugegeben, den Alten beschattet zu haben. Als Grund hat er eine offenbar erfundene Geschichte genannt, in der von irgendwelchen Schulen die Rede gewesen ist. Aber mich hat nur interessiert, von wo aus er den Alten beschattet hatte. Und zuletzt hat er mir erzählt, wo Cohen und der Alte sich getroffen hatten: im Büro Nummer drei-null-vier des Gebäudes in der Histadrut Street. Dort hat irgendeine Kunststiftung ihren Sitz...«

Anna konzentrierte sich darauf, was David sagte.

»Wir stehen vor einer merkwürdigen Situation«, erklärte er ihr. »Der Mann, den Liederman beschattet hat, hat sich mit dem getroffen, den Rokowski beschattet hat. Ephraim Cohen ist mit Sergeij Sokolow zusammengetroffen. Welche Verbindung besteht zwischen den beiden? Was haben sie miteinander zu besprechen gehabt?«

Sie hatte Mühe, sich zu konzentrieren, denn er war in ihre nachmittägliche Übungszeit hineingeplatzt. Aber sie spürte deutlich, daß David sie brauchte. *Ja, jetzt braucht er mich endlich einmal*, überlegte sie.

»Wie ist das möglich?« fuhr David fort. »Ich weiß natürlich noch, was du mir erzählt hast – daß Sascha behauptet hat, er habe irgendeinen Betrug aufgedeckt. Aber trotzdem...«

»Ich kann's für dich rauskriegen, David.« Ihr Herz pochte erregt, nach der Erkenntnis, daß er *sie* brauchte.

»Daran habe ich auch schon gedacht. Aber ich weiß nicht, ob ich dich da hineinziehen soll. Was ist, wenn Sascha in diesen scheußlichen Fall verwickelt ist? Wenn es nur eine andere Möglichkeit gäbe...«

Sie stand auf. »Es gibt keine andere.«

Er lächelte. »Gut, wenn du darauf bestehst, fahre ich dich hin. Wir können unterwegs darüber reden. Du mußt vorsichtig sein und dich in acht nehmen, was du sagst.«

»Keine Angst, ich nehme mich in acht!« Sie war bereits an der Tür.

»Anna! Warte doch! Wohin willst du?«

»Ich gehe zu Fuß«, sagte sie und öffnete die Tür. »*Du* mußt vorsichtig sein, David. Tritt nicht auf meinen Bogen.« Sie zog die Tür hinter sich zu und eilte die Treppe hinunter.

Als sie aus dem Apartmenthaus stürzte, traf die trockene heiße Augustluft sie wie ein Schlag ins Gesicht. Während sie die En Rogel Street an alten arabischen Häusern und dem Fußweg zum Aussichtspunkt Abu Tor vorbei entlanglief, strich sie sich eine Haarsträhne aus dem Gesicht, roch das Kolophonium an ihren Fingerspitzen und empfand drängende Hast wie seit Wochen nicht mehr.

An der Ecke, wo die fünf Straßen zusammentrafen, wartete sie ungeduldig vor der Fußgängerampel. *Wenn ich ihm helfen kann*, dachte sie, *kann ich vielleicht auch mir selbst helfen.*

Ja, überlegte sie sich, wenn sie David helfen konnte, in dieser Mordsache den Durchbruch zu schaffen, würde sie vielleicht auch ihre eigene Blockade überwinden können. Sie wußte keine Erklärung dafür, warum das so sein sollte, aber sie war fest davon überzeugt, daß es so sein würde.

Anna hatte im Mishkenot Sha'ananim eine ergiebige Stunde mit Sascha und Rokowski verbracht und war jetzt wieder zurück, um David Bericht zu erstatten. Er telefonierte gerade, aber er hatte aufgeblickt und sie mit zusammengekniffenen Augen betrachtet, als sie hereingekommen war.

»Warum siehst du mich immer so an?« fragte sie ihn, als er den Hörer auflegte.

»Wie denn?«

»Als ob du erleichtert seist, daß meine Frisur noch in Ordnung, meine Kleidung nicht zerrissen ist.« Er lächelte. »Es ist wegen Sascha, stimmt's? Du glaubst, daß ich zu ihm gehe, um mich flachlegen zu lassen.«

»Niemals, Liebste! Daran habe ich niemals gedacht! Aber sei bitte nicht zu clever. Das ist ein alter Trick: Man versucht, den Ermittler zu verwirren, indem man seine Anschuldigungen im voraus verspottet.«

Sie fauchte ihn an, krümmte ihre Finger zu Krallen, riß sich die Bluse vom Leib und stürzte sich auf ihn. Es gelang ihr noch, ihm die beiden obersten Hemdknöpfe abzureißen, dann wälzten sie sich auf dem Fußboden. Sie knurrten und kratzten, als seien sie Raubtiere. Er nahm sie schließlich – lachend, vor dem Fenster, über die Sofalehne gebeugt.

»So gefällt's dir am besten, stimmt's?« sagte sie. »Wie du's immer mit Stephanie gemacht hast. Ich weiß, daß du dich mit ihr gebalgt hast. Diese Hexe!«

Später saß er mit einem Drink in der Hand in der Sofaecke, während Anna, die ihm im Sessel gegenübersaß, ihren Bericht erstattete.

»Nach Saschas Auskunft hat Sergeij eine Art Stipendium von einer amerikanischen Stiftung erhalten. Dafür sollte er irgendeine abstrakte Erdskulptur im Negev entwerfen. Das Ding ist tatsächlich gebaut worden – Sascha ist zweimal dort gewesen, um es sich anzusehen. Aber er bezeichnet es als Schwindel: Sergeij hat es nicht entworfen, und Sascha hält es nicht einmal für ein Kunstwerk. An sich könnte ihm das gleichgültig sein, aber Sergeij hat sich ausdrücklich als der Urheber der Skulptur ausgegeben und mit ihrer Größe geprahlt. Nachdem Sascha ihn einige Tage lang vergeblich beschattet hatte, beschloß er, ihn unter Druck zu setzen. Das scheint gewirkt zu haben. Sergeij ist losgestiefelt, und Rokowski hat gehört, wie er im Büro dieser Stiftung mehr Geld verlangt hat.«

»Von Ephraim Cohen?«

»Das weiß Rokowski nicht. Er hat den anderen Mann nicht zu Gesicht bekommen. Und da er nicht Hebräisch spricht, hat er kaum mitbekommen, was die beiden besprochen haben.«

»Aber er weiß bestimmt, daß Sokolow Geld gefordert hat?«

»Ja, und daß er sehr wütend gewesen sei. Der andere Mann hätte versucht, ihn zu beschwichtigen.« Anna machte eine Pause. »Rokowski ist übrigens sehr erschrocken, als Liederman ihn im Dunklen angehalten hat.«

David starrte sie sekundenlang an. Seine schweigende Intensität faszinierte sie jedesmal wieder. »Womit hat Sascha ihn unter Druck gesetzt?« wollte er dann wissen.

»Er hat ihm offenbar einen Stapel in der Wüste aufgenommener Polaroidbilder in die Hand gedrückt. Und er hat ihm offen ins Gesicht gesagt, daß er seine angebliche Skulptur als großen Schwindel erkannt habe.«

»Das war's?«

»Ja, so ziemlich. Ich habe ihm nicht von deiner Mordsache erzählt. Er weiß nur, daß du dich dafür interessiert hast, was er mir geschildert hat, und deshalb wolltest, daß ich mehr in Erfahrung bringe. Er möchte selbst mit dir darüber sprechen, David. Diese Sache läßt ihn nicht mehr los.« Sie lächelte. »Dabei ist mir übrigens etwas aufgefallen.«

»Was?«

»Daß ihr beide so stark empfindet. Diese zwanghafte Intensität, die ihr gemeinsam habt. Ihr seid unterschiedliche Menschen – in fast jeder Beziehung unterschiedlich. Aber in diesem Punkt seid ihr einander fast gleich.«

DAVIDS SPÜRHUNDE

Es war nach Mitternacht. Shoshana hielt in der Eingangshalle des Gebäudes 28 Histadrut Street Wache. Uri sorgte dafür, daß der Hausmeister seine Wohnung nicht verließ, während David, Micha und Dov sich daran machten, die Tür von Büro Nr. 304 zu öffnen. Auf der Milchglasscheibe der Eingangstür stand in schwarzer Schrift der Name *Holyland Arts Foundation*. Das Schloß war einbruchssicher: Micha meinte, er werde es nicht knacken können, ohne Anzeichen zu hinterlassen. Über der Tür befand sich jedoch ein kippbares Oberlicht, und Dov traute sich zu, auf diese Weise in Büro Nr. 304 zu gelangen, um die Tür von innen öffnen zu können.

Während Dov die Oberlichtbeschläge abschraubte, ließ David sich von Micha informieren, der einige Tatsachen über die *Holyland Arts Foundation* zusammengetragen hatte.

»Ein ziemlich unauffälliger Laden. Die Stiftung kauft Werke israelischer Künstler, schickt sie nach Amerika und stellt sie dort aus. Darüber hinaus unterstützt sie hiesige Kunstschulen, fördert den Künstleraustausch, gewährt jungen israelischen Künstlern Stipendien und kauft gelegentlich größere Werke für öffentliche Gebäude – zum Beispiel in Neubausiedlungen oder auf Militärstützpunkten.«

»Und wer steht dahinter?« fragte David.

»Amerikaner, irgendeine christliche Gruppe. Die Stiftung ist seit fast drei Jahren in Jerusalem aktiv. Sie zahlt ihre Miete prompt, belästigt niemanden und bekommt nach Aussage anderer Mieter kaum Besuch. Die jiddische Mama im Vorzimmer ist freundlich und ein bißchen dämlich. Sie sitzt dort draußen, lächelt und sortiert die Post. Da sie nur einen Teilzeitjob hat, ist das Büro meistens geschlossen.«

Als sie endlich drinnen waren, war David jedoch enttäuscht: kein versteckter Tresor, keine Abhöranlagen, keine Fenster aus Spiegelglas. Nur zwei kleine, ziemlich spartanisch möblierte Büroräume – ein Vorzimmer mit mehreren Besuchersesseln und ein Chefbüro mit ähnlicher Ausstattung, die durch einen Karteischrank und Fotos zeitgenössischer israelischer Kunstwerke ergänzt worden war.

Er zog eine Schublade des Karteischranks auf und begann in den Akten zu blättern. Dabei handelte es sich hauptsächlich um Korrespondenz zwischen der Zentrale der Stiftung in Dallas, Texas, und verschiedenen israelischen Galerien. Er entdeckte ein Fach mit der Aufschrift »Negev-Erdskulptur: ›Kreis im Quadrat‹.« Es war als einziges leer.

»Wen wundert's«, meinte Dov. »Schließlich haben wir uns nur dafür interessiert.«

»Ob das hier eine Art sicheres Shin-Bet-Haus ist?« fragte Micha.

»Ein gutes sicheres Haus ist ein Wohnhaus. Das Büro ist nur während der Geschäftszeit zugänglich.«

»Trotzdem könnte das Ganze ein Tarnunternehmen sein«, sagte Dov. »Geld kommt ins Land, Kunst wird exportiert. Die Stiftung hat Ähnlichkeit mit Hunderten von kleinen ausländischen Wohltätigkeitsorganisationen. Kein Mensch kümmert sich um sie, weil sie so nett und wenig effektiv sind.«

»Vielleicht ein bißchen zu wenig effektiv«, stellte David fest. »Die Frage ist nur: Haben wir's mit einem legitimen Shin-Bet-Unternehmen zu tun – oder besteht ein Zusammenhang mit unserer Mordsache? Wie ist dein Englisch, Dov?«

»Verdammt gut, das weißt du doch!«

»Schon mal in Dallas gewesen?«

Dov schüttelte den Kopf. Dann grinste er plötzlich. »He, das ist nicht dein Ernst, stimmt's David? Oder doch! Wow! Du wirst staunen, wie ich loslege!«

Latsky biß sich auf die Unterlippe. »Was ist, wenn es sich dabei um ein legitimes Shin-Bet-Unternehmen handelt?«

»Was würde das schaden?« lautete Davids Gegenfrage. »Wir wollen es lediglich überprüfen.«

»Trotzdem...«

»Weshalb die Einwände? Wegen der Kosten?«

»Ich habe einen Fonds, über den ich frei verfügen kann.«

»Wo sehen Sie dann noch Probleme?«

»Die Sache ist mir zu vage.« Latsky kniff die Augen zusammen und zündete sich eine Zigarette an. »Sie wissen vom Hörensagen, daß Cohen dort gewesen sein soll. Und was beweist das? Nichts!« Er kniff erneut die Augen zusammen und atmete Rauch aus. »Sie schwimmen, David. Weil Sie nicht mehr weiterwissen, wollen Sie zwanzig Prozent Ihrer Abteilung in die gottverdammten USA schicken.«

»Geben Sie mir fünf Tage Zeit. Falls Dov bis dahin nicht fündig geworden ist, lasse ich ihn zurückkommen. Er kriegt einen El-Al-Freiflug bis New York und kann von dort aus...«

»Gut, schicken Sie ihn meinetwegen los! Tun Sie, was Sie für richtig halten. Seitdem der tote ›Scharfrichter‹ aufgefunden worden ist, hält der Minister Sie für ein Genie.« Latsky drückte seine Zigarette aus. »Verlangen Sie bloß keine schriftlichen Anweisungen von mir. Was mich betrifft, haben Sie mir diesen Plan nie vorgetragen. Ich habe nie etwas genehmigt. Sie handeln auf eigene Faust.«

David fuhr Dov Meltzer zum Flughafen Ben Gurion, wartete, bis er die Zollkontrolle passiert hatte, und begleitete ihn dann zur Maschine.

Dov wirkte nachdenklich. »Ich muß demnächst zu einer Reserveübung, deshalb komme ich eventuell nicht zurück. Vielleicht schließe ich mich den Verrätern an, die in New York Taxis fahren.«

David legte ihm eine Hand auf die Schulter. »Sieh zu, daß du was rauskriegst, Dov. Latsky hat nämlich recht: Ich schwimme wirklich. Ich weiß fast nicht mehr weiter.«

Zusammen mit Micha fuhr David in den Negev hinaus, um die Landschaftsskulptur zu besichtigen. Nach halbstündigem Fußmarsch gab Micha sein Urteil ab: »Ich verstehe, warum das Ding ›Kreis im Quadrat‹ heißt. Aber wenn du mich fragst, ist das ein Haufen Mist, David.«

»Warum zerbrechen sich dann so viele Leute den Kopf darüber? Was hat Cohen damit zu schaffen? Weshalb ist Sokolow so aufgeregt? Warum hat er gutes Geld für seine Unterschrift unter den Plänen bekommen, wenn der Entwurf gar nicht von ihm stammt, wie Targow behauptet?«

Micha starrte ihn an. »Hier ist also irgendwas faul.«

»Richtig – aber was? Das muß ich wissen. Sieh zu, daß du rauskriegst, wer für dieses Ding verantwortlich ist, Micha. Hier draußen lebt niemand. Die einzige Zufahrtsstraße ist miserabel, und wenn man herkommt, ist nicht viel zu sehen. Welchen Zweck hat dieser Haufen Mist, verdammt noch mal?«

»Ich hätte gern ein paar Fotos, die Cohen in verfänglicher Situation mit einem Mann zeigen«, erklärte er Anna. »Dann würde ich ihn mir schnappen, und wenn er nicht auspackt, würde ich ihm damit drohen, sie seiner Frau zu zeigen.«

»David! Das würdest du nicht!«

»Nein, natürlich nicht«, bestätigte er. »Aber du kannst Gift darauf nehmen, daß ich ihm damit drohen würde!«

Uri fand die Schiebetür über eine auf Chevrolets spezialisierte Karosseriewerkstatt in Netanya. Der Meister erinnerte sich daran, den Austausch vorgenommen zu haben, und verwies Uri an einen Schrottplatz weiter südlich an der Küste. Dort suchte Uri zwischen Schrottautos aller Marken und Baujahre nach der demolierten Schiebetür. Als er sie am zweiten Tag endlich entdeckt hatte, ließ David sie ins gerichtsmedizinische Labor im Nationalen Polizeihauptquartier bringen, wo nachgewiesen werden konnte, daß der Lack mit dem an der Stoßstange von Schneidermans Lastwagen sichergestellten Farbspuren übereinstimmte.

»Was nur beweist«, sagte Rafi, »daß Schneiderman mit einem Kleinbus zusammengestoßen ist. Aber es beweist keineswegs, daß das der Bus in Ein Kerem gewesen ist.«

»Vielleicht nicht«, gab David zu, »aber ich habe ohnehin nicht auf eine tragfähige Beweiskette gehofft.«

»Wozu dann der ganze Aufwand, David?«

»Um eine Bestätigung zu haben. Ich *weiß* jetzt, daß ich recht habe, Rafi.«

Nach drei Tagen rief Dov zum ersten Mal an.

»Wenn ihr glaubt, in Jerusalem sei es heiß, solltet ihr uns hier schwitzen sehen!«

»Was hast du rausgekriegt.«

»Zunächst einmal – und das war nicht weiter schwer –, daß die *Holyland Art Foundation* von einer texanischen Vereinigung namens ›Militante Christen‹ finanziert wird. Dahinter steht ein gewisser Harrison Stone, ein Erdöl- und Gas-Multimillionär, der außerdem als Fernsehprediger auftritt – cool, sanft und niemals aufbrausend. Obwohl Stone bestimmt ein Fundamentalist ist, gehört er nicht zu den Pech-und-Schwefel-Typen, sondern hält seine Fernsehpredigten ganz gelassen vom Schreibtisch aus. Interessant ist übrigens, daß es keine Kirche gibt – kein Personal, kein Gebäude, keine Gemeinde. Das Ganze basiert auf privater Wohltätigkeit und ist eine strikte Einmann-Show. Und nach Auskunft einiger Leute der hiesigen jüdischen Gemeinde ist Stone ein großer Freund Israels.«

»Ist er schon hier gewesen?«

»Sogar sehr oft. Leider weiß ich noch nicht genau, wann. Aber jetzt kommt's, David: Er ist außerdem eng mit Rabbi Katzer befreundet. Katzer ist letztes Jahr hier gewesen, um Geld zu sammeln – und das anscheinend nicht nur bei hiesigen Juden. Stone soll mehrere private Zusammenkünfte zwischen Katzer und reichen texanischen fundamentalistischen Christen arrangiert haben. Angeblich sind Katzer dabei erhebliche Mittel zugesagt worden, für die er sich mit nicht genauer bezeichneten Versprechungen revanchiert haben soll. Alle diese Informationen sind ziemlich vage, aber soviel ich bisher überblicken kann, scheint einiges für deine Verschwörungstheorie zu sprechen.«

David war aufgeregt, weil der Schleier sich endlich zu heben schien. »Wie hast du das alles so schnell herausbekommen?«

»Mit Hilfe einer hiesigen Journalistin namens Gael Rubin. Sie hat eine Artikelserie über Stone geschrieben, was verdammt schwierig gewesen sei, weil er keine Reporter an sich heranläßt. Als Spezialist für Firmenübernahmen arbeitet er unter strikter Geheimhaltung.«

»Welchen Eindruck hast du von der Sache?«

»Schwer zu sagen. Aber der hier betriebene Aufwand paßt schlecht zu dem schäbigen Büro, das wir gesehen haben.«

»Hast du Bilder von ihm?«

»Ein paar, die ich vom Fernsehschirm abfotografiert habe.«

»Unser Konsulat soll sie mir über Fernkopierer übermitteln. Und was sagt deine hübsche Journalistin dazu?«

»Habe ich gesagt, sie sei hübsch, David?«

»Ist sie's etwa nicht?«

»Doch, sehr.« Dov lachte. »Sie behauptet übrigens auch, daß Stone ein gefährlicher Typ sei. Wenn er nicht gerade als Prediger im Fernsehen auftritt, zieht er seine Drähte aus dem Hintergrund und arbeitet oft mit Strohmännern. Aber sobald es etwas zu schnappen gibt, schießt er aus dem Nichts wie ein Hai heran.«

Micha bestätigte, daß die *Holyland Art Foundation* den Entwurf von »Kreis im Quadrat« finanziert hatte; die Ausführung hatten israelische Pioniere übernommen.

»Soweit ich feststellen konnte, ist das Projekt von keiner bestimmten Stelle genehmigt worden. Solche Vorhaben funktionieren im allgemeinen so, daß die Antragsunterlagen auf dem Dienstweg durch die Militärbürokratie wandern. Ein Offizier nach dem anderen zeichnet sie ab, und nach mehreren Monaten kommt das Projekt am anderen Ende genehmigt heraus.«

»Wenn das stimmt, kann mir Israel nur leid tun«, sagte David. »Hol Sokolow her«, wies er Micha an. »Wird Zeit, daß wir ihn uns vorknöpfen.«

Der Alte hatte etwas an sich, das in David zwiespältige Gefühle erweckte. Sein Gesicht trug den Stempel der Verwundbarkeit, der bei der älteren Generation der in Europa geborenen Israelis so häufig zu beobachten war. Ein Ausdruck innerer Unruhe, der auf tiefe, unauslöschliche Verwundungen in der Vergangenheit zurückging und in völligem Gegensatz zu dem berühmten »Sabra-Look« mit seinem energischen, geradlinigen, engagierten Gesichtsausdruck und dem offenen, direkten Blick stand. Ein gequältes Gesicht, aber David wußte, daß er seinem Mitgefühl nicht blind vertrauen durfte. Gerade die unruhig und gequält Wirkenden konnten auf bedrohliche Weise deformiert sein.

War Sergeij Sokolow böse? Targow hatte es Anna gegenüber behauptet, aber David wußte es nicht sicher, als er den Alten, der ihn in dem winzigen Vernehmungsraum an dem kleinen Tisch gegenübersaß, prüfend betrachtete. An der hohen Stirn, den schrecklichen Zähnen und den weißen Haarbüscheln an Sokolows Schläfen, mit denen er ein wenig an Ben Gurion erinnerte, war etwas Ergreifendes. Seine durch die sehr starken Brillengläser übernatürlich vergrößerten Augen wirkten ängstlich. Kein Wunder, denn er war von der Polizei vorgeladen worden – ein Mann, der fünfzehn Jahre in sowjetischen Arbeitslagern verbracht hatte.

Trotzdem hatte Sokolow etwas Gerissenes, etwas fast Hinterhältiges an sich, das diesen verletzten Blick relativierte. David erkannte in ihm einen Mann, der es verstand, seine Gekränktheit in berechnende Wut umzumünzen. Er kannte diesen Typ: den Betrüger, den Gelegenheitsdieb, den Streitsüchtigen, den Mann, der so tut, als sei Geld das beste Pflaster für seine Wunden.

»Bevor ich beginne, Ihnen Fragen zu stellen, möchte ich Sie auf einiges aufmerksam machen. Wir ermitteln wegen eines Falls, in den Sie möglicherweise, aber nicht unbedingt verwickelt sind. Bisher werden Sie nicht verdächtigt, und wir haben nicht die Absicht, Anklage gegen Sie zu erheben. Belügen Sie uns jedoch, werden Sie wegen Meineids belangt und können empfindlich bestraft werden. Das sage ich Ihnen, damit Sie erkennen, daß Sie nichts zu gewinnen, aber viel zu verlieren haben, wenn Sie die Wahrheit verschleiern.«

Der alte Mann, der angespannt und nervös wirkte, nickte wortlos.

David zeigte auf den Stapel Pläne, die Micha von den Wänden von Sokolows Schlafzimmer abgenommen hatte und die jetzt zwischen ihnen auf dem Tisch lagen. »Wir wissen, daß diese Entwürfe nicht von Ihnen sind. Wir wissen, daß Sie dafür bezahlt worden sind, daß Sie sie unterzeichnet und sich als Urheber dieses ›Kreises im Quadrat‹ ausgegeben haben. Aus unserer Sicht ist das nicht strafbar. Aber wir wollen wissen, wie Sie dazu gekommen sind, diese Entwürfe als Ihre eigenen auszugeben. Wer ist an Sie herangetreten? Wieviel ist Ihnen dafür geboten worden? Welche Vereinbarungen haben Sie getroffen? Und – was am wichtigsten ist – *warum* hat man *Sie* dafür gebraucht?«

Sergeij Sokolow zögerte. Die riesenhaft vergrößerten Augen blinzelten, wichen Davids Blick aus und blieben zuletzt auf einen Punkt gerichtet. Auf Davids Zeigefinger, der auf seiner Unterschrift auf dem obersten Plan lag.

»Ist das Ihre Unterschrift?«

Der Alte nickte.

»Aber diese Entwürfe stammen nicht von Ihnen?«

Sokolow schüttelte den Kopf.

»Wer hat Sie aufgefordert, Ihren Namen darunterzusetzen?«

»Ich habe einen Brief von einer Stiftung bekommen.«

»Von der *Holyland Art Foundation*?«

»Ja.«

»Was hat in dem Brief gestanden?«

Der Alte hüstelte nervös. »Sie haben mir geschrieben, sie seien auf meine Lage als Bildhauer und Neubürger aufmerksam gemacht worden. Sie haben mich eingeladen, sie aufzusuchen und mit ihnen über einen möglichen öffentlichen Auftrag zu sprechen.«

»Sie sind also ins Büro der Stiftung gegangen. Wer hat Sie dort empfangen?«

»Ein Mr. Hurwitz.«

»Igal Hurwitz?«

Sokolow nickte.

»Und was hat er Ihnen vorgeschlagen?«

»Er hat sich sehr verständnisvoll geäußert, als ich ihm erklärt habe, daß ich leider sehr schlecht sehe. Er hat mich davon überzeugt, daß das kein Problem sei, weil die Möglichkeit bestehe, meinen Entwurf von anderen ausführen zu lassen.«

»Hatten Sie jemals Großprojekte ausgeführt?«

»Ich habe früher Kleinplastiken gemacht.«

»Haben Sie das Hurwitz gesagt?«

»Er hat gemeint, das spiele keine Rolle.«

»Hat er Ihnen dann einen bestimmten Entwurf vorgeschlagen?«

Sokolow zögerte.

»Ja oder nein?«

»Ja.«

David tippte auf den Stapel Pläne. »Ist das der von ihm vorgeschlagene Entwurf gewesen?«

»Ja.«

David lehnte sich zurück. »Sie sind immerhin ehrlich. Ich erkenne an, daß Sie nicht versuchen, mich irrezuführen oder die Wahrheit zu verschleiern. Gehen wir also ein bißchen tiefer. Wer hat die Honorarfrage angeschnitten?«

»Hurwitz.«

»Was hat er gesagt?«

»Er hat mir erklärt, die Stiftung werde mir ein Honorar zahlen.«

»Hat er auch gesagt, wieviel?«

»Je nach Größe des fertigen Werks sollte das Honorar zwischen fünf- und zehntausend Dollar liegen.«

»Das ist eine Menge Geld für ein paar Unterschriften.«

»Offenbar ist sie's ihnen wert gewesen«, antwortete Sokolow grinsend. Dieses Grinsen machte ihn David unsympathisch, aber er behielt seine Reaktion für sich.

»Ja, ich verstehe«, sagte er. »Natürlich sind sie auf Ihre Unterschrift aus gewesen. Aber sind Sie nicht stutzig geworden, als er Ihnen ein Dollarhonorar angeboten hat?«

»Die Stiftung ist in Amerika beheimatet.«

»Aber Hurwitz ist ein Israeli.«

»Ein Angestellter der Stiftung. Das hat er mir selbst erklärt.«

»Und Sie haben ihn nicht gefragt, weshalb die Wahl auf Sie gefallen sei, weshalb ein so großzügiges Honorar gezahlt werde oder was der ›Kreis im Quadrat‹ darstellen solle?« Als Sokolow den Kopf schüttelte, lehnte David sich wieder zurück. »Ja, ich verstehe«, sagte er langsam. »Man hat Ihnen die Chance Ihres Lebens geboten. Ein Vertreter einer amerikanischen Kunststiftung hat Ihnen nicht nur ein großzügiges Honorar, sondern auch Ruhm und Anerkennung als Landschaftskünstler in Aussicht gestellt. Wie wären Sie dazu gekommen, sich den Kopf über diesen wahrhaft glücklichen Umstand zu zerbrechen?«

»Genau!« Sokolow lächelte erfreut, weil der Kriminalbeamte ihn verstand. Hier drohte ihm keine Gefahr; hier konnte er unbesorgt die Wahrheit sagen.

»Sie haben also die Pläne unterzeichnet?«

»Natürlich habe ich sie unterzeichnet.«

»Alle?«

»Ja.«

»Ohne Fragen zu stellen?«

Sokolow lächelte erneut. »Ohne ein Wort zu sagen, glaube ich.«

»Ja, natürlich. Wozu hätten Sie auch reden sollen? Eine ungeschickte Frage hätte das schöne Geschäft zum Platzen bringen können. Die Pläne sind schon fertig gewesen, stimmt's? Sie haben unterschriftsreif für Sie bereitgelegen, nicht wahr? Und das Geld auch? Ein ganzer Stapel Banknoten.« David starrte ihn durchdringend an. »Die Pläne sind fertig gewesen, und das Geld hat in bar danebengelegen. So war's doch, nicht wahr?«

Sokolow nickte eifrig. Ein kluger Kopf, dieser Kriminalbeamte. Er schien seine Fragen alle bereits selbst beantworten zu können.

»Und Sie haben niemals Fragen gestellt, und Sie wissen nicht, weshalb die Wahl auf Sie gefallen ist, und mehr können Sie dazu nicht sagen.«

»Ja!« rief Sokolow aus. »Ja!«

David beugte sich nach vorn. »Warum sind Sie dann zurückgegangen und haben mehr Geld verlangt?«

Sokolow schüttelte den Kopf. »Das hab' ich nie getan!«

»Vor einigen Tagen sind Sie beim Betreten des Büros der Stiftung gesehen worden.«

»Ich bin dort gewesen – ja! Ich habe Hurwitz gesprochen – ja! Aber ich habe nichts verlangt.«

»Warum sind Sie wieder hingegangen?«

»Weil ich ein Darlehen brauchte.«

»Sie hatten die ganzen zehntausend bereits ausgegeben?«

»Das Leben ist hier sehr teuer – vor allem für einen Einwanderer. Das wissen Sie doch!«

»Ja, ich weiß«, bestätigte David. »Die Stiftung hatte Ihnen geholfen. Jetzt haben Sie gehofft, sie werde Ihnen erneut unter die Arme greifen.«

»Richtig!«

»Hat Hurwitz Ihnen ein Darlehen gewährt?«

»Er hat gesagt, darüber müsse die Zentrale in Dallas entscheiden.«

»Und auf diese Entscheidung warten Sie jetzt?«

»Ja, ich warte, ich warte...« Sokolows Blick wurde glasig, und seine Stimme versagte.

David, der ihm seine Erschöpfung anmerkte, stand auf und streckte Sokolow die Hand entgegen. »Meinen Glückwunsch! Sie sind jetzt ein anerkannter israelischer Künstler. Ich danke Ihnen für Ihr Kommen. Sergeant Benyamani fährt Sie nach Hause.«

Später sah er sich gemeinsam mit Micha die Videoaufzeichnung der Vernehmung Sokolows an.

»Ein gerissener alter Bursche«, stellte Micha fest. »Er könnte gelogen haben, aber ich glaub's nicht. Er wirkt ziemlich eingeschüchtert.«

»Die Sache mit dem angeblichen Darlehen war gelogen.«

Micha nickte zustimmend. »Aber er ist clever genug, keine Fragen zu stellen, wenn er einen Haufen Bargeld sieht.«

»Die anderen sind clever gewesen, daß sie ihn genommen haben«, sagte David. »Der ideale Strohmann!«

»Ich verstehe nur diese Sache mit ›Hurwitz‹ nicht. Wir wissen, daß Sokolow mit Ephraim Cohen verhandelt hat. Aber wir wissen auch, daß Cohen nicht der angebliche Polizeibeamte gewesen ist, der die Namen der Unfallzeugen notiert hat.«

»Ich vermute, daß der Name ›Hurwitz‹ von mehreren Leuten benutzt worden ist. Das wäre ein typischer Shin-Bet-Trick, Micha. Wahrscheinlich haben alle an dieser Sache Beteiligten einen Ausweis auf den Namen Hurwitz erhalten. Brauchten sie einen falschen Namen, haben sie sich einfach Igal Hurwitz genannt. Falls jemand ihre Papiere sehen wollte, konnten sie ihm einen auf den Namen Hurwitz ausgestellten Dienstausweis unter die Nase halten.«

»Gute Idee, David! Klar, so kann's gewesen sein.« Micha zögerte. »Was tun wir jetzt?«

»Du fährst nach Tel Aviv und fragst bei der Einwanderungsbehörde nach, ob Harrison Stone ihren Unterlagen nach in diesem Frühjahr in Israel gewesen ist.«

Am nächsten Abend rief Stephanie ihn kurz vor Dienstschluß im Büro an.

»Hör zu, David, ich wollte mit dir über unser Treffen von neulich reden. Ich weiß, daß dir einige meiner Bemerkungen nicht sonderlich gut gefallen haben.«

»Schon gut«, wehrte er ab. »Komm zur Sache, Stephanie! Was willst du von mir?«

»Nichts! Es ist rein geschäftlich. Ich rufe dich an, weil ich seit einiger Zeit alles Mögliche gehört habe. Wie du dich vielleicht erinnern wirst, haben wir über deine Mordfälle gesprochen.«

»Soviel ich mich erinnere, hast du mich davon abzubringen versucht.«

»Ich habe mir Sorgen um dich gemacht, David. Dann habe ich gehört, du seist nicht mehr für die Ermittlungen zuständig. Ich habe nicht mehr daran gedacht, bis ich heute nachmittag zufällig etwas Neues gehört habe.«

»Was?«

»Es geht um den Neunten.«

»Welchen Neunten?«

»Keine Ahnung. Aber mein Informant hat...«

»Wer?«

»Den Namen kann ich dir nicht sagen.«

»Warum nicht?«

»Das mußt du doch verstehen, David! Dieser Mann, dessen Namen ich nicht preisgeben darf, bewegt sich in Extremisten-Kreisen. Er hält die Ohren offen, und ich kenne ihn als höchst zuverlässigen Informanten. Bei einem unserer regelmäßigen Treffen hat er heute erwähnt, er habe gehört, daß demnächst etwas Bedeutsames passieren werde. Dann hat er irgendwas vom Neunten gemurmelt. Da heute der fünfzehnte August ist, vermute ich, daß er den September gemeint hat. Andererseits hat's so geklungen, als stehe dieses Ereignis unmittelbar bevor. Und da das Ganze mit den Morden zusammenzuhängen scheint, die er bereits früher erwähnt hatte, wollte ich dich anrufen und informieren.«

»Erzähl mir mehr!«

»Tut mir leid, ich will diese Beziehung nicht wegen einer inner-israelischen Angelegenheit gefährden.«

»Woher weißt du, daß der Fall nur interne Auswirkungen hat?« Sie schwieg. »Kannst du dir vorstellen, Stephanie, wie oft ich in dieser Sache bewußt irregeführt worden bin? Ich hoffe, daß dein Anruf nicht den gleichen Zweck verfolgt, sonst...«

»David, du bist unmöglich! Ich versuche dir zu helfen, und du wirfst mir praktisch vor, ich... Nein, nein, schon gut! Aber ich finde, daß du manchmal wirklich zuviel erwartest, David. Außerdem hab' ich's eilig. Aber ich hoffe«, fügte sie mit etwas Wehmut in der Stimme hinzu, »daß wir uns irgendwann mal wieder begegnen werden...« Und als er keine Antwort gab: »Schön, das war's dann also. Lebwohl, David.«

Als Dovs Fotos ankamen, zeigte er sie Shoshana.

»Verdammt schlechte Bilder, David.«

»Zeig sie ihr trotzdem.«

Sie sah auf ihre Uhr. »Dann muß ich mich beeilen. Die Schule ist in zwanzig Minuten aus.«

»Stimmt, David, er ist hier gewesen.« Micha telefonierte von der Registratur der Einwanderungsbehörde aus. »Harrison Stone, US-Bürger. Ich halte seinen Vordruck in der Hand.«

»Datum der Einreise?«

»Einen Tag vor dem Unfall.«

»Ausreise?«

»Einen Tag danach. Nicht schlecht!«

David spürte, wie sein Puls sich beschleunigte. »Was steht noch auf dem Vordruck?«

»Er hat als Reisezweck Tourismus angegeben und als Adresse das Tel Aviv Hilton genannt. Ich habe eben dort angerufen. Er hatte dort ein Zimmer reserviert, das er aber wieder abbestellt hat.«

»Wo hat er also gewohnt?«

»He, David, ich hab' diesen Vordruck erst vor wenigen Minuten in die Hand gekriegt!«

»Da du nun schon dort unten bist, übernimmst du Tel Aviv. Ich lasse Uri die hiesigen Hotels abklappern.«

»David...«

»Ich will wissen, wo er gewohnt hat, verdammt noch mal! Du bleibst also dran, bis du's weißt. Wiederseh'n!«

Shoshana verzog ihr Gesicht. »Amit kann sich nicht an ihn erinnern. Ich hätte Lust gehabt, ihr..., aber dann habe ich daran gedacht, daß du mich davor gewarnt hast, sie zu beeinflussen.«

»Mach dir nichts daraus, Shoshana. Sie ist eben noch ein kleines Mädchen. Ich möchte, daß du jetzt mit Uri zusammenarbeitest. Hilf ihm rauszukriegen, wo Stone seine Nächte verbracht hat.«

Dov rief erneut aus Dallas an:

»Mit Gael Rubins Hilfe bin ich endlich zu Peter Crownshield vorgedrungen. Er ist Stones PR-Mann und hat nach Gaels Auskunft den Auftrag, neugierige Journalisten abzuwehren und Stone vor Belästigungen dieser Art zu schützen. Dieser Crownshield ist ein aalglatter Bursche. Er hat sich große Mühe gegeben, etwa bei mir entstandene falsche Eindrücke zu korrigieren.

›Mr. Stone ist ein zuverlässiger Freund Israels, auch wenn gerüchteweise behauptet wird, seine Unterstützung basiere auf einer biblischen Prophezeiung‹, hat er mir erklärt. ›Welche Prophezeiung meinen Sie?‹ habe ich in der Rolle des nicht allzu hellen israelischen Journalisten gefragt. ›Daß die Wiederkehr Christi erst nach der Vernichtung Israels möglich ist‹, hat er geantwortet. Und er hat betont, daß Stone diese Überzeugung nicht teilt. ›Mr. Stone‹, hat er gesagt, ›könnte sich eine Wiederkehr Christi schon morgen vorstellen. Er unterstützt Israel ohne Wenn und Aber. Und die *Holyland Art Foundation* hat Mr. Stone zur Förderung von Kunst und Schönheit im Heiligen Land gegründet.‹«

»Das war's wohl?«

»Ja, so ziemlich.«

»Wie geht's Miss Rubin?«

»Sie möchte bald mal auf Besuch nach Israel kommen.«

»Amerikanerinnen sind nett.«

»Ich weiß, daß du dich da auskennst, David – deswegen lebst du mit einer Russin zusammen. Ganz im Ernst: Ich glaube nicht, daß ich hier noch was ausrichten kann. Meine Reserveübung...«

»Komm zurück, Dov. Du hast Klassearbeit geleistet.«

David war noch nie im Mishkenot Sha'ananim gewesen, obwohl er die »Friedliche Heimstätte« gut kannte. Dieses bekannte Bauwerk aus dem 19. Jahrhundert – eines der ersten außerhalb der Mauern der Altstadt errichteten Gebäude – war nach dem Sechstagekrieg zu einem Gästehaus für ausländische Schriftsteller, Künstler und Musiker umgebaut worden.

Anna und er gingen von Abu Tor aus zu Fuß dorthin. Anatolij Rokowski empfing sie in der Eingangshalle. Er umarmte Anna, schüttelte David die Hand und begleitete sie eine Treppe hinunter zu einem Korridor, an dem numerierte Zimmer lagen, zwischen denen kleine, durch Oberlichter erhellte Wintergärten angelegt waren.

David, der Rokowski zum ersten Mal zu Gesicht bekam, beobachtete den vorangehenden Russen. Targows Vertrauter, der sehr hager war, hielt sich schlecht, trug sein graues Haar kurz und bewegte sich auffällig leise, fast schleichend. Sein Gang erinnerte David an den eines Gefängniswärters, der durch die Korridore schleicht und versucht, Häftlinge bei Verstößen gegen die Anstaltsordnung zu ertappen.

Targows Begrüßung war überschwenglich, sein Händedruck kräftig. »Herein mit euch! Nur herein! Wir haben Tee vorbereitet. Und es gibt auch Wodka. Ich freue mich, Sie wiederzusehen. Und Anna natürlich auch. Es ist immer ein Vergnügen, sie zu sehen.« Er schloß sie in die Arme.

Als David erwähnte, daß er zum ersten Mal im Mishkenot sei, machte Targow mit ihm einen kurzen Rundgang durch sein Apartment. Es bestand aus einem Schlafzimmer mit Bad, einer kleinen Küche, dem Arbeitszimmer und einem weiteren Schlafzimmer mit Bad im Obergeschoß. Als sie ins Wohnzimmer zurückkamen, saß Anna mit einem großen Glas Tee in der Hand auf dem Sofa und unterhielt sich auf russisch mit Rokowski.

»Die Behandlung ist sehr zuvorkommend. Absolute Ruhe, damit man arbeiten kann. Und wenn man jemanden sprechen möchte – bis hinauf zum Staatspräsidenten...« Targow schnalzte mit den Fingern. »Alles wird blitzschnell arrangiert!«

David setzte sich neben Anna. »Was Sokolow betrifft...«

»Ja, ja!« Targow beugte sich eifrig nach vorn. »Mich interessiert brennend, was Sie von ihm halten.«

»Eigentlich nicht allzuviel. Ein komplizierter Mann. Ein Mann, der es versteht, den Mund zu halten, wenn Geld auf dem Tisch liegt. Ein Mann, dem nur sein eigenes Überleben wichtig ist. Für ihn gibt's keine Ideologien, keine Loyalitäten oder Prinzipien mehr. Kurz gesagt jemand, der in dieser Situation den perfekten Strohmann abgibt.«

»Ja, das glaube ich auch. Er ist ein zäher alter *Zeck*. Aber Sie dürfen nicht vergessen, daß Sträflinge Meister im Verbergen werden.«

»Er hat jedenfalls behauptet, nichts zu wissen. Er sei für seine Unterschrift auf den Plänen bezahlt worden und damit zufrieden gewesen.«

»Und das Zusatzhonorar? Was hat er dazu gesagt?«

»Er leugnet, mehr Geld verlangt oder erhalten zu haben.«

»Lügner! Rokowski hat alles gehört!«

»Ja, ich weiß. Deswegen bin ich hier. Ich möchte herausbekommen, weshalb er in diesem Punkt gelogen hat. Das muß mit den Fotos zusammenhängen, die Sie ihm gegeben haben. Falls Sie noch welche aus dieser Serie haben, würde ich sie gern sehen.«

Targow schnalzte mit den Fingern. Rokowski sprang auf und verschwand im Arbeitszimmer. »Als ich ihm die Fotos gegeben habe«, berichtete Targow, »habe ich ihn auf die bereits einsetzende Erosion aufmerksam gemacht. Ich wollte ihm beweisen, wie rasch sein Meisterwerk verfällt und daß es nicht lange Bestand haben würde.«

Rokowski kam mit einem Stapel Polaroidbilder zurück.

Während David sie betrachtete, empörte Targow sich weiter. »›Kreis im Quadrat‹. Lächerlich! Wenn so was heutzutage als Skulptur gilt, wird's Zeit, daß ich mich zur Ruhe setze.«

»Wir haben schon überlegt, ob das eine Art Piktogramm sein könnte«, sagte Rokowski. »Ein Symbol. Oder ein Schriftzeichen.«

David betrachtete die Aufnahmen mit zusammengekniffenen Augen. »Ein Schriftzeichen? Eher unwahrscheinlich.«

»Was dann?«

»Vielleicht kein Symbol. Überhaupt nicht abstrakt. Vielleicht etwas sehr Konkretes.«

»Zum Beispiel?« fragte Targow.

»Wer weiß?« David zuckte mit den Schultern. »Vielleicht eine Art Nachbildung.« Er machte eine Pause. »Vielleicht sogar etwas, das auf irgendwas hinweist... eine Art Plan oder Karte.«

Uri fand das Hotel: Stone hatte zwei Nächte im King Salomon Sheraton in Jerusalem verbracht. Seine Suite war einen Monat im voraus durch ein Reisebüro in Dallas reserviert worden.

David sprach mit dem Direktor und ließ sich inoffiziell eine Kopie von Stones Zimmerrechnung geben. Eingehende Anrufe waren natürlich nicht verzeichnet, aber Stone hatte vier Gespräche nach draußen geführt. Als erstes hatte er in Dallas angerufen. David schickte Shoshana zur Telefongesellschaft, um die anderen drei nachprüfen zu lassen. Dann rief er Micha in Tel Aviv an und wies ihn an, Dov vom Flugzeug abzuholen und mit ihm zurückzukommen.

Eine halbe Stunde später war Shoshana mit den Namen und Adressen zurück. Das erste Ortsgespräch hatte Stone mit der hiesigen TWA-Vertretung geführt, um seinen Rückflug am nächsten Abend zu bestätigen. Beim zweiten Mal hatte er mit der *Holyland Art Foundation* in der Histadrut Street telefoniert, und der dritte Anruf – am Unfalltag um Punkt 11 Uhr – hatte einer Telefonzelle vor der Apotheke Alba in der Jaffa Road gegolten.

»Das ist der Treffpunkt gewesen«, sagte David. »Ihre Zusammenkunft ist sorgfältig vorbereitet gewesen.«

»Das wär's also!« meinte Uri.

»Noch nicht ganz. Wir können unsere Theorie bisher nicht beweisen.«

»Unsinn! Er bestellt zwei Hotelzimmer und schreibt das abbestellte Hotel auf den Einreisefragebogen.«

»Ganz schön verdächtig«, sagte Shoshana.

»Das hilft uns nicht weiter. Wir brauchen handfeste Beweise.«

Uri und Shoshana wechselten einen ratlosen Blick. Und David fragte sich, ob diese Spur sich als ebensolche Sackgasse erweisen werde wie die mit dem Kleinbus.

»Irgendwie müssen sie ihn ins Sheraton zurückgebracht haben«, stellte Shoshana fest. »Vielleicht mit einem Taxi? Aber daran erinnert sich bestimmt niemand mehr.«

»Aber was ist, wenn sie ihn nicht gleich zurückgebracht haben? Immerhin war er doch verletzt! Was ist, wenn sie ihn zuerst in ein Krankenhaus gefahren haben?« David spürte, daß sie aufgeregt wurden. »Los, worauf wartet ihr noch?«

Sie riefen sämtliche Krankenhäuser an und erkundigten sich nach Patienten, die am betreffenden Tag ambulant behandelt worden waren. Nachdem diese Befragungsaktion ergebnislos blieb, machten sie sich daran, systematisch sämtliche Jerusalemer Ärzte anzurufen. Als Micha mit Dov aufkreuzte, der erschöpft und übernächtigt war, setzte David sie ebenfalls an Telefone. Kurz vor 16 Uhr stand Uri ruckartig auf.

»Ich hab' ihn!«

Dr. Shmuel Mendler, den David in seiner Praxis in der Balfour Street aufsuchte, erinnerte sich gut an seinen amerikanischen Patienten.

»O ja«, sagte der grauhaarige Orthopäde, als David ihm die schlechten Fernseh-Fotos zeigte, »das ist Mr. Gerald Morris! Ganz bestimmt. Er ist auf Empfehlung eines Freundes zu mir gekommen. Er hatte einen kleinen Autounfall gehabt und deshalb ziemliche Schmerzen.«

Dr. Mendler konsultierte das Krankenblatt des Patienten. »Er hatte sich das Knie verletzt. Ich habe es geröntgt. Nichts gebrochen, nichts ernstlich verletzt. Ich habe ihm Demerol injiziert und einen Knieverband angelegt. Er wollte noch am selben Abend nach Amerika zurückfliegen. Ich habe ihm geraten, unmittelbar nach seiner Rückkehr seinen Hausarzt zu konsultieren.«

»Und wer ist dieser Freund gewesen, der Mr. Morris zu Ihnen geschickt hat?«

»Eigentlich ein Nachbar. Wir wohnen gleich um die Ecke im selben Haus.«

»In der Arlosoroff Street?« fragte David.

»Ja, ganz recht.«
»Ein gewisser Ephraim Cohen?«
»Seltsam!« rief Dr. Mendler aus. »Wie seltsam, daß Sie das wissen!«

David schrieb den Namen Stone in den mittleren Kreis auf der Tafel, trat einen Schritt zurück und schüttelte den Kopf. »Gati. Stone. Katzer.«

»Was kommt dabei raus? Du hast behauptet, der Mann in der Mitte stelle das Verbindungsglied dar.«

»Sie gehören nicht zusammen, das steht fest«, meinte Uri.

»Warum nicht?«

»Zwei Juden und ein Christ. Das paßt irgendwie nicht zusammen.«

»Ja, aber mit welcher Art von Juden haben wir's hier zu tun? Und mit was für einem Christen? Von den beiden Israelis ist einer ein fundamentalistischer Rabbi. Und der Christ ist seinerseits ein fundamentalistischer Prediger.«

»Und was hat Gati dann mit den beiden zu schaffen?«

David überlegte. »Vielleicht sehen wir die Sache falsch. Vielleicht ist Gati der eigentliche Verbindungsmann...« Eine Pause. »Drei unterschiedliche Typen, die alle behaupten, nur das Beste für Israel zu wollen. Ein rechtsextremer jüdischer Politiker, ein fundamentalistischer ausländischer Kapitalist und dazwischen ein pensionierter Stratege. Das muß ja eine wahnsinnige Konversation gewesen sein. Und dazu kommt ein halbblinder alter Russe, dem Ephraim Cohen, der sich als Angestellter von Stones *Holyland Art Foundation* ausgegeben hat, einen Auftrag erteilt hat. Sokolow hat die Entwürfe für eine Landschaftsskulptur unterschrieben, die niemand genehmigt hat, die keinen interessiert und die praktisch unzugänglich ist. Aus all diesen Informationen müßten sich doch allmählich bestimmte Schlußfolgerungen ziehen lassen! Ich schlage vor, daß wir einmal darüber schlafen, uns morgen früh um sieben treffen, uns einschließen und gemeinsam so lange darüber nachdenken, bis wir des Rätsels Lösung haben.«

»Ich komme immer wieder auf einen Punkt zurück«, sagte er Anna an diesem Abend. »Ephraim Cohen ist Kommandant in Gideons Staffel gewesen und hat später in Gatis Stab Dienst getan. Damit wäre die Verbindung hergestellt. Nehmen wir einmal an, Cohen hätte von Gideon irgendeinen von Gati angeordneten inoffiziellen militärischen Einsatz verlangt. Als Gideon Selbstmord verübt hat, ist seine Staffel mit voller Bewaffnung auf einem Übungsflug gewesen. Und als er sich von ihr getrennt hat, ist ihm keiner nachgeflogen oder hat ihn über Funk zurückzuholen versucht. Als Jagdbomberpilot ist Gideon Spezialist für Präzisionsangriffe im Tiefflug gewesen. Gati hat mir selbst bestätigt, er sei einer der besten Piloten gewesen, die er je befehligt habe. Könnte Cohen ihn nicht angewiesen haben, irgendwo hinzufliegen und ein bestimmtes Ziel anzugreifen? Könnte das nicht der Auftrag gewesen sein, den Gideon sich auszführen geweigert hat – irgendein Ziel mit Bomben und Raketen anzugreifen?«

Um fünf Uhr morgens wachte David in Schweiß gebadet auf. Plötzlich war ihm klar, worum es bei der »Landschaftsskulptur« ging: *die Krater, es ging um die Krater!*

Auf den ursprünglichen Entwürfen und den unmittelbar nach Fertigstellung des »Kreises im Quadrat« gemachten Fotos waren keine Krater zu sehen gewesen. Aber auf Rokowskis Polaroidbildern waren deutlich welche zu erkennen. Sie hatten Sokolow erregt und ihn dazu gebracht, zur *Holyland Art Foundation* zu laufen, um zu versuchen, ein Zusatzhonorar herauszuholen.

Krater bedeuteten Bomben. Bomben bedeuteten ein Bombenziel. Die israelischen Piloten, die damals den irakischen

Forschungsreaktor zerstört hatten, hatten monatelang Übungsangriffe auf eine in der Wüste errichtete Attrappe geflogen.

Der »Kreis im Quadrat« ist ein Übungsziel für Jagdbomber! Auch diesmal soll wieder ein Kuppelbau getroffen werden!

Er rüttelte Anna wach.

»Jetzt weiß ich's«, sagte er. »Ich weiß, was sie vorhaben.« *Der Neunte!* Er griff nach dem Telefonhörer.

»Rafi?«

David schüttelte den Kopf. »Heute ist der neunte Aw, ein Trauer- und Fastentag zur Erinnerung an die zweimalige Zerstörung des Tempels. Für den Dienstweg reicht die Zeit nicht mehr. Ich muß mich direkt an den Minister wenden.«

STERBEN IN JERUSALEM

Nach dem Aufwachen blieb Targow noch eine Weile mit geschlossenen Augen liegen und atmete die süßen Düfte ein. Diese aus den terrassenartig angelegten Gärten des Mishkenot Sha'ananims stammenden Wohlgerüche drangen jeden Morgen durch die vergitterten Fenster, die er wegen der nächtlichen Brise offenließ. An diesem Freitagmorgen beschäftigte er sich jedoch mit Sokolows rätselhafter Landschaftsskulptur. Er war verblüfft gewesen, als David Bar-Lev von der Möglichkeit gesprochen hatte, sie sei vielleicht gar kein abstraktes Ideogramm, sondern eine Art Nachbildung... oder ein Plan.

Aber eine Nachbildung wovon? Im Traum hatte er eine plastische Darstellung gesehen, die er sich jetzt ins Gedächtnis zuruckzurufen versuchte. Er hatte die Skulptur wie bei seinem ersten Besuch aus der Luft gesehen; er hatte ein ohrenbetäubendes Donnern gehört, und Sergeijs Werk war vor seinen Augen größer geworden. Ja, er war auf die Skulptur zugeflogen, hatte sich wie ein Habicht auf sie gestürzt. Was stellte sie also dar? Die Lösung schien zum Greifen nahe zu sein...

Sergeij hatte das Ding nicht entworfen, und es hatte nichts mit Kunst zu tun. Aber es erfüllte einen Zweck, den er hätte erraten müssen, wenn er mehr auf jenen herandonnernden israelischen Jagdbomber geachtet hätte. Sein Anflug, das Hochziehen und das Herabstoßen hätten Erklärung genug für die Markierungen sein müssen. Aber er hatte sich geweigert, ihre Bedeutung wahrzunehmen, und sich statt dessen etwas quälend Geheimnisvolles zurechtgelegt.

Targow war jetzt hellwach. Er spielte mit dem »Kreis im Quadrat«, drehte und wendete ihn nach allen Seiten und begutachtete ihn aus verschiedenen Blickwinkeln. Er hatte ihn schon einmal gesehen. Mehrmals! Hier in Jerusalem. Er prägte sich die Form erneut ein, stand auf, trat an die Kommode und suchte seinen Stadtplan aus der obersten Schublade heraus. Ein Blick darauf genügte ihm, um zu wissen, daß er recht hatte.

»Schneller!« rief Targow. Rokowski raste die Altstadtmauer entlang. »Schneller! Schneller!« Targow mußte sich beherrschen, um seinen unausgeschlafenen, noch nicht rasierten Sekretär nicht in die Rippen zu boxen.

Am Dungtor führte die Straße steil und kurvenreich ins Kidrontal hinunter, um dann in die Jericho Road zu münden. Beim Anstieg zum Skopusberg wären sie beinahe mit einem Gemüselaster zusammengestoßen. Aber Rokowski fuhr geschickt und sicher. Nur elf Minuten nachdem er Targow im Mishkenot Sha'ananim abgeholt hatte, hielt er mit quietschenden Bremsen vor dem Aussichtspunkt auf dem Ölberg.

Es war 6.55 Uhr. Die vor eineinhalb Stunden aufgegangene Sonne stand im Osten hinter ihnen. Die Stadt unter ihnen glitzerte; in einer weiteren halben Stunde würde sie zu dampfen beginnen. Die zinnengekrönten Mauern um den Tempelberg bildeten eine blendend helle Bastion, die Bäume hinter ihnen waren staubiggrün, und seine beiden großen Bauten, die silberne Kuppel der El-Aqsa-Moschee und der größere goldene Felsendom, reflektierten die Sonnenstrahlen wie Spiegel.

»Tola, sieh dir die Stadt dort unten an!«

»Das tue ich bereits.« Rokowski kniff die Augen zusammen. »Worauf soll ich achten?«

»Auf das Gebilde in der Wüste. Auf das Ding, das wir besichtigt haben. Auf den Plan!«

Rokowski schüttelte den Kopf. »Ich weiß, daß Bar-Lev davon gesprochen hat, es könnte ein Plan sein, aber ich sehe nichts, was...«

»Wir haben's schon ein Dutzendmal gesehen!«

»Gib mir wenigstens einen Hinweis, Sascha.«

»Sieh dir die Umrisse des Tempelbergs an – auch er bildet ein Trapezoid. Und der Kreis in der Nähe des Mittelpunkts?« Targow zeigte auf die goldene Kuppel. »Dieser Kreis ist der Felsendom! Siehst du's jetzt?«

Rokowski nickte langsam. »Die kürzere Seite weist nach Süden, und...«

»Richtig! Das Ganze ist eine originalgroße Nachbildung – bis hin zur Orientierung nach Himmelsrichtungen. Und die Krater, die wir in der Nähe des Kreises gesehen haben... Denk darüber nach, was wir dort draußen gesehen haben, Tola: einen Plan des Tempelbergs, von meinem alten Freund Sergeij unterzeichnet, weit draußen in der Wüste errichtet. Für wen? Und wozu?«

»Sie wollen einen Krieg anzetteln«, sagte David. Er drehte sich halb um, weil er den Minister im Auge behalten wollte. Er hatte ihn geweckt, und der ältere Mann, dessen Gesichtsausdruck noch immer nicht erkennen ließ, was er dachte, ging jetzt in Lederpantoffeln und einem seidenen Schlafrock mit Blumenmuster im Wohnzimmer seiner Villa auf und ab.

»Ja – einen Krieg. Das klingt logisch«, sagte der Minister. Sein perfekt gescheiteltes silbergraues Haar reflektierte die Morgensonne. »Ein kluger Kopf wie Sie ist eigentlich zu schade für die Jerusalemer Polizei. Ich könnte Sie in meinem persönlichen Stab brauchen.«

»Ich bin nicht hergekommen, um...«

»Ich weiß, weshalb Sie hergekommen sind. Sie haben eine

sehr hübsche Theorie entwickelt. Das Dumme ist nur, daß Sie sie nicht beweisen können.«

»Ich werde mein Bestes tun«, versicherte David ihm. »Nach dem jüdischen Kalender...«

»Der Feiertag – ja, ich verstehe. Aber welchen Zusammenhang soll es da geben?«

»Gibt's einen besseren Tag als den Jahrestag der Zerstörung unseres Tempels durch die Römer? Der Pilot fliegt an, wirft seine Bomben und vernichtet den jetzt auf unserem Tempelberg stehenden Felsendom. Dann laufen jüdische Fanatiker jubelnd zusammen: der Tempelberg ist wieder unser, der Tempel wird wiederaufgebaut, das Messianische Zeitalter ist angebrochen! Gleichzeitig schäumen die Araber, weil eine der heiligsten Stätten des Islams zerstört worden ist, und rufen zum Kampf gegen die Ungläubigen auf. Um uns zu verteidigen, schießen wir auf randalierende Araber, auf den Straßen fließt Blut, und wir befinden uns plötzlich in einem Heiligen Krieg. Soll ich angesichts dieser Gefahr, die seit Sonnenaufgang droht, wirklich losziehen, um mühselig Beweise zu sammeln?«

Der Minister war stehengeblieben und starrte ihn mit zusammengekniffenen Augen an. »Nicht so gönnerhaft, Captain! Noch weiß ich nicht, ob Sie mit einem echten Fall oder einer Phantasiegeschichte zu mir gekommen sind.«

Er hatte recht. David wußte, daß Sarkasmus fehl am Platze war. »Entschuldigen Sie bitte«, sagte er. »Ich verstehe, daß meine Theorie Ihnen etwas ausgefallen vorkommen muß.«

»Ausgefallen? Sie ist empörend! Wir wissen, daß Fanatiker solche Pläne schmieden. Aber Männer dieses Kalibers, ob wir sie nun mögen oder nicht – das ist nahezu unglaublich...«

»Ich weiß, deshalb habe ich selbst so lange gebraucht, um die Wahrheit zu erkennen.« David machte eine Pause. »Jeder der Männer in dem Kleinbus hat einen Grund für seine Beteiligung an dieser Verschwörung gehabt. Katzer, weil er sich ein Blutbad *wünscht* – zur Rechtfertigung seines Plans, die Araber zu vertreiben. Stone, weil er an die Prophezeiung aus der Bibel glaubt. Und Gati, weil die Tatsache, daß wir den ›strategisch wichtigen‹ Tempelberg 1967 ›geräumt‹ haben, ihm beweist, daß wir verweichlicht sind. Ihr Rezept lautet: Bombardiert den Felsendom, nehmt den Tempelberg und korrigiert die Grenzziehung! Aber diesmal wird nicht am Jordan halt gemacht, sondern auch gleich die Eastbank erobert!

Ein perfektes Trio, Minister: ein Ideologe, ein Multimillionär und ein militärisches Genie. Vor eineinhalb Jahren haben sie versucht, meinen Bruder zu erpressen. Er wollte nicht mitmachen, hat seine Bomben über dem Meer abgeworfen und ist in den Tod geflogen. Ich vermute, daß sie dieses Jahr einen Piloten mit viel Geld bestochen haben. Deshalb müssen wir jetzt schnell handeln, bevor das Flugzeug, das den Angriff fliegen soll, in der Luft ist!«

»Eine feurige kleine Rede. Was erwarten Sie jetzt von mir?«

»Sie sollen Festnahmen anordnen.«

»Ohne Haftbefehle?«

»Hier sind Menschen in Gefahr.«

Der Minister zuckte zusammen. »Ich bin Strafverteidiger. General Gati ist ein Nationalheld. Katzer ist ein bedeutender Politiker, so scheußlich er auch ist. Wären die beiden meine Mandanten, wüßte ich genau, was ich täte. Ich würde drohen. Klagen. Der Polizei Vorwürfe machen. Und ich würde geradewegs zu einem Richter marschieren und sie binnen einer Stunde aus der Haft freibekommen.«

»Sie behaupten also, den beiden sei nicht beizukommen. Darüber denke ich anders, aber ich bin eben ein Polizist, kein Jurist. Außerdem spielt das keine Rolle. Es kommt darauf an, die Verschwörung aufzudecken. Sobald sie aufgedeckt ist, müssen sie ihr Vorhaben aufgeben. Sie haben vor nichts mehr Angst, als enttarnt zu werden – deshalb haben sie auch die Unfallzeugen beseitigen lassen.«

»Und wenn Sie sich täuschen?«

»Ich täusche mich nicht.«

»Wenn Sie's doch tun?«

»Dann entlassen Sie mich aus dem Polizeidienst.«

Der Minister starrte ihn abschätzend an. »Das könnte ich sofort tun, wenn ich wollte.«

David erwiderte unerschrocken seinen Blick; er wußte recht gut, daß er jetzt nicht blinzeln durfte.

»Sie sind wirklich bereit, dafür Ihre Karriere zu riskieren?«

»Sonst wäre ich nicht hergekommen.«

David blieb schweigend sitzen, während der Minister überlegte: Er zögerte, kniff die Augen zusammen und nickte zuletzt rasch.

»Gut, verhaften Sie die beiden.« Er trat an seinen Schreibtisch. »Aber beeilen Sie sich gefälligst! Ich rufe den Ministerpräsidenten an und empfehle ihm ein einstündiges Flugverbot für unsere Militärmaschinen.« Der Minister drehte sich nach David um. »Ist Ihnen klar, was das bedeutet? Ich kann nur hoffen, daß Sie recht haben, Captain, denn falls Sie unrecht haben und in dieser Stunde, in der unser Luftraum unverteidigt ist, passiert irgend etwas, sind Sie und ich die größten Ärsche, die dieses Land je gesehen hat.«

Targow lief stundenlang durch die Altstadt. Die Hitze war fast unerträglich. Der Staub Jerusalems setzte sich an seiner Kleidung fest. Hier gab es so viele Geheimnisse: enge Gassen, verborgene Winkel, überdeckte Gänge, die vor verriegelten Toren endeten. Aber über dem Labyrinth ragte die alles dominierende riesige goldene Kuppel auf.

Etwas Schönes wie diese Kuppel zu zerstören – was konnte Sergeij damit beabsichtigt haben? Sobald Targow sich diese Frage stellte, wußte er jedoch bereits, wie die Antwort lauten mußte. Sokolows Motiv war der klassische Zorn des mittelmäßigen Künstler auf alles, das seine Mittelmäßigkeit verspottete. Und wer kein großes Kunstwerk schaffen konnte, hatte wenigstens das Recht, eines zu zerstören. Sergeij war nicht besser als jener an seiner Erfolglosigkeit verzweifelnde miese kleine holländische Maler, der Rembrandts »Nachtwache« mit einem Messer zerschnitten hatte.

Er rief Rokowski von der Wechselstube eines Arabers am Herodestor aus an.

»Bring ihn her!«

»Wo bist du?«

»In der Altstadt. Bring ihn zum Davidsturm.«

»Wann?«

»Sobald du ihn gefunden hast.«

»Und wenn ich ihn nicht finde?«

»Sieh zu, daß du das Schwein findest!« Targow legte auf und verschwand wieder im Labyrinth.

»Du hast Latsky und mich übergangen!« Rafi war stinkwütend.

»Ich hab' getan, was mir notwendig erschienen ist.«

»Einen Lümmel wie Uri Schuster loszuschicken, um Rabbi Katzer Handschellen anlegen zu lassen! Die zweiundzwanzigjährige Shoshana Nahon loszuschicken, um General Gati verhaften zu lassen!«

»Das sind meine Leute, Rafi. Wen hätte ich sonst losschikken sollen?«

»Soviel ich gehört habe, hast du Ephraim Cohen persönlich vor seiner Frau und den Kindern aus dem Bett geholt.«

»Warum nicht?«

»Menschenskind, Cohen ist ein einflußreicher Mann! Solche Leute macht man sich nicht zu Feinden. Du bist wohl übergeschnappt?«

»Falls ich's bin, muß ich selbst dafür büßen, stimmt's?«

»Dafür wirst du allerdings büßen! Latsky kriegt kaum noch Luft, so knallrot ist er angelaufen.« Rafi schüttelte den Kopf, holte tief Luft und bemühte sich sichtlich um Ruhe. »Du bist zu sehr in diese Geschichte verwickelt, David. Diese ganze Sache mit Gideon und Ephraim Cohen...«

»Was ist damit?«

»Du kannst einfach nicht mehr klar denken.« Er griff nach seiner Pfeife und schlug damit in seine Handfläche. »Und was Miss Stephanie Porter und ihre unbestätigten Gerüchte über ›den Neunten‹ betrifft – alles Schwindel, sage ich dir! Das Weibsbild verfolgt irgendwelche eigenen Zwecke und hat dich so unter dem Pantoffel, daß du gar nicht merkst, wie du manipuliert wirst.«

David spürte, daß er rot anlief und daß ihm der Schweiß ausbrach. Er hätte Rafi am liebsten einen Kinnhaken verpaßt. Aber er beherrschte sich, marschierte wortlos hinaus und knallte die Tür hinter sich zu.

Als David mit der Wiedergabe von Rafis Zweifeln zu Ende war, starrten alle außer Dov zu Boden.

»Er hat unrecht, David. Du hast den Fall gelöst, und er ist eifersüchtig.« Dov lächelte. »So einfach ist das!«

»Der Teufel soll Rafi holen!« meinte Shoshana. »Wer hat Lust in 'ner Scheißeinheit zu dienen, deren Scheißkommandeur nicht weiß, was läuft?«

Rebecca Marcus, die Shoshanas Ausdrucksweise empörend fand, saß steif aufgerichtet vor ihrer Schreibmaschine.

»Ein großartiges Gefühl, Katzer festzunehmen«, sagte Uri. »Wie er sich gewunden hat, als ich ihm Handschellen angelegt habe!«

»Er ist schon wieder draußen«, stellte Micha trocken fest.

»Er hat ständig einen Anwalt in Bereitschaft. Seine Leibwächter haben den Kerl benachrichtigt, der sofort mit einer Haftbeschwerde angerückt ist.«

»Gati hätte mich am liebsten erwürgt«, berichtete Shoshana. »Er hat schwer geschluckt, als ich ihm den Grund für seine Festnahme eröffnet habe.« Sie machte ein ernstes Gesicht und sagte streng: »Behinderung polizeilicher Ermittlungen und Verschwörung.« Dann konnte sie nicht mehr an sich halten und begann zu kichern.

»Cohen ist ganz cool geblieben«, erzählte David ihnen. »›Was hab' ich Schlimmes getan? Ich hab' einem verletzten Amerikaner, einem guten Freund Israels, einen Arzt empfohlen.‹ Er hat mir ins Gesicht gelacht. Aber sein Lachen ist nicht echt gewesen. Einerseits hält er sich für immun; andererseits weiß er, daß er tief in der Scheiße steckt.«

»Wir haben richtig gehandelt, David«, bestätigte Dov ernst. »Diese Kerle spielen gefährlich. Denen sind die Spielregeln egal.«

David liebte sie alle: Sie waren seine Leute; sie hatten etwas Außergewöhnliches geleistet und saßen jetzt wie eine kleine Kommandoeinheit nach einem gefährlichen Unternehmen zusammen, durchlebten gemeinsam die dramatischen Höhepunkte, erzählten sich ihre Erlebnisse und staunten über ihre eigene Kühnheit.

Selbst Rebecca Marcus, die normalerweise auf Abstand achtete, schien die Schilderungen aufregend zu finden. Als das Telefon klingelte, riß sie den Hörer von der Gabel.

»Für dich, David. Anna. Sie sagt, es sei dringend.«

David betrat die Altstadt durchs Jaffator und folgte der schmalen David Street, der markierten Trennlinie zwischen dem Christlichen und dem Armenischen Viertel, auf der sich an diesem Freitagnachmittag Pilger, Kauflustige, Touristen und alle möglichen Einheimischen drängten. David schob sich an Menschen und Maultieren vorbei, atmete die Gerüche von Abwasserkanälen und Garküchen ein und erreichte schließlich den Tunnel ins alte römische Cardo, das ausgegraben, restauriert und in eine unterirdische Ladenstraße mit eleganten Geschäften verwandelt worden war.

Anna erwartete ihn vor Steimatzskys Zeitungskiosk. Er küßte sie auf die Wange.

»Was ist passiert?«

»Es geht um Targow. Rokowski hat mich angerufen. Er hat gesagt, Sascha führe sich wie ein Verrückter auf, irre hier umher und brabbele davon, daß Sokolow an einer Verschwörung zur Bombardierung des Felsendoms beteiligt sei. Sascha hat auf einem Treffen am Davidsturm betanden, und Rokowski hat Sokolow diese Aufforderung überbracht. Aber jetzt hat er Angst. Er hält beide für verrückt und fürchtet, sie könnten einander etwas antun.«

Die Zitadelle mit dem Davidsturm erhebt sich unmittelbar neben dem Jaffator. Targow stand dort auf der höchsten Plattform und erwartete Sergeij Sokolow. An diesem glühendheißen Augusttag wehte nicht die leiseste Brise. Der Turm war menschenleer, und die Altstadt wirkte wie ein Backofen. Straßenlärm drang an seine Ohren: die lauten Stimmen von Arabern, Christen und Juden, die das Labyrinth bevölkerten und alle darauf versessen waren, ihren Anteil an der kostbaren Fläche zu vergrößern.

»Du hast mich rufen lassen?«

Targow starrte in die Tiefe. Sokolow stand breitbeinig mitten im Hof, während der sichtlich nervöse Rokowski einige Meter hinter ihm wartete.

»Der große Bildhauer wünscht mich zu sprechen. Er *befiehlt* mein Erscheinen.« Sokolow verbeugte sich übertrieben tief und begann dann, die erste schmale Treppe hinaufzuhasten. Targow, der ihn dabei beobachtete, stellte fest, daß sein Gesichtsausdruck sich merklich verändert hatte. Die Leere, die Ausdruckslosigkeit waren verschwunden und durch spöttischen Trotz ersetzt worden.

»Es ist wegen der *Nase*, stimmt's?« Sergeijs Tonfall klang verbittert. Sein Gesicht war wutverzerrt, als er jetzt die zweite Treppe hinaufstürmte.

»Der Teufel soll deine Scheißnase holen!« brüllte Targow, als Sergeij nur noch eine Treppe unter ihm war.

Sokolow blieb verblüfft auf dem Treppenabsatz stehen. »Was soll das heißen – *meine* Nase?«

»*Deine*, du Idiot! Du hast für den Märtyrer Modell gestanden, aber du bist zu dumm gewesen, um dich wiederzuerkennen.« Targow lachte. »Du hast deine eigene Nase abgeschossen, verstehst du? Du hast dich selbst verstümmelt!«

Sokolow lief rot an. Er begann am ganzen Leib zu zittern.

»Du hast mein Gesicht gestohlen!«

»Laß das Gejammer. Ich weiß, was ich getan habe. Das Ganze wäre lächerlich, wenn nicht ein Meisterwerk auf dem Spiel stünde.«

»Ein Meisterwerk? Ha! Du hältst deine schwarze häßliche Statue also für ein Meisterwerk?«

»Ich rede von dem Plan, du Narr – von dem Plan, den du für zehntausend Dollar unterschrieben hast. Du haßt diese Kuppel, nicht wahr, Sergeij? Sie ist einfach zu vollkommen, stimmt's? Nichts, was du dir hättest ausdenken, hättest erträumen können, wäre ihr auch nur annähernd nahegekommen. Du bist eben nur ein mittelmäßiger Kunsthandwerker! Ein impotenter kleiner Mann!«

David, der Annas Hand umklammert hielt, stürzte sich ins Pilgergedränge, schob und stieß Menschen beiseite und bahnte sich mit den Ellbogen einen Weg durch die Menge. Als sie endlich die Prozession hinter sich gelassen hatten, sah er sich nach ihr um: nach den wie Schauspieler kostümierten Geistlichen, die singend vorausschritten, und nach den Pilgern, die ihnen willig wie eine Schafherde folgten.

Während sie sich ihren Weg durchs Christenviertel bahnten, schilderte er Anna in großen Zügen die Hintergründe der Verschwörung. Er erklärte ihr, daß sich an der Stelle, wo einst der jüdische Tempel gestanden habe, jetzt eine der heiligen Stätten des Islams erhebe, die mehrmals das Ziel von Sprengstoffanschlägen jüdischer Extremistengruppen gewesen sei, die versucht hatten, das Eintreten der Prophezeiung zu beschleunigen, daß der Messias erst wiederkehren werde, wenn der Tempel wiedererrichtet sei.

»Sie haben's mit Dynamit versucht«, berichtete er, »aber sie sind nie nahe genug herangekommen. Wir bewachen den Felsendom und die El-Aqsa-Moschee so sorgsam wie Araber, weil wir wissen, welche Tragödie die Folge wäre, wenn Juden die Zerstörung gelänge. Aber wenn ein Jagdbomber angriffe, dessen Pilot diesen Angriff an einem maßstabgetreuen Modell, wie Sergeij Sokolow es angeblich entworfen hat, geübt hätte, wäre keine Abwehr möglich – ein einziger Anflug würde genügen. Als Gideon damals den Angriff auf den irakischen Atomreaktor geflogen hat, haben seine Staffelkameraden und er mit einem ähnlichen Ziel geübt. Deswegen bin ich auf diese Idee gekommen. Ich habe an Gideon gedacht, als mir dieser Gedanke gekommen ist.«

Sie hatten den Omar Ibn El Khatab Square erreicht. David deutete auf die Zitadelle. »Schau!«

»Sascha!« rief Anna. Aber Targow und Sokolow hörten sie nicht. David sah, daß die beiden kleinen Gestalten auf der obersten Plattform kurz davor standen, miteinander handgreiflich zu werden.

Anna drehte sich nach ihm um. »Dies ist der Ort, David.«

»Welcher Ort?«

»Wo die Spuren, die du verfolgt hast, zusammenkommen werden. Ich habe davon geträumt, David. Aber ich habe im Traum keinen bestimmten Ort gesehen.«

»Komm!« Er packte ihre Hand. »Der Eingang liegt auf der anderen Seite.« Er zog sie in Richtung Jaffator.

Selbst in seinem Zorn legte Targow Wert auf ein Geständnis. Was er Sergeij angetan hatte, war nichts im Vergleich zu diesem Verbrechen. »Gestehe, daß du davon gewußt hast!« brüllte er ihn an. »Gestehe, daß du ihn zerstören wolltest! Gestehe, verdammt noch mal! Gestehe und sühne für dein verpfuschtes Leben!«

Sokolow, in dem dämonische Kräfte erwacht zu sein schienen, stürzte sich auf ihn. Der durch lange Lagerhaft angeblich gebrochene Alte stürmte wie ein Wilder die letzten sechs Stufen hinauf, baute sich vor Targow auf und stieß ihn mit beiden Händen zurück.

Targow stolperte rückwärts und hätte beinahe das Gleichgewicht verloren.

»Sergeij! Paß auf!«

Aber Sokolow stürzte sich erneut auf ihn. Diesmal warf er sich mit seinem ganzen Gewicht gegen Targow und brachte den gegen das Geländer Torkelnden dadurch fast zu Fall.

Einfach verrückt, wie die beiden dort oben miteinander ringen! dachte David, während Anna und er in die Mitte des Innenhofs liefen und Rokowski mit sich überschlagender Stimme: »Vorsicht! Vorsicht!« rufen hörten.

Zwei alte Männer, die sich über ihnen einen gefährlichen Ringkampf lieferten: der eine stämmig und mit wilder weißer Mähne, der andere ausgezehrt und kahlköpfig. Ihre Bewegungen waren eckig, als sie sich gegenseitig an den Hemden packten, Beschimpfungen brüllten und miteinander rangelten. Sie schwankten wild aufs Geländer zu, entfernten sich von ihm und kamen ihm wieder gefährlich nahe. Zwei alte Männer außer Kontrolle: wie Roboter, deren Steuerung nicht mehr funktionierte.

Beide schlugen aufeinander ein, fluchten heiser und bemühten sich, den anderen in die Tiefe zu stoßen, ohne dabei selbst das Gleichgewicht zu verlieren. *Wahnsinn! Wahnsinn!*

dachte David, als er das Geländer nachgeben sah. Er starrte hilflos zu den beiden hinauf und drehte sich dann nach Anna um, die eben einen Schrei ausgestoßen hatte.

»*Sascha ...*«

Sie stürzten jetzt, fielen sich überschlagend ins Leere und hörten noch immer nicht auf, miteinander zu kämpfen. Targow wußte, daß sie in einer Sekunde im Innenhof aufschlagen und sterben würden. Er sah Rokowski, den Kriminalbeamten und Anna, die vor Entsetzen starr war. Sein letzter Gedanke vor dem Aufschlag war: *Ich sterbe hier in Jerusalem.*

DER NEUNTE AW

Als die Story Schlagzeilen zu machen begann, waren die Hinweise noch diskret verbrämt:

Wie aus dem Justizministerium verlautet...

Gutunterrichtete Kreise sprechen von vorerst noch unbenannten Personen, die...

Vorerst noch unbestätigte Meldungen sprechen von Morden zur Verdeckung einer Verschwörung, an der höchste Regierungskreise beteiligt gewesen sein sollen...

Als der Sprecher des Justizministeriums sich jedoch weigerte, zu diesen Gerüchten Stellung zu nehmen, witterten clevere Chefredakteure eine Sensation und ließen ihre besten Reporter ausschwärmen.

Am nächsten Morgen waren die Meldungen schon weit präziser. Beim Frühstück übersetzte David Anna einen Artikel mit der Überschrift »Die Verschwörer des 9. Aw«. Er hatte diesem Journalisten ein langes, vertrauliches Interview gegeben und sah sich jetzt befriedigt als »ein Gewährsmann bei der Jerusalemer Polizei« zitiert:

Auf dem Luftwaffenstützpunkt Etzion gehen Gerüchte um, daß Leutnant Ya'akov Ben-Eleizer, ein Jagdbomberpilot, unter Arrest gestellt worden sein soll. Wie man hört, soll Lt. Ben-Eleizer bereit gewesen sein, gegen Bezahlung am 9. Aw mittags den Felsendom in Jerusalem zu bombardieren.

Weiterhin halten sich Gerüchte, kurz nach seiner Festnahme sei eine Pioniereinheit mit zahlreichen Planierraupen in den Negev in Marsch gesetzt worden, um ein dort heimlich errichtetes Bombenziel wieder zu beseitigen. Ungenannte Kreise im Verteidigungsministerium haben bestätigt, daß dieser Bau unter Vorspiegelung falscher Tatsachen aus dem Kulturfonds des Ministeriums finanziert worden ist.

Nach Auskunft dieser Kreise sollen die Entwürfe für das Bombenziel auf Anregung einer obskuren amerikanischen Kunststiftung mit Sitz in Jerusalem entstanden sein. Versuche, diese Tatsache bestätigt zu bekommen, sind von offizieller Seite abgelehnt worden.

Ein Gewährsmann bei der Jerusalemer Polizei, der um strikte Vertraulichkeit gebeten hat, hat jedoch bestätigt, daß die geplante Bombardierung im Zusammenhang mit einer ganzen Serie bisher nicht aufgeklärter Morde steht, zu denen auch der Doppelmord an Aaron Horev und Ruth Isaacson gehört, der im Frühjahr so großes Aufsehen erregt hat.

Unser Gewährsmann, der an den Ermittlungen beteiligt ist, macht auf den gegenwärtigen Machtkampf zwischen dem Polizeiminister und dem Direktor des Allgemeinen Sicherheitsdienstes aufmerksam. Seiner Auskunft nach geht es bei dieser Auseinandersetzung um die Rolle, die bestimmte, nicht genannte Angehörige des Sicherheitsdienstes bei diesen Morden gespielt haben.

Nach Auskunft unseres Gewährsmanns stehen Verhaftungen unmittelbar bevor. Zugleich halten sich Gerüchte, daß ein bekannter religiöser Führer und Politiker in diesen Fall verwickelt sein könnte. Rabbi Mordlechai Katzer hat schon häufig in der Öffentlichkeit die Zerstörung des Felsendoms gefordert. Und ein pensionierter, sehr prominenter Luftwaffengeneral soll in aller Eile eine Auslandsreise angetreten haben …

Als das Telefon klingelte, tranken David und Anna noch Kaffee und sprachen über den Artikel. Latskys marokkanische Sekretärin war am Apparat.

»Der Superintendent ist fuchsteufelswild«, berichtete sie. »Er möchte wissen, ob du eigentlich weißt, was du tust.«

»Im Augenblick lese ich die Zeitung, meine Liebe. Tut mir leid, wenn ihn das ärgert.«

»Laß den Mist, David«, forderte sie ihn auf. »Die Leute hier halten dich für den Informanten.«

»Was kann ich dafür? Die Leute können schließlich denken, was sie wollen.«

»Manche Leute fragen sich auch, ob du dich bewußt in Schwierigkeiten bringen willst.«

»Ich will lediglich meine Ermittlungen abschließen. Wenn Latsky ansprechbar wäre, würde ich ihm erklären, weshalb eine Zweiteilung richtig wäre. Die Bonzen von der Staatspolizei sollen die Sache mit der Verschwörung aufklären. Ich will nur die Mordfälle zu Ende bringen.«

»Hmmm, eine interessante Idee.«

»Wie wär's, wenn du sie unter die Leute bringen würdest?«

»Okay, wird gemacht«, versprach sie ihm. »Aber natürlich nur inoffiziell!«

»Natürlich«, bestätigte David und legte grinsend auf.

»Natürlich werden sie den Felsendom irgendwann doch bombardieren«, sagte er später zu Anna, »aber ich glaube, daß sie dann eine Überraschung erwartet. Sie kriegen ihre Unruhen, sie bekommen ihren Krieg, aber ihr Messias kehrt bestimmt nicht wieder.«

Noch während er das sagte, verblüffte ihn sein Tonfall: Er sprach genau wie sein Vater.

Kurz nach dem Mittagessen rief Rafi ihn zu sich.

»Du kannst jetzt loslegen. Cohen und seine vier Leute finden sich morgen früh um sieben hier ein. Colonel Levin hat ihnen befohlen, sich uns zu stellen. Du kannst sie eine Woche lang dabehalten und verhören. Allerdings unter einer Bedingung: Solange sie hier sind, müssen sie von anderen Häftlingen getrennt untergebracht werden.«

»Einzelzellen? Wahrscheinlich haben sie Angst, wir könnten sie mit Spitzeln zusammenlegen. Was ist mit der jungen Frau?«

»Die ist bloß die Sekretärin gewesen.«

»Sie haben sich was zurechtgelegt, stimmt's, Rafi?«

Rafi klopfte seine Pfeife aus. »Ich an ihrer Stelle hätte es jedenfalls getan«, sagte er.

Eine vorläufige Befragung genügte, um David ihre Strategie erkennen zu lassen: Jegliche Verwicklung in die Mordfälle leugnen; durch hochangesehene israelische Bürger bestätigte hieb- und stichfeste Alibis beibringen; standhaft bei der Behauptung bleiben, sie gehörten zu einer Sondereinheit mit dem Auftrag, rechtsextreme jüdische Terrorgruppen zu unterwandern.

Ephraim Cohen hatte einen Ordner mit seinen Dienstanweisungen mitgebracht, die Stück für Stück fortlaufend datiert und abgezeichnet waren. Er bemühte sich, nicht zu grinsen, während David sie durchlas, aber man merkte ihm an, daß er zuversichtlich glaubte, schon sehr bald entlassen werden zu müssen.

Um 20 Uhr rief David seine Leute zusammen.

»Wir müssen die Kerle unter Druck setzen!«

»Lauter zähe Burschen«, stellte Uri fest.

»Richtig, und daher müssen wir dafür sorgen, daß sie weich werden. Sie glauben jetzt, für heute Ruhe zu haben, deshalb machen wir in einer halben Stunde weiter. Dreht sie richtig durch die Mangel! Laßt euch alles zehn-, fünfzehnmal beschreiben. Versucht, ihre gefälschten Alibis zu knacken. Erweckt den Eindruck, als paßten ihre Stories nicht allzugut zusammen. Und fragt sie zwischendurch gelegentlich, ob sie einen Anwalt wollen. Cohen hat sie ausgewählt, weil sie nicht die Hellsten sind. Wenn wir's richtig anfangen, können wir dafür sorgen, daß dieser Schuß nach hinten losgeht.«

Da die Untersuchungshäftlinge sich eine falsche Story zurechtgelegt hatten, war David der Überzeugung, daß sie sich früher oder später von selbst als unhaltbar erweisen werde. Er verbrachte nicht allzuviel Zeit mit ihnen; er kam zwar öfters vorbei, beschränkte sich jedoch darauf, aus dem Beobachtungsraum zuzuhören. Dabei achtete er auf Streßpunkte – auf Kleinigkeiten, die sie zögern ließen. Und er interessierte sich für ihre Blicke bei der Erwähnung ihrer Kollegen.

Betrat er jedoch einen der winzigen Vernehmungsräume im Keller, gab er sich große Mühe, zuvorkommend zu wirken: »Möchten Sie irgend etwas? Ein Sandwich? Ein Glas Wasser? Einen Anwalt? Sie werden anständig behandelt, nicht wahr? Hier wird keiner angebrüllt oder mißhandelt.«

David machte einen weiten Bogen um Ephraim Cohen. Er wußte, daß der andere sich Gedanken darüber machen und auf der Hut sein würde, wenn er schließlich doch einmal aufkreuzte. Vielleicht fragte Cohen sich auch, ob David als Ermittler abgelöst worden war oder sich wegen seines Bruders für befangen erklärt hatte.

Nach dem zweiten Tag war David sich im klaren, daß Cohens Leute zwei Paare bildeten, von denen das erste cleverer und effizienter als das zweite war. Mikhael und Yoni, die er bei der Razzia im Büro angetroffen hatte, waren die Planer gewesen; Avot und Shlomo, die das Tor bewacht hatten, waren die Ausführenden gewesen. Die beiden Schlägertypen hatten die Opfer aufgelesen, die Leichen abtransportiert, aus dem Kleinbus auf Peretz geschossen, ihn ermordet und später aus dem Bus geworfen.

Am dritten Morgen hatten Davids Leute zwei Schwachstellen entdeckt: bei Avot, dem Tunesier, der David in den Zoo gelockt hatte, und bei Yoni, dem muskulösen Mann, der in der Lover of Zion Street seine Pistole gezogen und später den Bus in Ein Kerem versteckt hatte.

Uri und Micha tippten auf Avot, weil er der Zornigste von allen zu sein schien. Dov und Shoshana standen auf Yoni, der ihrer Meinung nach am meisten zu verlieren hatte.

»Weshalb sollte Yoni für Cohen ins Zuchthaus gehen?« fragte Dov. »Er hat bloß Befehle ausgeführt und nicht selbst gemordet.«

»Ja, aber Avot ist verbittert«, wandte Micha ein. »Er weiß, daß er hier keine rosige Zukunft hat. Und obwohl er nicht der Hellste ist, hat er keine Lust, den Rest seines Lebens hinter Gittern zu verbringen, während Ephraim Cohen in seinen maßgeschneiderten englischen Anzügen frei herumläuft.«

Sie überließen David die Entscheidung. Er sagte, ihm gefalle Yoni am besten.

»Die Kerle wissen nicht, daß wir den Kleinbus gefunden haben. Yoni hat ihn dort draußen versteckt – folglich ist er in diesem Punkt angreifbar. Wenn wir's richtig anfangen, fühlt er sich verraten. Sobald er einen Anwalt verlangt, wissen wir, daß er auspacken will.«

»Soll ich hinfahren und die Sprengladung ausbauen?« fragte Micha.

»Nein, die brauchen wir noch. Wir lassen alles so, wie's jetzt ist.«

Nach dem Mittagessen fuhren sie mit drei Wagen nach Ein Kerem hinaus: Micha und Uri mit Yoni voraus, Dov und Shoshana mit der Video-Ausrüstung dicht dahinter. David, mit Ephraim Cohen und zwei starken Ferngläsern im Auto, folgte ihnen in einigen hundert Metern Abstand.

»Wohin fahren wir?«

David blickte zu Ephraim hinüber. »Wir machen einen kleinen Ausflug«, sagte er. Ephraim lächelte schwach. David mußte zugeben, daß er heute besonders gut aussah: das israelische Schönheitsideal mit blondem Haar, klaren Augen und sonnengebräuntem, markantem Gesicht.

»Ich weiß, daß du einen Zorn auf mich hast«, stellte Ephraim fest. »Und das nicht nur wegen Peretz, sondern auch wegen Gideon.« Bevor David sich dazu äußern konnte, fügte er hinzu: »Er ist immer mein bester Freund gewesen – das kannst du mir glauben.«

»Fast wie ein Bruder?« Als Ephraim nickte, fragte David weiter: »Auch wie ein Liebhaber?«

Ephraim wandte sich ab. »Ja, eine Zeitlang auch das«, antwortete er leise.

»Dann mußt du mir etwas erklären, Ephraim. Warum hast du ihn verraten, wenn du dir doch angeblich so viel aus ihm gemacht hast?«

»Ich habe ihn nie verraten, David!«

»Er hat sich aber verraten gefühlt. Ist dir das nicht wenigstens ein bißchen unangenehm?«

»Er ist labil gewesen, das weißt du selbst.«

»Du hast seine Labilität ausgenützt.«

»Nein, das siehst du falsch. Ich habe ihn nicht bewußt...«

»Oh, ich verstehe«, unterbrach David ihn. »Du hast ihn unabsichtlich erpreßt.« Er grinste sarkastisch. »Ja, das verstehe ich recht gut.«

Danach fuhren sie eine Zeitlang schweigend weiter, bis Cohen erneut das Wort ergriff. »Du hast die Felsendom-Verschwörung zerschlagen, David«, stellte er fest. »In gewissen Kreisen giltst du jetzt als Held.«

»Und?«

»Warum willst du dich nicht damit zufriedengeben?«

»Weil mich noch ein paar Kleinigkeiten stören.« David sah zu ihm hinüber. »Zum Beispiel sieben Morde.«

»Damit kommst du nicht weiter. An deiner Stelle würde ich jetzt aufgeben und mir die Arbeit sparen.«

»Ich soll einfach aufgeben? Mich ehrenhaft zurückziehen?« Als Ephraim nickte, erklärte David ihm nachdrücklich: »Ich denke gar nicht daran! Unsere Ermittlungen gehen weiter, bis die Schuldigen gefaßt sind.«

Sie sprachen nicht mehr miteinander, bis Ein Kerem erreicht war. Ephraim warf ihm einen fragenden Blick zu, als David die beiden anderen Wagen abbiegen ließ und geradeaus weiterfuhr. Als David dann an der Zufahrtstraße zur Franziskanerkirche parkte, schüttelte Ephraim den Kopf.

»Was tun wir hier? Willst du wirklich einen Ausflug machen?«

»Gewissermaßen. Komm, wir machen einen kleinen Spaziergang.« David nickte zur Kirche hinauf. »Nimm dir ein Fernglas mit, Ephraim, damit du die Aussicht genießen kannst.«

Er stieg aus. Ephraim ergriff mit finsterem Gesicht das zweite Fernglas. Die beiden Männer folgten der Zufahrt zur Kirche bis zu einem Punkt der Umfassungsmauer, von dem aus ein verfallenes Farmhaus mit guterhaltener Scheune zu sehen war. Dort legte David sein Handfunkgerät ab und stellte das Fernglas ein. Ephraim, der neben ihm stand, folgte seinem Beispiel.

»Ich sehe sie«, sagte Cohen dann. »Sie sind dort unten bei dem verfallenen Bauernhaus.«

»Findest du nicht auch, daß dein Mann ziemlich nervös wirkt?«

»Yoni zeigt euch den Kleinbus. Was willst du damit beweisen?«

David sprach weiter, ohne sein Fernglas abzusetzen. »Du irrst dich, Ephraim. Yoni hat kein Wort gesagt – noch nicht. Aber ich glaube, daß er auspacken wird. An deiner Stelle würde ich mich auf sein Gesicht konzentrieren. Sein Ausdruck dürfte sich schlagartig ändern, wenn er merkt, daß er verraten worden ist.«

Uri und Dov waren hinter der Scheune verschwunden. Jetzt kamen sie mit der demolierten Schiebetür zurück.

»Siehst du die Tür? Yoni fragt sich, wo wir sie entdeckt haben. Er hat den Bus hier versteckt, und da er nie ein Wort davon gesagt hat, ist ihm auf der Fahrt hierher klar geworden, daß einer seiner Kumpane ihn verpfiffen haben muß. Aber diese Tür stellt eine zusätzliche Komplikation dar, weil sie bei dem bewußten Unfall beschädigt worden ist. Das war lange vor den Morden an Unfallzeugen, Nutten, Strichjungen und Soldatinnen. In gewisser Beziehung könnte man sagen, diese Tür sei Anlaß zu der Mordserie gewesen. Deshalb fragt Yoni sich jetzt vermutlich, ob *du* vielleicht ausgepackt hast.«

Ephraim lachte. »Clever ausgedacht, David, aber bei Yoni funktioniert so was nicht. Der hat Mumm und kann schweigen.«

»Warten wir's ab! Ich glaube, daß er singen wird. Vergiß nicht: Er weiß, wie weit du gehen würdest, um Zeugen zum Schweigen zu bringen.«

»Was soll das heißen?«

»Daß er nur den richtigen Anstoß brauchte, um sich zu fragen, ob du etwa auch bereit wärst, ihn zu opfern, um deine eigene Haut zu retten. Das ist nur logisch. Weshalb solltest du nach dem Mord an der Soldatin zögern, den Mann zu ermorden, dem du diesen Befehl erteilt hattest? Schließlich ist er der Kerl, der dir wirklich schaden könnte, wenn er vor der Wahl stünde, dich oder sich selbst zu retten.«

»Red keinen Blödsinn, David! Vor diese Wahl kannst du ihn niemals stellen.«

»Warten wir's ab!«

Während David weiter durchs Fernglas sah, spürte er, daß Cohen allmählich nervös wurde – ein Beweis dafür, daß es ihm gelungen war, ihm den Eindruck zu vermitteln, er sei aus Verbitterung über das Schicksal Gideons bereit, seine dienstlichen Befugnisse zu überschreiten.

Die Fünfer-Gruppe unter ihnen befand sich im genau richtigen Licht, so daß sein Fernglas ihm alle Einzelheiten zeigte. David sah Yonis nervösen Gesichtsausdruck, als Dov auf die Scheune zeigte, deren Tor jetzt offen war. Die Vorderpartie des Chevrolets war deutlich zu erkennen. Yoni zögerte noch, aber dann zuckte er mit den Schultern und setzte sich in Bewegung.

Er verschwand in der Scheune. David stellte sich vor, wie er sich in den Kleinbus zwängte und das Fahrerfenster herunterkurbelte, um frische Luft in den Wagen zu lassen. »Fahr ihn raus!« würde Dov verlangen, und Yoni würde zuerst den Schlüssel suchen müssen. Schließlich würde ihm einfallen, wo er ihn versteckt hatte: hinter der Sonnenblende auf der Beifahrerseite. Er würde danach greifen, ihn ins Zündschloß stecken und erneut zögern.

»He, worauf wartest du noch?« würde Dov rufen. »Sieh zu, daß du die Kiste rausfährst!«

Yoni würde spüren, daß irgend etwas nicht in Ordnung war, aber nicht wisen, worum es sich handelte. Ephraim hatte ihn angewiesen, alles abzuwischen – und jetzt hinterließ er Fingerabdrücke an Tür, Lenkrad und Zündschlüssel. Aber welchen Unterschied konnten ein paar Fingerabdrücke machen, wenn einer der anderen wirklich gesungen hatte? Okay, er würde den verdammten Bus aus der Scheune fahren und hoffen, daß er hinten keine Fingerabdrücke oder Blutflecken übersehen hatte.

David stellte sich vor, wie er die Hand ausstreckte, das Gaspedal durchtrat und den Zündschlüssel nach rechts drehte. Im nächsten Augenblick würde ihm die gesamte Vorderpartie des Chevrolets um die Ohren fliegen.

Aus der Scheune quoll dichter Rauch.

Cohen drehte sich nach ihm um. »Was soll das?«

Aber David stellte sich schwerhörig; er stützte beide Ellbogen auf die niedrige Mauer und beobachtete weiter, was unter ihnen geschah.

Alle vier rannten los, um Yoni aus dem Fahrzeug zu ziehen. Sie brachten den sichtlich Mitgenommenen ins Freie und legten ihn auf eine Decke aus einem der Wagen. Shoshana spielte die gute Samariterin, kniete neben ihm und tupfte ihm die Stirn ab.

»Was war das?« wollte Cohen wissen.

»Irgend jemand hat in eurem Bus eine Sprengladung angebracht.«

»Du!«

David zuckte mit den Schultern. »Die Frage ist, was Yoni davon hält. Ich schätze, daß er auf *dich* tippt.«

»Versuchen deine Leute etwa, ihm diesen Blödsinn einzureden?«

»Erraten!« bestätigte David gelassen.

»Das ist Erpressung! Erpreßte Geständnisse sind vor Gericht wertlos.«

»Yoni muß selbst sagen, ob er sich erpreßt gefühlt hat. Ich gehe jede Wette ein, daß er sagen wird, er sei nicht erpreßt worden. Aber darüber brauchen wir jetzt nicht zu streiten. Warten wir einfach ab, was passiert...

Yonis Kopf dröhnt, und er hat Angst, und er ist ohnehin nicht der Hellste. Meine Leute erklären ihm, was ihrer Meinung nach passiert sein muß, und er merkt, daß sie damit recht haben. Du hast das Wagenversteck preisgegeben, damit wir mit Yoni herfahren würden, aber du hast den Bus zuvor präparieren lassen, damit er beim Anlassen hochgeht. Irgendwas hat nicht wie geplant geklappt. Die Ladung ist nicht groß genug gewesen. Yoni ist noch einmal davongekommen; er ist ziemlich durcheinander und beginnt allmählich zu begreifen.

Und jetzt kommt der entscheidende Augenblick, Ephraim.

Sieh genau hin! Jetzt kannst du zusehen, wie er auf unsere Seite überläuft.«

Yoni hatte sich aufgesetzt. Dov und Shoshana, die mit ihm redeten, brachten ihm das Mitgefühl entgegen, das ein Verratener und beinahe Ermordeter zu beanspruchen hatte. Shoshana drückte ihm ein Fernglas in die Hand, während Dov auf die Kirche zeigte. Yoni setzte das Fernglas an die Augen und erkannte David und Ephraim, die ihn beobachteten. »Siehst du, Yoni«, sagte Dov, »er beobachtet dich von dort oben aus. Er hat dir diese Falle gestellt.« Dann begriff Yoni plötzlich alles: Cohen wollte ihn beseitigen, und er konnte sich nur retten, indem er diesen Leuten alles erzählte, was er wußte.

David schaltete sein Handfunkgerät ein.

»Micha, wie kommt ihr voran?«

»Er will auspacken und sagt, daß er dazu keinen Rechtsanwalt braucht. Wir bauen jetzt die Kamera auf.«

David stellte das Gerät ab und wandte sich an Cohen. »Das war's dann wohl, schätze ich.«

»So geht's nicht! Das könnt ihr nicht machen!«

»Warum nicht?«

»Weil's illegal ist, verdammt noch mal!« Cohen versetzte der Mauer einen Tritt.

David drehte sich nach ihm um und starrte ihn neugierig an. »Glaubst du wirklich, daß wir hier ein Spiel spielen, Ephraim, bei dem es einen Satz Regeln für euch und einen anderen für uns gibt?«

Yoni redete zwei Tage lang fast unaufhörlich: So lange dauerte es, bis er alles erzählt hatte. Sie folgten ihm in verzweifelter Hast mit Kamera und Videorecorder zu dem Mordhaus in Mei Naftoah, dem Strandabschnitt in Tel Aviv, wo Shlomo sich an Halil Ghemaiem herangemacht hatte, dem Anhaltertreff am Flughafen Ben Gurion, dem Damaskustor und der

Stelle, an der Yaakov Schneiderman an dem Abend, an dem Avot sich auf der Ladefläche versteckt hatte, seinen Lastwagen geparkt hatte. Dann zu den Fundorten der Leichen: zum Graben neben der Straße nach Mevasseret, zur Altstadtmauer am Dungtor, zur Baustelle hinter dem Auguste-Viktoria-Krankenhaus, zur Straße zum UN-Hauptquartier und zu dem Abfallcontainer im Bloomfield-Park.

Er sprach so rasch, so erregt und so überzeugend, daß niemand, der die Videoaufnahmen später sehen würde, auf die Idee kommen konnte, er habe nicht freiwillig gestanden. Yoni nannte so viele Einzelheiten, daß auch die anderen, die damit konfrontiert wurden, aufgaben und gestanden. Daraus entwickelte sich eine Art Wettbewerb um das beste, umfassendste Geständnis, so daß David zuletzt vier Videobänder mit einander ergänzenden Aussagen vorlagen. Und die Antwort auf Fragen wie »Wer hat diesen Befehl erteilt?«, »Wer hat das angeordnet?« oder »Von wem ist diese Anweisung gekommen?« lautete unweigerlich: »Ephraim Cohen« oder »Major Cohen«.

Am Abend des Tages, an dem David die Ermittlungsakten an die Staatsanwaltschaft abgegeben hatte, sagte er zu Anna: »Jetzt ist's geschafft. Wir sind alle Betroffene gewesen – mein Bruder, mein Vater, nicht zuletzt ich. Der Fall hat von mir Besitz ergriffen, und ich empfinde eine gewisse Leere, weil jetzt alles vorbei ist. Aber weißt du was? Je länger ich über Gideon nachdenke, desto mehr bewundere ich ihn. Er ist ein wahrer Patriot gewesen; er hat lieber Selbstmord verübt, als dazu beizutragen, einen neuen Krieg auszulösen. Gati hat ihn verachtet, weil er dabei sein Flugzeug zerstört hat, aber ein unauffälliger Selbstmord hätte mich bestimmt weniger beunruhigt. Gideon hat mir auf seltsame, unvorhersehbare Weise eine Botschaft übermittelt. Hätte mich die Art seines Todes nicht so beunruhigt, hätte ich diesen Fall wohl nie gelöst.«

Am nächsten Morgen fuhr er nach Haifa, um Hagith zu einem Tagesausflug abzuholen. Judith war unten, als er klingelte.

»Meinen Glückwunsch, David«, sagte Judith. Seine Tochter rannte zu ihm und warf sich in seine Arme.

Als er Hagith abends zurückbrachte, machte Joe Raskow ihnen auf. Er schwieg und sah David nicht ins Gesicht. Judith ließ sich nicht mehr blicken.

David hatte den Fall gelöst, aber ein unaufgeklärter Punkt störte ihn nach wie vor: »Hurwitz« – der angebliche Polizeibeamte.

Yoni und die anderen hatten gestanden, daß »Hurwitz« eine mehrfach verwendete falsche Identität gewesen sei. Jeder von ihnen hatte einen Dienstausweis auf diesen Namen bei sich gehabt, um ihn notfalls vorzeigen zu können. Trotzdem wollte keiner von ihnen zugeben, zum Zeitpunkt des Unfalls in dem Kleinbus gesessen zu haben – eigentlich eine Kleinigkeit, wenn man sie mit insgesamt sieben Morden verglich.

Amit Nissim, die zu einer Gegenüberstellung kam, konnte keinen der vier als den unfreundlichen Polizisten identifizieren, den sie gesehen hatte. Wer war also dieser »Hurwitz«, dieser nicht Englisch sprechende Polizeibeamte, der die drei Verschwörer kreuz und quer durch Jerusalem gefahren hatte?

Diese Frage beschäftigte David weiter, und er wußte, daß er keine Ruhe finden würde, bevor sie nicht beantwortet war. Denn der Mann am Steuer hatte als einziger das Gespräch zwischen Gati, Katzer und Stone mitbekommen, und stellte somit das einzige Bindeglied zwischen den Morden und den Verschwörern des 9. Aw dar.

Obwohl Ephraim Cohen nicht von Amit identifiziert worden war, verdächtigte David ihn weiterhin, »Hurwitz« gewesen zu sein. Er wies Micha an, sein Alibi zu überprüfen. Zwei Tage später trug Micha ihm seine Erkenntnisse vor.

»Er kann's nicht gewesen sein, David. Ich weiß, daß die meisten seiner Alibis gefälscht gewesen sind, aber am Unfalltag ist Cohen eindeutig nicht in Israel gewesen.«

»Wo sonst?«

»London. Seine Frau und er fliegen jedes Frühjahr hin. Wahrscheinlich hat er sich wieder ein paar Maßanzüge bestellen müssen. Sein Paß bestätigt, daß er dort gewesen ist, ebenso die El-Al-Passagierlisten.«

»Könnte er das alles gefälscht haben?«

»Möglich, aber er hat's nicht getan. Hör zu, ich weiß, daß du dich jetzt fragst, wie er aus dieser Entfernung den Arzt gebeten haben kann, Harrison Stone zu versorgen. Jemand muß diesbezüglich Kontakt mit ihm aufgenommen haben, David. Auf seiner Zimmerrechnung im Londoner Dorset-Hotel ist nämlich Mendlers Telefonnummer angegeben – und das hat er unmöglich fälschen können!«

David besuchte Jacob Gutman. Am Spätnachmittag waren die Fußböden im Gefängnis blitzblank, und auf den Korridoren roch es nach Desinfektionsmitteln, Zigarettenrauch und Häftlingsschweiß.

Gutman grinste, als ein Schließer David hereinführte.

»Wie geht's, mein Junge? Alle reden nur noch von Ihnen. Wie ich höre, haben Sie ein Meisterstück abgeliefert.«

David gab ihm eine Stange Zigaretten. »Von meinem Vater. Ich soll Ihnen einen schönen Gruß bestellen.«

»Richten Sie ihm meinen Dank aus.«

David nickte. »Netzer hat mir erklärt, daß Sie nicht vor Gericht müssen. Sie sollen sich schuldig bekennen, damit er eine Bewährungsstrafe beantragen kann.«

»Na, wie finden Sie das? Haben Sie etwa ein gutes Wort für mich eingelegt?«

»Ich sage vor dem Richter aus, Jacob. Wenn er nicht völlig uneinsichtig ist, brauchen Sie nicht zu sitzen.«

»Danke, mein Junge. Kann ich mich irgendwie revanchieren?«

»Ja. Ich möchte weitere Auskünfte zu einem Punkt, den wir damals im Park besprochen haben.«

»Auf der Parkbank haben wir über vieles gesprochen.«

»Es geht um etwas, das Max Rosenfeld gesagt hat. Soviel ich mich erinnere, hat er Ihnen erzählt, gewisse Leute hätten die Unterlagen meines Vaters gestohlen, um ihre Spuren zu verwischen. Und daß sie – und dies scheint mir das Wichtigste an dieser Aussage zu sein – vorhätten, *mir eine Falle zu stellen*.«

Der Alte nickte.

»Hat er das wirklich gesagt?«

»Ja. Oder so ähnlich.«

»Erinnern Sie sich an den genauen Wortlaut?«

Gutman schüttelte den Kopf. »Max hat gesagt, man habe Ihnen eine Falle gestellt.«

»Aber Sie haben mir das anders berichtet!« wandte David ein. »Sie haben behauptet, man *hätte vor*, mir eine Falle zu stellen.«

»Tatsächlich? Augenblick, ich bin schon ganz durcheinander. Nein! Ich weiß noch, wie er gesagt hat: ›Sie spielen sogar mit Bar-Levs Jungen, dem Polizisten. Sie haben ihm eine Falle gestellt.‹«

»Wissen Sie das bestimmt?«

»Ja, ganz bestimmt. Aber warum soll das wichtig sein?«

David gab keine Antwort. Er klopfte Gutman wortlos auf die Schulter, verließ das Gefängnis und machte einen langen Spaziergang durch die Straßen der Stadt.

Als er am nächsten Nachmittag am Zaun des Schulhofs auf Amit wartete, fühlte er Melancholie in sich aufsteigen. Daß er Hagith gelegentlich besuchen durfte, war nicht genug: Ihm fehlte ihre tägliche Gegenwart.

Im Schulgebäude schrillte eine Klingel, und im nächsten Augenblick ergoß sich ein Strom kreischender, lachender, hüpfender, rennender Kinder aus den gefliesten Korridoren auf den Schulhof. David brauchte eine Zeitlang, bis er Amit ausfindig gemacht hatte. Sie erkannte ihn im selben Augenblick, verabschiedete sich von ihren Freundinnen, kam langsam auf ihn zu und begrüßte ihn verlegen.

»Hallo«, antwortete er.

»Sie wollen mir wieder Fotos zeigen?«

David nickte.

»Wo ist Shoshana heute?«

»Sie hat zu tun. Außerdem ist diese Sache vertraulich. Weißt du, was ›vertraulich‹ bedeutet?«

Die Kleine sah zu ihm auf. »Es bedeutet ein Geheimnis.«

»Richtig!« bestätigte er. »Ein Geheimnis, von dem nur wir beide wissen.«

Sie schlenderten von der Schule aus einen Block weit zu einer Bushaltestelle, wo eine Bank frei war.

»Komm, wir setzen uns hin«, schlug David vor. Als sie saßen, fuhr er fort: »Ich habe hier sechs Bilder von sechs Männern, die ich dir noch nie gezeigt habe...«

»Und Sie wollen wissen, ob ich einen davon erkenne.« Amit lächelte stolz. »Ich bin schließlich auch kein Baby mehr.«

David legte die Fotos wie Patiencekarten auf die Bank. Er beobachtete Amits Gesicht, während sie die Aufnahmen betrachtete.

»Der hier!« sagte die Kleine sofort und griff nach einem der Fotos. »Das ist der Polizist gewesen, der der Dame die Kamera wegnehmen wollte.«

David sah das Foto nicht an. Statt dessen schaute er in Amits große Kinderaugen. »Ganz bestimmt?«

»Ganz bestimmt.« Sie erwiderte gelassen seinen Blick. »Darf ich jetzt heimgehen?«

Er wartete, bis sie verschwunden war, bevor er sich das Foto ansah. Dann schüttelte er betrübt den Kopf. Er hielt die Aufnahme in der Hand, von der er befürchtet hatte, daß Amit sie auswählen würde.

Die Abenddämmerung sank bereits herab, als David sich dem alten Haus in der Shela Street näherte, das Rafi von seinem Vater geerbt und später unterteilt hatte, wobei er das Erdgeschoß für sich behalten hatte. Während er vor der Haustür wartete, bewunderte er wieder einmal Rafis gepflegten Garten. Selbst jetzt im August, wo ganz Jerusalem staubig und heiß war, leuchteten Rasen und Büsche in üppigem Grün. Der Garten duftete süß nach Hibiskus und den exotischen Pflanzen, die Rafi züchtete.

Ruth Shahar machte ihm auf. »David!« Sie umarmte ihn. Sie war eine kleine drahtige Frau mit grauer Ponyfrisur und nervösen Augen. »Wie geht's Anna? Rafi redet immer davon, daß wir mal zusammenkommen müßten. Aber du und er sind immer viel zu beschäftigt.« Sie trat einen Schritt zurück und lächelte. »Rafi ist im Treibhaus. Am besten gehst du gleich außen herum und überraschst ihn. Er freut sich...«

David ging in den Garten zurück und folgte dem Plattenweg, der ums Haus herumführte. Dort blieb er stehen, um Rafi in seinem Treibhaus zu beobachten, in dem er sich mit einer kalten Pfeife zwischen den Zähnen bewegte. Die langen Leuchtstoffröhren des Treibhauses brannten und warfen purpurrotes Licht auf Rafis Kopf und Schultern. Er hielt eine Plastikflasche in der Linken, tauchte eine Pipette hinein und beträufelte dann seine Orchideen, die er hier züchtete, mit einer Nährflüssigkeit.

Rafi mußte gespürt haben, daß er beobachtet wurde: Er blieb stehen und blickte mit zusammengekniffenen Augen auf den Rasen hinaus. Als er dann David erkannte, lächelte er und winkte ihn zu sich herein.

»Was gibt's denn Wichtiges? Ich bin erst kaum eine Stunde zu Hause. Laß mir noch eine Minute Zeit, bis alle meine Schönheiten ihr Abendessen bekommen haben.«

Er bot David mit einer Handbewegung einen Rohrstuhl an und bewegte sich weiter zwischen seinen Orchideen. Sie waren seltsame, gefräßig wirkende Pflanzen, die von Rindenstücken und Moosballen unter dem Dachfirst herabwucherten. Nach Abschluß seiner Zuchtversuche setzte Rafi einzelne Gruppen im Freien auf Büschen und Bäumen aus, wo dann einige wenige überlebten.

»Ich kann dir gar nicht sagen, wie entspannend es ist, nach einem Tag voll Schuld und Sühne hier zu gärtnern. Hast du ein Hobby, David?«

»Keines wie dieses hier.«

»Ich weiß, daß du Musik liebst.«

»Ich höre sie gern, aber ich spiele kein Instrument.«

Rafi stellte Flasche und Pipette weg und ließ sich auf den zweiten Stuhl fallen. »Ich freue mich, dich zu sehen. Ich weiß, daß unser Verhältnis in letzter Zeit gespannt gewesen ist. Das tut mir leid, David.«

»Was könnte an der Spannung schuld gewesen sein, Rafi?«

»Beruflicher Streß, nehme ich an. Und die Belastung durch die Ermittlungen.«

»Erinnerst du dich an die erste Besprechung – im Mai in Latskys Konferenzraum?«

»Mit Sanders und deinem Vater? Klar.«

»Du hast ihnen erklärt, ich sei der beste Kriminalbeamte Israels. Erinnerst du dich daran, das gesagt zu haben?«

Rafi lächelte.

»Aber du hast es nicht so gemeint, stimmt's?«

Rafi betrachtete ihn mit zusammengekniffenen Augen. »Worauf willst du hinaus?«

»Du hast damals nicht damit gerechnet, daß ich dir hinter die Schliche kommen würde.«

Rafis Gesicht war jetzt sehr ernst. »Was willst du damit sagen, David?«

»Daß du ›Hurwitz‹ gewesen bist. Ich weiß das jetzt. *Du* hast den Kleinbus gefahren. *Du* hast alles mitgehört und dir die Namen der Unfallzeugen notiert, damit sie später ermordet werden konnten. Du hast mich für dumm verkauft, Rafi – mit deinem ›ersten israelischen Serienmord‹ und ›du bist mein bester Mann, deshalb beauftrage ich dich mit den Ermittlungen‹ und ›das ist ein Serienverbrechen, deshalb bist du dafür zuständig‹.«

Rafi starrte ihn an. »Deswegen bist du also gekommen! Du bist hier, um mich zu verhaften.«

»Ist das alles, was du zu sagen hast?«

»Das klingt verbittert.«

»Ich habe Vertrauen zu dir gehabt, Rafi. Wie sollte ich da nicht verbittert sein?«

»Ich sollte wohl sagen, daß mir alles leid tut.«

»Bei *mir* brauchst du dich nicht zu entschuldigen, Rafi. Ich will nur wissen, warum du's getan hast. *Weshalb?*«

»Du hast meine Klagen oft genug gehört. Du weißt, wie ich die gegenwärtige Situation unseres Landes beurteile.«

»Ich dachte, du haßtest die Intoleranz, die Polarisierung. Ich dachte, du haßtest die zunehmende Macht der Fanatiker.«

»Ja, das alles hasse ich. Aber du hast nicht richtig zugehört, David. Sonst würdest du verstehen, warum ich glaube, daß Gati recht hat – daß unsere einzige Hoffnung auf die Dauer darin besteht, größer und stärker zu werden.«

»Selbst wenn ...«

»Ja, selbst wenn das Bündnisse mit Schweinen wie Katzer oder Spinnern wie Stone bedeutet. Wer Verbündete braucht, nimmt sie, wo er sie findet. Deshalb ist Israel jetzt auch mit Südafrika verbündet.«

»Aber ein *Krieg*, Rafi?«

»Vielleicht wäre ein Krieg die beste Lösung.«

»*Vielleicht!*« David schüttelte den Kopf. »Hör zu, deine politischen Überzeugungen sind mir gleichgültig. Ich möchte nur wissen, wie du es über dich bringen konntest, diese Leute buchstäblich ans Messer zu liefern.«

»Glaubst du mir, wenn ich dir versichere, daß der Gedanke, sie könnten ermordet werden, mir niemals gekommen ist, David? Als der Unfall passiert und Stone verletzt war, ist es mir vor allem darum gegangen, unsere Sache zu retten. Die Vorbereitungen für dieses Treffen hatten Monate in Anspruch genommen. Es war das entscheidende Treffen, bei dem die letzten Maßnahmen getroffen werden sollten. Deshalb habe ich den dummen Polizisten gespielt, der kein Englisch spricht, um den drei anderen Gelegenheit zur Flucht zu geben.

Dann hat die verdammte Nonne angefangen, Fotos zu machen. Ich habe versucht, ihr die Kamera wegzunehmen, aber sie hat nicht losgelassen. Als nächstes ist das Liebespaar über die Straße gekommen. Um die Leute abzulenken, habe ich mir ihre Personalien notiert. Erst später, nachdem Cohens Hohlköpfe die Nonne ermordet hatten, ist beschlossen worden, sämtliche Augenzeugen zu beseitigen. Nichts davon ist gegen dich persönlich gerichtet gewesen. Ich habe nie bezweifelt, daß du ein hervorragender Kriminalbeamter, vielleicht der beste Israels bist. Jedenfalls bist du ein ausgezeichneter Mann, sonst hättest du nicht zu meiner Abteilung gehört.«

Sie saßen einander gegenüber: zwei Männer, die einst Freunde gewesen waren. Schließlich ergriff David das Wort.

»Ich kann dir verzeihen, daß du mich benutzt hast, aber nicht, daß du an den Morden beteiligt gewesen bist.« Er stand auf. »Ich verhafte dich morgen früh. So hast du heute abend Zeit, Ruth alles zu erklären und deine Angelegenheiten zu ordnen.«

»Was ich getan habe, habe ich aus Liebe zu Israel getan. Wenigstens *das* mußt du mir glauben, David!«

David starrte ihn an und schüttelte den Kopf. »O ja, Rafi – aus Liebe. Aus *Liebe*...« Er drehte sich um.

Am nächsten Morgen war David nicht überrascht, als Rafi nicht zum Dienst kam. Er rief bei ihm zu Hause an. Ruth erklärte ihm, Rafi habe die ganze Nacht in seinem Arbeitszimmer gesessen und sei kurz vor Tagesanbruch weggefahren, ohne sich zu verabschieden.

Als an diesem Nachmittag ein Bote einen an Captain Bar-Lev adressierten Brief am Tor des Russenkomplexes abgab, ahnte David bereits, was geschehen war. Der Umschlag enthielt eine eidesstattliche Aussage Rafis über seine Beteiligung an der Verschwörung vom 9. Aw.

Zwei Tage später entdeckte eine Militärstreife den toten Rafi in den Hügeln Judäas. Er hielt seine Dienstwaffe noch umklammert. In seinem Gehirn steckte eine einzige Kugel.